U0138702

新時代的大國競爭

STRATEGIC ASSESSMENT 2020

Into a New Era of Great Power Competition

林奇/編

(Thomas F. Lynch III)

國防部譯印

原書名：STRATEGIC ASSESSMENT 2020:
Into a New Era of Great Power Competition
編者：Thomas F. Lynch III
出版時間：2020年
出版者：National Defense University Press

目錄

導論

林奇(Thomas F. Lynch III)

經過25年缺乏主流思維後，本章將2017年「重返大國競爭」的概念確立為咸認國家間關係之主要典範，指出競爭不同於對抗和衝突，且大國競爭的特徵是對手間在友好與對抗兩端連續不斷互動的過程。本章分析大國競爭與權力轉移之間的重要關聯，權力轉移確實預示著更加不穩定及可能的軍事衝突(戰爭)，而大國混合運用硬實力與軟實力工具來爭奪一系列利益。文中亦定義大國相對他國所具備的三個主要特徵：一、擁有不尋常的能力；二、在超越鄰近區域使用這些能力以追求廣泛的外交政策利益；三、他國認知其為大國。這些特徵使美國、中共和俄羅斯成為當今的大國。導論除了概述主要章節，亦簡要分析評估未能詳述的四項當代大國競爭議題：太空、網路空間、國土安全，以及氣候變遷。

大國競爭(great power competition, GPC)是理解全球國家間關係的框架，也在第二次世界大戰前主導數世紀的全球政治事務。過去許多大國競爭時代皆以多個強國爭奪相對身分地位為特徵，冷戰期間(1945至1991年)則是美國和蘇聯兩強相爭的局面。由於後冷戰時期的全球化及美國國際地位上升，大國競爭的概念在偃旗息鼓20年後，又於2010年代後期重返國際關係和安全研究語彙中。[1]

美國2017年《國家安全戰略》進一步公開提出，美國與俄羅斯和

> 中共和俄羅斯挑戰美國的權力、影響力和利益，試圖削弱美國的安全與繁榮。它們下定決心從事較不自由和非公平的經濟活動、強化其軍力，並控制資訊和數據以壓制社會並擴大影響力……因應這些競爭需要美國重新思考過去20年的政策；過去的政策是基於以下假設：與競爭對手交往並使之融入國際制度和全球商業，就會讓對方轉變為良善的行為者和值得信賴的夥伴。但在大多數情況下，該假設前提已證實是錯的。
>
> National Security Strategy of the United States of America, December 2017

中共等大國，已經從20多年的協作與合作正式轉變為競爭。[2] 華府在2017年充分認知到大國對抗（great power rivalry）。[3] 該戰略同時確立對美國安全的另外三個威脅：北韓、伊朗，以及跨國恐怖和犯罪組織，但卻清楚將美國安全和未來繁榮聚焦於抗衡莫斯科與北京兩個新興大國的能力上。[4]

美國2018年《國防戰略》將美國和西方繁榮與安全面臨的主要挑戰定義為長期戰略競爭的重新出現，對手是那些被其歸類為「修正主義國家」的俄羅斯和中共。[5] 內容指出，新興安全環境的特徵是科技日新月異和戰爭性質的不斷變化。具體而言，科技變革不但會擴大、更會模糊競爭與衝突間的界線。[6]

在2017至2020年的戰略討論中，有關大國競爭涵義與重要性的爭論最為明顯。這些檯面上的討論潛藏大國競爭的另個歷史特徵：大國權力轉移。該轉移涉及國家成長速度的差異與各國間相對權力的影響。權力消長的轉移過程會產生新的關係並形成新的政治與經濟實體。國家成長差異造成的副作用之一是衝突的可能性很高，當挑戰者的權力接近主導國家，特別是當挑戰者對現狀不滿時。[7]

戰略分析家與政治學家在大量文獻中對「大國特性」(greatness)、

「權力」和「競爭」的精確定義與細節上爭論不休。[8] 欲全面分析這些辯論和歧見已超出本書的範圍，但是某些內容能為後續各章的討論奠基。

第一，競爭不是衝突的同義詞。令人擔憂的是，一些西方權威人士開始將競爭與衝突混為一談，主張現在當代三大國間的互動多數是對抗性，甚至會更極端。[9] 新時代的學生和執政者需牢記，競爭存在於國家、非國家行為者和一些超有權勢個人之間的連續互動中(見圖0.1)。光譜從左到右分別是合作、協作、競爭、對抗/衝突、激烈衝突/武裝戰爭。「合作國家」在地緣政治目標及實現這些目標的手段上格外一致，因此能夠尋求以和平的方式達成；「協作國家」擁有類似的目標，並就實現這些目標的方法達成大致協定；「競爭國家」則認知它們有一些(但不是多數)目標是相容的，但同時在實現這些目標達成互利的最佳方法上意見相左；「對抗國家」的特徵是幾乎所有主要目標都不相容，在何謂實現國家目標正途上普遍存在意見衝突。在連續互動光譜的另一端則是不樂見的狀況，國家間的目標高度矛盾，甚至有威脅性，以致於國與國互動的主要形式演變為武裝衝突。[10]

由於競爭存在於連續互動的光譜之中，因此兼具協作與某些合作的面向。同時，競爭不是衝突，而且絕對不是國家之間的激烈衝突(或戰爭)。然而在大國競爭的新時代，三個最強大的國家和他國間正朝著以競爭為主的互動框架邁進，其中參雜更多衝突與對抗的成分，

圖0.1 國家間的互動關係光譜

爆發為激烈衝突的潛在情勢比近代史上所見證的還要多。近代史是由後冷戰時代主要國家間對合作與協作的偏好所主導，該時代在某些圈子裡被稱為自由主義國際秩序的崛起。[11] 本書從大國競爭新時代的角度出發，而與過去有兩個或更多競爭國家的時代不盡相同，現在有三個主導國家，在權力互動的重要領域中具有堅實能力。這些國家已經從普遍合作與協作的互動階段轉為以競爭與對抗為主的階段。[12]

第二，權力是一種多面向的概念，與一個國家面對他國實現其目標的能力有關。韋伯(Max Weber)將權力的本質定義為「社會關係中的一個行為者儘管遭受抵制，仍能履行自己意志的可能性。」[13] 權力具有絕對、相對和轉移等特性。學者長期以行為者的類型、行為者所追求的目標，以及互動的關係類型探討權力。評估國家之間相對權力本來就是一項具挑戰性任務。[14] 權力主要存在於兩個方面：「硬實力」(或強制使用軍事權力和利用經濟權力作為報復)及「軟實力」(包括運用合作與協作互動產生吸引力來獲取影響力：合作經濟協議、意識型態訴求、文化和社會參與、外交手段，以及互惠的資訊交流)。[15] 今日「巧實力」一詞有時被用於政策選擇，係有效結合強制性硬實力和具說服與吸引力的軟實力以追求國家利益。[16] 最近「銳實力」(sharp power)一詞蔚為時尚，意旨以操縱或對抗的方式扭曲軟實力特徵的國家行為，特別是當一國刻意拉攏文化、教育機構、媒體與娛樂活動，企圖破壞或嚴重扭曲另一國的政治制度或社會秩序。[17] 本書作者群對這些不同類型權力及對當今大國間競爭的重要性提出見解，他們也指出這種大國關係與他國和全球機構間的作用。

第三，本書大部分內容以實際方式闡述作為國際舞臺上的行為者，何為「大國特性」的組成概念。大國競爭的框架默認，當今國際場域上的所有角色並非同等重要；與此同時，大國的作為及其與國際實體、國家、非政府行為者和重要的個人(如蘋果公司的庫克[Tim Cook]、特斯拉的馬斯克[Elon Musk]或維珍集團的布蘭森[Richard Branson])的互動，在某種程度上嚴重影響他們之間在不同競爭領域的相對獲益與損失。大國(great power)的操作定義具有三個實質性特徵：能力、行為及體系中他國所承認的地位。首先，大國是具有非尋常能力的國家(與他國相比)，並利用這些能力追求自身利益及影響國家間的關係。其次，大國利用這些能力追求超越其鄰近地區的廣泛外交政策利益。最後，他國認可該國具大國的相對地位，並服膺於其下。[18]根據此一操作定義，本書(大部分內容)認為當代有三個大國：美國、俄羅斯和中共。[19]

本書題旨、讀者和作者群

本書為當今大國競爭的重要面向提供簡潔、專業和細膩的理解，主要聚焦於美國、中共和俄羅斯間的重要互動和行為，同時闡述這些互動對他國和非國家行為者的許多重要意義。因此，該分析和建議將時間架構在2020至2025年。然而，全球權力關係與活動變化的速度和步調，需要每五年更新一次以提供準確的分析。事實上，如2019至2020年新冠病毒大流行這種衝擊性事件將產生重要變化，而這在本書出版後才會開始發生。

本書作者群將為讀者提供文本、分析和註釋，盡可能鉅細靡遺地參考第一手文件和原始資料。若是無法取得，作者群會引用並註明最重要、最具影響力的次要來源，以及可取得的分析報告，旨在使每個讀者都能夠閱讀有關當代大國競爭最佳和最重要的文章。

本書各章都包括原作者的研究、分析和見解，大部分來自與美國政府高層政策制定者及其他全球安全領袖的直接接觸。某些章節摘自作者群近年來在他處發表的文章，所有章節都以原創、最新的分析和見解為特色，以幫助理解2020至2025年(及之後)的大國競爭。

各章概述

本書摘譯自原文共七章。首先置重點於概念化新時代的大國競爭，對三方(或更多行為者)大國對抗的歷史案例進行重點評估，並歸納對當代所產生的重要經驗教訓，接續針對目前中共、俄羅斯和美國間的大國對抗，就主要地緣戰略動態和科技競爭提出綜合概述。本書中段部分聚焦於新時代大國競爭科技、創新之關鍵動態與演進中的戰爭特性；並於第五章檢視選定地區之地緣政治互動；最後以兩章探究美國「為何」以及「如何」在新時代的大國競爭中致勝。

以下為逐章概述：

第一章據已發布的戰略及其揭露的戰略偏好力量，審視當代大國之間的地緣戰略動態，主要側重於2020年美國、中共和俄羅斯之間主要戰略與關係動態，這些動態是如何形成，以及到2025年時將如何發展。孫飛(Phillip Saunders)和林奇運用過去大國競爭時代重要的五大領域國家間互動，來評估三大國的新興競爭態勢與戰略最關鍵的面向。兩人分析評估世界不同地區大國的相對戰略利益力量，並指出這將如何影響即將發生的大國競爭。

第二章藉由從國家權力資產的角度分析當代大國競爭動態及三

大國的可用工具，深入延續該章的內容——評估實現第一章中所確立之戰略偏好的客觀手段。文中利用五大關鍵國家互動領域中所定義的主要競爭要素，提供各種量化與質化的衡量，以評估當代大國間的主要權力動態。在評估目前相對的大國優勢和未來軌跡後發現(在可預見的未來)，俄羅斯擁有的工具使其成為美國迫切但短暫的安全挑戰者，而中共日益增長的權力工具則使其成為美國國家利益和全球政策偏好的長期挑戰者。

第三章直接探討人工智慧、量子計算和5G無線科技對大國競爭漸增的影響。安德列斯(Richard Andres)解釋對工業資源的控制曾經是地緣政治權力的關鍵，如今對資訊資源的控制才是最重要的因素。本章檢視「中」美在這些關鍵科技上的競爭，並解釋為何中共國家主導的發展是對美國權力的嚴重挑戰，以及大國競爭不斷進行的關鍵要素。

第四章闡述社群媒體形成的當代動態和戰略影響，這將影響大國競爭與衝突的運作方式。蘭德公司赫爾穆斯(Todd Helmus)解釋為何社群媒體平臺上的外國宣傳活動變得氾濫。本文回顧美國三個主要對手(俄羅斯、中共和伊斯蘭國)如何濫用現代科技達成政治目的，並逐一評估這些美國對手在線上宣傳的目標、能力及限制，最後建議美國在大國競爭的新時代必須反制這些宣傳。

第五章探討大國競爭新時代最具爭議的地緣政治區域——印太地區。林奇、普利斯特(James Przystup)和孫飛詳述美國和中共在該地區(以前稱為亞太地區)的戰略願景，凸顯美國「自由開放印太」願景與中共「利益共同體」框架間的戰略利益分歧，接續對「中」美兩國在政治與外交、意識型態、資訊、軍事以及經濟等競爭領域中的相對優勢進行分析比較，其中顯示相對權力優勢各有所長，指出儘管兩大國間的區域緊張局勢加劇，但若雙方都認同並接受其相對權力限制，就有機會確保穩定並尋求在特定領域的協作。

在第六章中，霍夫曼(Frank G. Hoffman)為美國在新時代大國競爭的競爭替代方案提供思考框架，他勾勒出美國與主要競爭對手中共的五種可能戰略選項，並檢視一種協作方案(雙邊談判)、兩種主要競爭性方案(管理競爭和強化平衡)，以及兩種主要對抗性方案(壓制和優勢競爭)的關鍵特徵，置重點於每個方案的適用性、可行性和永續性。文中詳述每種替代方案如何利用美國和中共相對的強項與弱點，以及各自可能獲得的國際和國內支持。結論指出美國的「強化平衡戰略」最可能贏得與中共的競爭。

第七章結論以簡明摘要和有關大國競爭主要見解為本書作結。林奇評估大國競爭演進的重要特徵，接著將當代大國競爭的主要動態置於歷史脈絡。文中就新冠疫情對大國競爭主要趨勢的影響進行初步評估，判斷這些趨勢可能會加速發展，而非被新的趨勢所取代。本文闡明美國在「中」美兩強對抗獲致競爭力的三大要務，特別是明智選擇戰略盟邦和合作夥伴。最後對於美國欲與中共的長期競爭中致勝的四個重要動態進行歷史性框架評估：一、具彈性的堅定態度；二、持久的夥伴關係和聯盟；三、相互詆毀社會的危險；四、拖延時間。

其他重要大國競爭議題

在全面評估新時代的大國競爭時，無法涵蓋各項議題，讀者也較難在單本書內消化以專章處理所有議題的內容。因此，某些大國競爭的有趣主題雖未能在本書獨立成章，但其實已散見於各章內容，並以權威方式完整闡述於其他出版品中，包括新冠疫情所造成的新影響。這其中有四項議題值得特別關注：太空、網路空間、國土安全，以及氣候變遷，這些議題皆很可能在未來五年內發生重大變化，可望成為2020年代末最有研究價值的章節議題。本章為當代大國在這些領域中確立一些關鍵要素，同時提供讀者詳細的參考來源，進而深入瞭解它們當前如何影響新興的大國競爭。

太空

美國和蘇聯於冷戰間在太空領域競爭數十年。經過20年的美俄太空合作，以及相對缺席的中共太空活動之後，外太空再次成為衡量相對權力和進行大國競爭的關鍵領域。[20] 2019年初為呼應美國太空軍的要求，時任參謀首長聯席會議主席鄧福德(Joseph Dunford)上將重申美國需要認真投入所有五個互動領域(陸、海、空、太空和網路空間)，以確保對俄羅斯和中共的競爭力。[21] 目前，美國國家航空暨太空總署(NASA)正在執行一項從月球到火星的任務，理論上將使美國更具競爭優勢。[22] 儘管競爭局勢不斷發展，美國與俄羅斯仍在太空領域合作和相互依存，截至2020年，華府依舊利用俄羅斯聯盟號(Soyuz)載人飛船系統將太空人帶到國際太空站(International Space Station)，而「月球門戶」(Lunar Gateway)計畫亦仍為兩國進入月球的聯合行動。[23]

同時，中共於2015年軍改時建立了一支「太空部隊」(戰略支援部隊)，旨在操作衛星和執行太空反制任務，包括國產北斗導航衛星系統，該系統已由2011年12月的1顆衛星增加到2020年3月的54顆衛星。[24] 2019年，美國前代理國防部長沙納漢(Patrick Shanahan)強調，俄羅斯和中共已將太空武器化，而美國現在必須急起直追。[25]

愈來愈多具備太空能力的國家正發射大量衛星占用地球軌道，爭奪不斷減少的軌道空間。[26] 除了三個大國之外，2020年還有法國、印度、伊朗、日本、北韓正在開發或考慮開發一種或多種型式的太空反制系統。[27] 大國競爭的白熱化刺激反衛星武器的研發和使用，包括印度在2019年高調進行測試，以及俄羅斯在2020年4月進行的一系列測試。[28] 由於公認的規範、標準和條約並不存在，以致於無法分配有限的太空空間，或是規管反衛星武器擴散的風險。由於大國在太空領域的互動缺乏多邊合作框架，使得競爭更有可能演變為對抗。[29]

網路空間

今日對競爭和對抗優勢的追求遠超出了傳統戰爭的範疇。網路空間已經成為新的大國戰場，並促使美國、俄羅斯和中共各自發展網路攻擊和防禦能力。[30] 目前美國的《國防網路戰略》(Defense Cyber Strategy)旨在防止侵略性的行為者(特別指俄羅斯和中共)進行影響美國及其盟邦的活動。[31] 美國網路司令部一直致力於破壞俄羅斯的祕密情報及發動民間代理人干預行動，如2016年美國總統大選期間發生的情況。[32] 中共的網路間諜活動歷來是針對美國的商業部門，但是北京2015年的軍事戰略愈益強調國內安全──保護其基礎設施免於外國干預，並使軍方進一步接軌科技領域。[33] 俄羅斯的網路行動則更具有侵略性，旨在為未來遂行重大軍事及破壞基礎設施的行動奠定基礎。[34]

隨著大國間的動態促進更廣泛與複雜的網路創新，在網路領域的競爭將日益重要。[35] 第三章對大國競爭在網路空間中的各種動態進行重要分析，但囿於篇幅無法詳述其他影響自動化運算、人工智慧和大數據分析的關鍵因素。[36]

國土安全

過去30年來國土安全的主要概念係防範災難性的恐怖攻擊。從1990年代到2010年代初，美國和俄羅斯之間意外發生核戰的機率微乎其微，遠遠不及保護國土免受恐怖主義威脅的主要模式。隨大國競爭公開浮上檯面，國土安全思維的限制已經移除。當北韓於2017年發射了射程足以威脅美國(有趣的是也能威脅到莫斯科和北京)的核彈時，其他擁核國家也期盼獲得全球影響力，而這個趨勢將成為新全球秩序的一大特徵。

同時，針對軍事、全國性和民用基礎設施能力為目標的網路和社群媒體活動，在2010年代成為更具實質性的威脅並持續影響國土安全。最後，能夠從境外陸、海、空和太空對目標國境內目標發動攻擊的無人載臺問世，這使得情況比過去一兩年來得更加複雜。2018年《國防戰略》指出「家園不再是庇護所」，「保衛國土免於攻擊」是美國的首要國防目標，尤其是當新威脅逐漸在軍民領域成形時。[37] 俄羅斯和中共的看法也在變化，北京正對內加強社會和經濟穩定，並鞏固共黨的統治地位。

氣候變遷

過去十年中，氣候變遷的各方面影響以及人類在該變化中所扮演的角色，愈來愈重要且具爭議性。化石燃料、紡織品、塑膠和肉製品產業因產生大量排放而受到監督，這些污染物會損害水源、空氣、環境溫度及廣泛的大範圍生態系統。雖然某些國家和領導人抗拒人類活動導致氣候變遷的事實，但是其他國家則認為世界氣候正處於危急狀況。[38] 年輕世代的態度愈來愈積極，許多30歲以下的年輕人擔心地球生態系統在其有生之年將走向毀滅，因而產生「氣候變遷焦慮」之說。

2015年12月，全球175國的政府通過《巴黎氣候協定》，以遏止地球生態系統中漸長的人為壓力因素，該協定透過限制和分配簽署國的溫室氣體排放百分比，將全球暖化控制在2℃以下。這項結果耗時20年進行國際談判，但是關於問題的急迫性或是大幅限制人類活動的必要性，仍難達成一致共識。

中共和美國是世界上最大的經濟體，也是全球自然資源最大消耗國及最大污染源。[39] 其中中共是世界上最大污染國，碳排放量占全球30%。[40] 中共於2016年簽署並批准了《巴黎氣候協定》，但仍是受到氣候挑戰影響最嚴重的國家，超過五億人民生活在海岸附近面臨海平面上升的問題。中國大陸的主要城市被霧霾和其他空氣污染所覆蓋，需要口罩保護並飽受肺部疾病威脅，其河川數十年來亦被不受管制的有毒廢物污染。[41] 美國目前是第二大污染國，碳排放量占全球15%。[42] 川普政府於2017年宣布退出《巴黎氣候協定》的意圖，並在2019年底開始為期一年的退出程序(美國在2020年11月退出，但又於2021年2月重返該協定)。俄羅斯是世界第四大碳排放國，總量占全球近5%，[43] 其在拖延三年之後終於在2019年批准該協定，但截至2020年初，尚未採取任何實際措施減少溫室氣體排放。該政府最初試圖透過強制碳排放配額來推動一些小規模的措施，但是遭到「俄羅斯工業與企業家聯盟」(Russian Union of Industrialists and Entrepreneurs)遊說反對並阻止實行。[44]

世界衛生組織指出，氣候變遷是不斷發展的人類健康危機，雖然惡化的速度較慢，但對全球繁榮與穩定的未來堪比致命的疫情大流行。[45] 陸上、海上和空中的氣候變遷速度加快對經濟與安全的影響，但直到現在才受到重視。在未來幾年裡，氣候變遷至少將從三個重要方向形塑大國的自然資產和國家安全。[46] 首先，全球氣溫上升將影響資源供應，這些變化將使農業生產向地球的兩極移動，同時使赤道附近的農作物生長更加困難。俄羅斯和加拿大在獲得新的可耕地方面可能具有相對優勢，但仍具高度不確定性。其次，隨著世界能源從化石燃料向再生能源過渡，碳資源的相對重要性將發生變化，在此美國比中共擁有內在優勢，但是相對於俄羅斯則不然。最後，隨著大國(特別是美國和中共)爭奪高科技產業和再生能源科技的競爭優勢，對於重要礦產資源的競爭在澳大利亞、巴西、智利、剛果和南非等主要生產國將尤為劇烈。

目前仍難以準確預測氣候變遷對未來大國競爭的影響。雖然氣候變遷改變的自然資產因素可能成為美「中」間的爭奪焦點而增加對抗的風險，但是這些因素也可能成為協作與合作的開端。華府和北京可以在關鍵的礦產進行合作，包括研究開發破壞性較小的開採與提煉方式。此外，由於氣候變遷對全世界的農業生產構成挑戰，國際合作和貿易可以不斷因應變化發揮重要角色。[47] 似乎只有一件事是肯定的：氣候變遷對於大國競爭的新模式來說非常重要，而到2025年左右將可看到更明朗的輪廓。此外，在新時代的大國競爭動態中，尚有其他重要氣候變遷因素。[48]

作者感謝基格爾(James Keagle)、朱諾(Laura J. Junor)和雷克門(Richard Lacquement)對導論提供深入見解。

本導論內容採摘譯。

註釋

1. 例如，請參閱Robert Kagan, *The Return of History and the End of Dreams* (New York: Vintage Books, 2009); Aaron L. Friedberg, *A Contest for Supremacy: China, America, and the Struggle for Mastery in Asia* (New York: Norton, 2011); John Mearsheimer, *The Tragedy of Great Power Politics* (New York: Norton, 2014); Shivshankar Menon, "How Great Power Competition Has Changed," Brookings, May 4, 2015, available at <https://www.brookings.edu/blog/order-from-chaos/2015/05/04/how-great-power-competition-has-changed/>; Max Fisher, "The New Era of Great Power Competition," *Vox*, April 13, 2016, available at <www.vox.com/2016/4/13/11421352/ash-carter-deterrence-power-competition>; Uri Freidman, "The New Concept Everyone in Washington Is Talking About," *The Atlantic*, August 6, 2019, available at <www.theatlantic.com/politics/archive/2019/08/what-genesis-great-power-competition/595405/>.
2. *National Security Strategy of the United States of America* (Washington, DC: The White House, December 2017), 2-3, available at <https://www.whitehouse.gov/wp-content/uploads/2017/12/NSS-Final-12-18-2017-0905.pdf>.
3. Rivalry是兩個(或以上)經常相互競爭行為者(國家)間的關係；而competition是爭奪特定領域優勢的行動。Rivalry是描述兩個(或以上)國家間為取得優勢的相互競爭。
4. *National Security Strategy of the United States of America*, 2-4.
5. *Summary of the 2018 National Defense Strategy of the United States of America: Sharpening the American Military's Competitive Edge* (Washington, DC: Department of Defense, 2018), 2, available at <https://dod.defense.gov/Portals/1/Documents/pubs/2018-National-Defense-Strategy-Summary.pdf>.
6. *National Security Strategy of the United States of America*, 4-5.
7. Ronald L. Tammen, Jacek Kugler, and Doug Lemke, "Power Transition Theory," Trans-Research Consortium Work Paper #1, December 2011, available at <https://static1.squarespace.com/static/576ef1a0be65941edd80fcf7/t/578d56e22e69cfbb-1192c4cf/1468880611440/Power+Transition+Theory.pdf>. For a detailed look at power transition theory, see A.F.K. Organski, *World Politics*, 2nd ed. (New York: Knopf, 1968); A.F.K. Organski and Jacek Kugler, *The War Ledger* (Chicago: University of Chicago Press, 1980); Jacek Kugler and Douglas Lemke, eds., *Parity and War: Evaluations and Extensions of the War Ledger* (Ann Arbor:

University of Michigan Press, 1996). Related transition theories of hegemonic decline and global cycles are found in Robert Gilpin, *War and Change in World Politics* (Cambridge: Cambridge University Press, 1981); George Modelski, *Long Cycles in World Politics* (New York: Palgrave Macmillan, 1987), respectively.

8. Thomas J. Wright, *All Measures Short of War: The Context for the 21st Century and the Future of American Power* (New Haven: Yale University Press, 2017); Ali Wyne, "America's Blind Ambition Could Make It a Victim of Global Competition," *The National Interest*, February 11, 2019, available at <https://nationalinterest.org/feature/americas-blind-ambition-could-make-it-victim-glob- al-competition-44227>.

9. 關於在2018在2020年這種趨勢的例子，請參閱Geoff Hertenstein, "DIME Without the 'M' is DIE: A Case for Conventional Military Power in Modern Strategy Discourse," *Strategy Bridge*, September 22, 2019, available at <https://thestrategybridge.org/the-bridge/2019/9/22/dime-without-the-m-is-die-a-case-for- conventional-military-power-in-modern-strategy-discourse>; Nikki Haley, "How to Confront an Advancing Threat from China," *Foreign Affairs*, July 18, 2019, available at <www.foreignaffairs.com/articles/china/2019-07-18/how-confront-advancing-threat-china>; Matthew Kroenig, *The Return of Great Power Rivalry* (Oxford: Oxford University Press, 2020).

10. 本書原始概念係此一連續互動光譜，從有關重要國與國互動範圍的幾篇重要著作發展而來，尤其是Charles Glaser, *Rational Theory of International Politics: The Logic of Competition and Cooperation* (Princeton: Princeton University Press, 1986); Robert Jervis, "Cooperation Under the Security Dilemma," *World Politics* 30, no. 2 (January 1978), 167-214; Robert Koehane, *After Hegemony* (Princeton: Princeton University Press, 1984), 51-52; Kenneth N. Waltz, "Structural Realism After the Cold War," *International Security* 25, no.1 (Summer 2000), 5-41.

11. See G. John Ikenberry, *Liberal Leviathan: The Origins, Crisis, and Transformation of the American World Order* (Princeton: Princeton University Press, 2011), especially 35-75, 132-145. 有關討論自由國際秩序如何被用來簡述三個獨立但相關的現象(建立制度內的基於規則的秩序，與美國建立聯盟關係作為安全保障，以及宣傳自由價值觀)，請參閱 "Is There a Liberal International Order?" *Strategic Survey 2018: The Annual Assessment of Geopolitics* (London: International Institute for Strategic Studies, 2018), 23-32.

12. 該角度不同於蘭德公司分析師馬扎爾(Michael Mazarr)及其同事專注於個別大國或主要參與者。下一段將釐清主要的分析差異，並確立大國的操作定義。有關蘭德公司認為當代全球互動不符合大國競爭時期的條件，請參閱Michael J. Mazarr et al., *Understanding the Emerging Era of International Competition: Theoretical and Historical Perspectives*, RR2726 (Santa Monica, CA: RAND, 2018).
13. Max Weber, cited in Isidor Wallimann, Nicholas C. Tatsis, and George V. Zito, "On Max Weber's Definition of Power," *The Australian and New Zealand Journal of Sociology* 13, no. 3 (December 1977), 231-235, available at <https://doi.org/10.1177/144078337701300308>.
14. 此一挑戰可追溯至培根爵士(Sir Francis Bacon)的哲學著作，及其所建構的政治權力核心之科學知識，請參閱Timothy Paterson, "The Secular Control of Scientific Power in the Political Philosophy of Fran- cis Bacon," *Polity* 21, no. 3 (Spring 1989), 457-480. 衡量國力(特別是相對軍事權力)將繼續是複雜且爭論不休的主題，請參閱 A.W. Marshall, *Problems of Estimating Military Power* (Santa Monica, CA: RAND, 1966), available at <https://www.rand.org/pubs/papers/P3417.html>.
15. 哈佛大學政治學家奈伊(Joseph Nye, Jr.)在兩本著作中對「硬實力」和「軟實力」操作定義的詮釋最為著名，請參閱*Bound to Lead: The Changing Nature of American Power* (New York: Basic Books, 1990); *The Paradox of American Power* (London: Oxford University Press, 2002).
16. 「巧實力」一詞是奈伊於2000年代初所創，以回應外界對其著作的誤解，即僅靠軟實力就能產生有效的外交政策，請參閱"Get Smart: Combining Hard and Soft Power," *Foreign Affairs* 88, no. 4 (July/August 2009).
17. 「銳實力」是由美國國家民主基金會員工沃克(Christopher Walker)和路德維格(Jessica Ludwig)所創，主要是描述中共和俄羅斯為創造新權力所精心運用的各種手段，請參閱Christopher Walker, "What Is 'Sharp Power'?" *Journal of Democracy* 29, no. 3 (July 2018), 9-13; Christopher Walker, Shanthi Kalathil, and Jessica Ludwig, "Forget Hearts and Minds," *Foreign Policy*, September 14, 2018, available at <https://foreignpolicy.com/2018/09/14/forget-hearts-and-minds-sharp-power/>. 「銳實力」存在爭議，並沒有完全被接受。例如奈伊予以駁斥，認為那不過是一種早已長期存在的硬實力形式，他認為銳實力是「運用資訊誤導對手以達到具敵意目的」，而民主及威權政權的情報與資訊部門皆已運用多時，請參閱Joseph S. Nye, Jr., "How Sharp Power Threatens Soft Power," *Foreign Affairs*, January 24, 2018,

available at <www.foreignaffairs.com/articles/china/2018-01-24/how-sharp-power-threatens-soft-power>. 中共將這種言論貼上西方捏造詆毀中共的標籤，請參閱Xin Liu, "What Is Sharp Power? It's Nothing But 'Unsmart' Power," *USC Center on Public Diplomacy CPD*, November 15, 2018, available at <https://www.uscpublicdiplomacy.org/blog/what-sharp-power-it%E2%80%99s-nothing-%E2%80%-9Cunsmart%E2%80%9D-power>.

18. This operational definition is taken from Thomas J. Volgy et al., "Major Power Status in International Politics," in *Major Powers and the Quest for Status in International Politics: Global and Regional Perspectives*, ed. Thomas J. Volgy et al. (New York: Palgrave Macmillan, 2011), 1-26. Their definition derives from an amalgam of several other classic efforts at defining Great Power status, including the following historic references: J. David Singer and Melvin Small, "Formal Alliances, 1815-1939: A Quantitative Description," *Journal of Peace Research* 3, no. 1 (March 1966); Jack Levy, *War in the Modern Great Power System: 1495-1975* (Lexington: University Press of Kentucky, 1983); John J. Mearsheimer, *The Tragedy of Great Power Politics* (New York: Norton, 2001); and Benjamin O. Fordham, "Who Wants to Be a Major Power? Explaining the Expansion of Foreign Policy Ambition," *Journal of Peace Research* 48, no. 5 (2011), 587-603.

19. 如前所述，此一正式定義排除2018 年蘭德公司研究列出的其他八個國家，包括印度、日本、土耳其和巴西，皆不符合操作定義。這些國家不具備真正卓越的能力，也未在全球運用獨特的能力來追求廣泛的政策利益。最後，它們並沒有被其他國家視為「大國」，雖然的確對於大國競爭的互動很重要，但在2020年稱不上當代大國，請參閱Mazarr et al., *Understanding the Emerging Era of International Competition.*

20. Christian Trotti and Mark Massa, "Lessons from Apollo: Industry and Great-Power Competition," Atlantic Council, July 26, 2019, available at <https://www.atlanticcouncil.org/blogs/new-atlanticist/lessons-from-apollo-industry-and-great-power-competition/>.

21. C. Todd Lopez, "Great Power Competition's Resurgence," *Defense.gov*, November 19, 2019, available at <https://www.defense.gov/explore/story/Article/1792014/great-power-competitions-re-surgence/>; "War in the Fifth Domain," *The Economist*, November 19, 2019, available at <www.economist.com/briefing/2010/07/01/war-in-the-fifth-domain>.

22. Trotti and Massa, "Lessons from Apollo."

23. "Why Does America Still Use Soyuz Rockets to Put Its Astronauts in Space?" *The Economist*,

October 16, 2018, available at <www.economist.com/the-economist-explains/2018/10/16/why-does-america-still-use-soyuz-rockets-to-put-its-astronauts-in-space>; Trotti and Massa, "Lessons from Apollo."

24. Kevin L. Pollpeter, Michael S. Chase, and Eric Heginbotham, *The Creation of the PLA Strategic Support Force and Its Implications for Chinese Military Space Operations*, RR2058 (Santa Monica, CA: RAND, 2017), available at <https://www.rand.org/pubs/research_reports/RR2058.html>.

25. Lara Seligman, "The New Space Race," *Foreign Policy*, May 14, 2019, available at <https://foreignpolicy.com/2019/05/14/the-new-space-race-china-russia-nasa/>.

26. 截至2018年底，據報導在2萬4,000個地球軌道空間物體(衛星、太空物體、太空殘骸)中有6,000顆衛星受到「美國太空監視網絡」(U.S. Space Surveillance Network, SSN)的追蹤。預計2020年代每年還將有100顆衛星(主要為商用，亦有政府衛星)加入日益擁擠的地球軌道。「美國太空監視網絡」隸屬於美國太空司令部，為世界上唯一追蹤和預測太空物體碰撞風險的機構。「美國太空監視網絡」無權進行太空軌道管理，只有在系統預測到此類風險時，才能提醒商業公司潛在碰撞風險，請參閱 "Space Surveillance," *Science Direct*, available at <www.sciencedirect.com/topics/engineering/space-surveillance>; Alexandra Witze, "The Quest to Conquer Earth's Space Junk Problem," *Nature*, September 5, 2018, available at <www.nature.com/articles/d41586-018-06170-1>.

27. Brian Weeden and Victoria Samson, eds., "Global Counterspace Capabilities: An Open Source Assessment," *Security World Foundation*, April 2020, available at <https://swfound.org/media/206970/swf_counterspace2020_electronic_final.pdf>; Todd Harrison et al., *Space Threat Assessment 2020* (Washington, DC: Center for Strategic and International Studies, March 2020), available at <https://aerospace.csis.org/wp-content/uploads/2020/03/Harrison_SpaceThreatAssessment20_WEB_FINAL-min.pdf>.

28. Nathan Strout and Aaron Mehta, "Russia Conducted Anti-Satellite Missile Test, Says U.S. Space Command," *C4ISR*, April 16, 2020, available at <www.c4isrnet.com/battlefield-tech/space/2020/04/15/russia-conducted-anti-satellite-missile-test-says-us-space-command/>; Aaron Mehta, "Indian Anti-Satellite Test Shows Importance of Space Force, Shanahan Says," *Defense News*, March 27, 2019, available at <www.defensenews.com/global/asia-pacific/2019/03/27/in-wake-of-indian-anti-satellite-test-shanahan-urges-thoughtfulness-in-space/>.

29. "President Donald J. Trump Is Unveiling an America First National Space Strategy," The White House Briefings and State- ments, March 23, 2018, available at <https://www.whitehouse.gov/briefings-statements/president-donald-j-trump-unveiling-america-first-national-space-strategy/>; Alexander Bowe, *China's Pursuit of Space Power Status and Implications for the United States* (Washington, DC: U.S.-China Economic and Security Review Commission, April 11, 2019), available at <https://www.uscc.gov/sites/default/files/Research/USCC_China%27s%20Space%20Power%20Goals.pdf>; Anatoly Zak, *Russian Military and Dual-Purpose Spacecraft: Latest Status and Operational Overview* (Arlington, VA: CNA, June 2019), available at <https://www.cna.org/CNA_files/PDF/IOP-2019-U-020191-Final.pdf>; Omar Lamrani, "Great Power Competition Feeds the Threat Posed by Anti-Satellite Technology," *Real Clear Defense*, April 19, 2019, available at <www.realcleardefense.com/articles/2019/04/19/great_power_competition_feeds_the_threat_posed_by_anti-satellite_technology_114350.html>.
30. Francis C. Domingo, "Conquering a New Domain: Explaining Great Power Competition in Cyberspace," *Comparative Strategy* 35, no. 2 (March 2016), 154-168, available at <https://doi.org/10.1080/01495933.2016.1176467>.
31. "Fact Sheet: 2018 DoD Cyber Strategy and Cyber Posture Review," Department of Defense, available at <https://dodcio.defense.gov/Portals/0/Documents/Factsheet_for_Strategy_and_CPR_FINAL.pdf>.
32. Ellen Nakashima, "Pentagon Launches First Cyber Operation to Deter Russian Interference in Midterm Elections," *Washington Post*, October 23, 2018, available at <www.washingtonpost.com/world/national-security/pentagon-launches-first-cy-ber-operation-to-deter-russian-interference-in-midterm-elections/2018/10/23/12ec6e7e-d6df-11e8-83a2-d1c3da28d6b6_story.html>.
33. Lyu Jinghua, "What Are China's Cyber Capabilities and Intentions?" Carnegie Endowment for International Peace, April 1, 2019, available at <https://carnegieendowment.org/2019/04/01/what-are-china-s-cyber-capabilities-and-intentions-pub-78734>; Matthew Bey, "Great Powers in Cyberspace: The Strategic Drivers Behind U.S., Chinese, and Russian Competition," *Cyber Defense Review* (Fall 2018), 5, available at <https://cyberdefensereview.army.mil/Portals/6/Documents/CDR%20Journal%20Articles/Fall%202018/BEY_CDR_V3N3.pdf?ver=2018-12-18-101630-063>.

34. Michael Kofman, "Russia's Great Power Raiding Strategy," *War on the Rocks*, June 14, 2018, available at <https://warontherocks.com/2018/06/raiding-and-international-brigandry-russias-strategy-for-great-power-competition/>.
35. Bey, "Great Powers in Cyberspace," 5.
36. *National Cyber Strategy of the United States of America* (Washington, DC: The White House, September 2018), available at <https://www.whitehouse.gov/wp-content/uploads/2018/09/National-Cyber-Strategy.pdf>; Dmitry Adamsky, "From Moscow with Coercion: Russian Deterrence Theory and Strategic Culture," *Journal of Strategic Studies* 41, nos. 1-2 (2018), 33-60, available at <https://doi.org/10.1080/01402390.2017.1347872>; Nicu Popescu and Stanislav Secrieru, eds., *Hacks, Leaks, and Disruptions: Russian Cyber Strategies*, Challiot Paper No. 148 (Paris: European Union Institute for Security Studies, October 2018), available at <https://www.iss.europa.eu/sites/default/files/EUISSFiles/CP_148.pdf>; Jinghua, "What Are China's Cyber Capabilities and Intentions?"
37. *Summary of the 2018 National Defense Strategy*, 14.
38. "The Stern Review on the Economic Effects of Climate Change," *Population and Development Review* 32, no. 4 (2006), 793-798.
39. Wyatt Scott, Francis Gassert, and Sharon Burke, "Great Power Resource Competition in a Changing Climate," *New America's Natural Security Index*, October 23, 2019, available at <https://www.newamerica.org/resource-security/reports/great-power-resource-competition-changing-climate/>.
40. "Global Greenhouse Gas Emissions Data," Greenhouse Gas Emissions, Environmental Protection Agency, last modified September 13, 2019, available at <www.epa.gov/ghgemissions/global-greenhouse-gas-emissions-data>.
41. Avinash Godhole, "Paris Accord and China's Climate Change Strategy: Drivers and Outcomes," *India Quarterly* 72, no. 4 (2016), 361-374.
42. "Global Greenhouse Gas Emissions Data."
43. "Global Greenhouse Gas Emissions Data."
44. Godhole, "Paris Accord and China's Climate Change Strategy."
45. Ellen Drage O'Reilly, "WHO Warns of 13 Emerging Health Threats Including Possible Pandemics," *Axios*, January 20, 2020, available at <www.axios.com/who-emerging-health-

challenges-pandemic-climate-change-inequalities-f83e0dd1-6d00-40c4- aaca-11523270648c.html>.

46. For a more detailed review of these, see Scott, Gassert, and Burke, "Great Power Resource Competition in a Changing Climate."

47. Ibid.

48. Roger A Pielke, "What Is Climate Change?" *Issues in Science and Technology* 20, no. 4 (2004), 31-34; Godhole, "Paris Accord and China's Climate Change Strategy"; Barry Rabe, *Statehouse and Greenhouse: The Emerging Politics of American Climate Change Policy* (Washington, DC: Brookings Institute Press, 2014); Nate Hultman, "Climate Change and the Next Administration," in *Brookings Big Ideas for America*, ed. Michael E. O'Hanlon (Washington, DC: Brookings Institution Press, 2017), 167-175; David Sandalow, *Guide to Chinese Climate Policy* (New York: Columbia SIPA Center on Global Energy Policy, 2019); Bo Wang, "Exploring China's Climate Change Policy from Both International and Domestic Perspectives," *American Journal of Chinese Studies* 16, no. 2 (2009), 87-104; Laura A. Henry and Lisa McIntosh Sundstrom, "Russia's Climate Policy: International Bargaining and Domestic Modernization," *Europe-Asia Studies* 64, no. 7 (2012), 1297-1322.

第一章
當代大國地緣戰略動態
關係與戰略

林奇(Thomas F. Lynch III)和孫飛(Phillip C. Saunders)

本章對美國、中國大陸和俄羅斯這三個當代大國的戰略目標進行比較評估。首先回溯2000至2017年每個大國戰略利益的演進，並指出數項重要事件如何使大國關係從相對合作與協作，轉變為實際上的對抗(2014至2015年)，一直到正式承認的對抗(2017年)。接續闡述各大國現行的戰略觀點，及渠等在政治與外交、意識型態、資訊、軍事，以及經濟這國家互動五大領域所展現的對比。每個大國都有許多分歧的戰略利益，而這使得對抗無可避免。本章指出，大國衝突風險在未來五年最令人擔憂，將發生於不同戰略利益強度結合的領域包括：印太地區、網路空間、外太空，以及較不明顯的中東地區。本章結論係俄羅斯的戰略目標將使其對美國地緣政治主導地位產生短暫安全風險；儘管目前中共威脅較小，但意識型態願景和野心將使其成為美國作為全球自由主義國際秩序領導者最重要的對手。

本章置重點於三個當代大國—美國、中國大陸與俄羅斯—及三者間同時相互影響的大框架，概略描述針對這三國所構成挑戰之性質與程度所持續進行的主要論辯。本文接著追溯2000到2014至2015年間三國的戰略互動敘事，並建構各國在此時的重要發展主題；接續勾勒2020年各國國家戰略和重大戰略目標,以及這對未來五年大國競爭的意義,並分析評估每一項國家戰略對該大國主導國際規範、規則與制度的涵義,最後討論這些戰略對重要地理區域內大國關係的啟發。本章結論針對2020至2025年大國競爭歸納出十項重要見解和可能影響,以利於下一章更為詳細地審視特定大國實現戰略目標的能力。

21世紀初期的大國和地緣戰略動態

本書將大國(great power state)定義為具有三個主要特徵的國家:相比他國擁有不尋常的能力;其行為顯示其願意在周邊且超越鄰近區域使用這些能力;以及國際體系內的其他行為者認知到該國具備不尋常能力且會運用之,而這使其被視為當然的大國。[1] 從20世紀末到2020年,正好有三個國家符合以上標準:美國、中國大陸和俄羅斯。

首先,誰是美國主要的競爭對手?川普政府的《國家安全戰略》和之前提及的《國防戰略》通常同時指涉中共和俄羅斯。但這兩國的經濟狀況差別極大,卻皆被視為大國(2017年中共GDP[12.2兆美元]係近俄羅斯的八倍[1.6兆美元],這顯示分析家應訂定更明確的大國評價指標。

Ali Wyne, "America's Blind Ambition Could Make It a Victim of Global Competition," The National Interest, February 2019

然而,這三個大國的狀況天差地別。在希望保障的戰略成果、所具備的相對能力,以及追求主要戰略目標的具體實例與地區上,三國都呈現實質上的不同。如此一來,這些差異也影響了其他全球行為者(包括國家和非國家實體)對待每一個國家的方式。

儘管多數全球分析家和國際關係學者普遍同意,美國在2020年仍是當代三大國中最強的國家,但是就俄羅斯或中共對美國目前的主導地位能構成多大挑戰方面，仍然存在很大的分歧。[2] 專家學者們對於美國政府實際上如何想像與兩對手的競爭也存有差異。[3] 一些觀察家甚至認為就算是俄「中」的加總也不足以作為美國的競爭對手，他們指出北京是一個復興的、選擇性的修正主義大國，而莫斯科則是一個衰落、具破壞性的機會主義國家。[4] 擔心俄「中」沆瀣一氣的專家當中，多數人同意中共將對華府形成更大的長期挑戰。然而歷史殷鑑，沒落大國也可能造成更嚴重的短期動蕩。[5]

這些辯論使得仔細比較三個現代大國間的異同變得非常重要。本章首先直接比較當前全球大國關係的兩個層面：它們近期的地緣戰略軌跡，以及針對現行與未來地緣戰略關係所採取的當代國家戰略。一旦確立這些比較，將能應用於概觀各國在目前全球制度與規範中，以及重要地理區域內互動的重要面向。下一章則接續比較和評估大國的國家能力(工具集)，及其使用這些工具追求地緣戰略野心的能力和意願。

根據本書所發展的框架，本章和下一章會探討大國在下列五個競爭領域中：政治與外交、意識型態、資訊、軍事及經濟，使用其工具集的戰略、能力及意願。為了進行對新興時代大國競爭的可靠評估，我們必須從每一個大國的觀點著手，摘要近期地緣戰略關係的軌跡。

2000到2015年的美國觀點

從1992至2008年，美國在國際權力結構的任何方面領先超群，處於唯一的單極狀態。[6] 隨著冷戰的結束，其二戰後的對手蘇聯於1991年解體，莫斯科的全球共產主義願景和統制經濟優勢也隨之瓦解。另一個潛在崛起大國中國大陸，於1978年底開始了「改革開放」，當時共黨將市場經濟原則納入「中國特色社會主義」。[7] 中共奉行以外部穩定為重點的務實外交政策，開始漸進而加速地融入全球經濟和治理結構；同時間中共控制思想和微觀管理人民日常生活的作為也隨之終止。相對於毛澤東時代的生活，中國大陸人民在生活選擇上獲得愈來愈多掌控權，只要他們不挑戰中共的政治實權，就能享有更大的政治和思想自由。[8] 華府的決策者欣然接受這些向內自由化和向外節制化的趨勢。他們審慎樂觀地認為，一個自由化的中國大陸最終將融入美國在二戰後建立的全球經濟、資訊、政治和意識型態規範網絡。美國在對俄國和中共的官方關係中都奉行「戰略交往」(strategic engagement)政策。[9] 因此，美國在1992至2008年間，對「中」俄的戰略與政策是以合作式的互動和協作計畫為主。這種協作的目標係藉由支持其國內改革，使兩國成為美國規範與偏好下、全球社會中的負責任的成員。這種支配式的合作模式恰逢美國軍力崛起時期，在過去500年中極為罕見。

從美國的角度來看，穩定的合作(cooperation)/協作(collaboration，部分合作)關係時代在2008到2014至2015年期間歷經動搖並崩潰，主因係俄羅斯和中共在喬治亞、烏克蘭、南海和東海採取一系列軍事與準軍事行動，並在商業的互動中對美國所領導自由主義國際秩序關鍵面向上表現出明確異議。[10] 俄羅斯於 2014 年對克里米亞進行隱蔽軍事入侵，然後從烏克蘭手中吞併了克里米亞。以美國為首的西方國家對俄羅斯實施各種經濟制裁，並將莫斯科驅逐出冷戰後立即加入的外交和經濟組織。從2013到2015年，中共對海上領土爭端採取強勢態度，擴大國家干預力道支持本土企業，犧牲外國公司利益，輔以習近平集權中央和加緊掌控政治與資訊，在在催化了美國的反應。在2014至2015年，歐巴馬政府堅持自由航行權，並挑戰中共在太平洋的領海主張；其公開譴責中共的產業間諜活動和智慧財產權作為，並重新構思了更廣泛的新「跨太平洋夥伴協定」(Trans-Pacific Partnership, TPP)，作為重塑其中共經濟政策的槓桿。在歐巴馬政府的第二任期內，美國對「中」俄「戰略交往」的地緣政治政策逐漸冷淡，並在2014和2015年間對該兩國採取公開的強硬態度。[11] 因此，儘管當時尚未獲得普遍承認，但這兩年實際上是這三個大國間對抗變得明顯的時期。[12] 直到2017和2018年，包括2017年《國家安全戰略》(National Security Strategy, NSS)和2018年《國防戰略》(National Defense Strategy, NDS)[13] 等美國戰略文件發布後，才正式承認並傳達了大國對抗的宣言。

2000年到2014至2015年的中共觀點

中共領導人在後冷戰時代所面臨的主要挑戰，是善加利用全球化世界經濟帶來的機遇，並重建國內的合法性，同時調整自身應處外部壓力的弱點，特別是來自中共認為是霸道且無所節制的美國意識型態與軍事壓力。美國在1989年對天安門事件實施制裁之後，中共領導人斷定華府正在進行「和平演變」戰略欲終結共黨統治，並試圖西化和分化中國大陸。中共採取了抵制美國意識型態顛覆和降低壓力的戰略，同時藉由對較不重要利益讓步和推遲目標來維持與華府的合作關係，諸如統一臺灣與聲索海洋領土。[14] 中共領導人試圖延長冷戰後的「戰略機遇期」，以厚植相對於美國的綜合國力，並順勢讓不可避免的全球多極化趨勢侵蝕美國的優勢地位，並限制其單邊行為。這種克制政策符合鄧小平在蘇聯解體後的名言，即中共應「韜光養晦」，避免過早扮演國際領導者的角色。[15]

美國回應2001年9月11日恐怖攻擊後的作為有助中共的戰略方

針。華府在阿富汗和伊拉克所投入的長期承諾使其注意力轉向中東，並使美軍泥足深陷。後來的2008年全球金融危機(導致美國經濟長期衰退，而同時中國大陸經濟回到了快速成長的軌道)使得許多中國大陸分析家認為，美國相對快速的經濟下滑是多極化加劇徵兆，這為中共創造了新的機遇。儘管中共領導人試圖避免與華府正面交鋒，但是仍加速擴張在區域和全球的經濟投資與影響力，有時不免犧牲到美國的利益。中國大陸經濟快速持續增長，尤其是在2001年加入世界貿易組織之後，有助於共黨憑藉其厚植國力和提升生活水準的能力，強化國內治理的合法性。經濟成長也賦與中共領導人更多的資源及發揮影響力的新管道，因為更多的國家開始依賴進入中國大陸市場，並尋求北京的貸款和經濟援助。

中國大陸經濟成功主要奠基於傳統的經濟發展路線，即保持穩定的金融體系，同時讓市場發揮主導作用，將勞動力和資源重新分配以發揮最大的生產力。[16] 中國大陸開放外國直接投資，注入了西方資本、技術和管理方式，促使其快速成長且搖身一變為出口大國，而同時西方和亞洲跨國公司也將廉價的當地勞動力納入其生產網絡。與此同時，中共拒絕了國際貨幣基金和世界銀行對全面開放其資本帳戶的建議，更傾向管制本國貨幣以創造競爭優勢，避免如1997至1998年間亞洲金融風暴中導致多國政府垮臺的不穩定資本外逃風險。中共還借鑒了二戰後日本、南韓、新加坡及臺灣的經驗，這些國家全數採取了更高程度的政府干預政策，以加快出口導向發展，並將國內企業培植為具全球競爭力的國家冠軍。

在中共模式裡，國有企業扮演重要角色，其由共黨直接控管，以補貼、優先獲得資本、保護國內市場，以及適用有利的法律、法規和法院來提供支持。一系列的改革使國有企業更具競爭力，手段包括合理化經營模式、淘汰年長員工並減縮退休金與社會福利等責任。[17] 中國大陸快速持續增長，同時能維持共產政治制度，這使得中共領導人和理論家自信心大幅提升。儘管中共領導人最初淡化了西方分析家對「北京共識」的讚揚，但近年來他們一直主張，中共威權資本主義發展經驗是一種有效的替代模式，應該受到重視並供其他發展中國家參考。[18] 某些人甚至認為，中共在應對2020年新冠病毒上的表現，證明中國模式優於西方。

然而與此同時，中共領導人也擔心，共產黨政權面臨一系列潛在嚴重的國內威脅：包括西藏和新疆的分離主義分子，2008年少數民族於此發動了暴力抗爭；不平等加劇導致的政治衝擊，對經濟成長放緩影響的擔憂；以及愈來愈多的公民陳抗事件，不滿共黨於地方的腐敗和治理。中共領導人也憂心美國的顛覆。北京同意俄羅斯的觀點，即美國在中東地區、喬治亞、吉爾吉斯和烏克蘭煽動了一系列「顏色革命」推翻威權政府，而中共恐怕是未來的目標。中共有條件地容忍美國在亞洲的同盟，只要不是針對中共並有助於區域穩定。當華府試圖現代化後冷戰時代的同盟關係，並加強與臺灣的安全合作時，中共領導人和戰略家們開始認為美國在包圍與遏制中共，以減緩其增長和阻礙其區域野心。這些擔憂皆隨2011年歐巴馬政府正式宣布亞洲再平衡政策而加劇。[19]

2012年11月習近平上任中共中央總書記時，其政治領導階層發現了一個機遇與威脅並存的新戰略時刻。該戰略機遇來自於中國大陸巨大的經濟和科技進步、增強的影響力和軍力，以及認知美國和西方正在進入一種不可挽回的經濟與道德衰退狀態。戰略威脅則來自於可能危及穩定的內部壓力，以及美國可能加強意識型態作為，顛覆中共社會主義制度，加深經濟與軍事行動，以包圍與遏制中共。雖然關於是否「時機已經到來」的內部學術辯論仍在習近平時代繼續，2000至2014年間中共的自我概念和領導人對未來適當世界秩序的願景皆有劇烈的變化。[20]

2000到2014年的俄羅斯觀點

普丁於1999年底升任俄羅斯政治領導人。在前任葉爾欽(冷戰後俄羅斯第一位當選的領導人)的領導下，俄羅斯從解體中的蘇聯走出來，成為一個衰弱的大國，正待加入一個重視個人自由、自由民主、資本主義、開放和透明的全球世界秩序。葉爾欽時期的俄羅斯目標是適應和融入美國領導的世界秩序。1990年代，莫斯科加入了七大/八大工業國組織和世界貿易組織等經濟與金融制度，並於此時勉強同意北約軍事聯盟擴及東歐，以此換得北約觀察員的身分。[21]

早在1990年代中至後期，俄羅斯與西方在各種規範與制度上的合作與融合已搖擺不定，華府和莫斯科對美國/北約干預巴爾幹半島戰爭，以及美國積極擴張北約都存在歧見。[22] 俄羅斯與西方的合作在普丁的領導下卻完全逆轉，他迅速制定了譴責後冷戰世界本就不公且無理輕視俄羅斯大國角色的國家安全構想：

> 世界形勢是由國際關係體系所決定……西方已開發國家以在國際社會中的優勢地位為基礎，試圖建構由美國領導，規避國際法治基礎，用來單邊解決(主要是使用武力)世界政治關鍵問題的國際關係結構……俄羅斯是世界主要國家之一，擁有悠久歷史和豐富文化傳

統。儘管國際形勢複雜，國內境況艱難，俄羅斯仍憑藉其巨大的經濟、科學與技術、軍事潛力，以及在歐亞大陸的獨特戰略位置，持續客觀地在全球進程中扮演要角。[23]

普丁直指北約是一個敵視俄羅斯安全利益的實體，並堅稱北約東擴對莫斯科構成極度威脅。[24] 之後在2007年的一次演講中，他明確警告北約停止東擴。[25] 普丁還利用俄羅斯悠久的民族主義，抗議美國和西方「不尊重」俄羅斯作為大國的正當性。許多俄羅斯精英紛紛附和普丁，他們誇大美國及其西方盟邦對俄羅斯落井下石的說法，試圖營造一種民族受害感。[26] 普丁開始對美國的軍事和政治力量進行了長達20年的反擊，以戰術與作戰層面在一系列全球的行動中挑戰美軍及其盟邦，包括2008年入侵喬治亞和吞併其阿布哈茲(Abkhazia)。[27] 六年後，普丁策劃準軍事入侵並兼併克里米亞，隨後在烏克蘭東部發動代理人戰爭，一直持續到2020年。2014年克里米亞/烏克蘭事件之後，西方祭出嚴厲的金融制裁，俄羅斯退出北約觀察員身分，並遭逐出七大/八大工業國組織，自此成為解組或廢除多個冷戰後軍備管制建制的關鍵角色。[28]

俄羅斯的國內政治從1990年代初期開始開倒車，普丁將俄羅斯推向非自由民主和威權統治，包括取消總統的任期限制。普丁領導下的經濟被許多西方分析家斥為「軍工政治犯罪複合體」，被濫用來清洗親普丁寡頭政治高層所掠奪的大量俄資。俄羅斯的經濟成長愈益與全球石油價格相關，因為這是其主要輸出。2000至2006年，油價飛漲輕易造就了俄羅斯的經濟繁榮，但是該國經濟在2008至2009年全球金融危機之前就進入了長期停滯狀態，之後情況更形惡劣。普丁的團隊未能促使該國工業多樣化或現代化。由國家支持的龐大建設項目成為俄羅斯不肖官員的金礦，而大量財富被一群親普丁的寡頭政治高層轉移至西方的銀行、房地產企業及其他個人投資中。

普丁和他的寡頭黨羽欣然接受國際金融體系中那些散布他們搜刮俄國財富的看法。同時，他們抨擊對俄羅斯個人與實體進行益增制裁的經濟和金融機構；這些個人和實體被控接觸非法交易、涉及俄羅斯對「不忠」僑民的致命間諜活動，以及參與在烏克蘭、敘利亞和他處的準軍事干預與衝突。幾乎整個2010年代，俄羅斯大力投資於世界各地傳統媒體和新媒體(利用軍事情報專業和商業技術)，開發並傳播一系列反西方宣傳、陰謀論及假訊息。這種全新的「資訊管理」手段藉由質疑西方長期政治體制、社會規範和領導人的合法性，產生巨大的全球影響，並強化了「美國和西方價值與架構不具合法性」的俄國論述(普丁竊盜統治者認為有利用價值的論述除外)。

時至2019年底(進入普丁時代20年)，俄羅斯仍為驕傲的大國。它是一個軍事大國。自2010年起，普丁為軍事改革不成比例地花費每年4%的GDP，以確保其核武器仍具嚇阻力，地面和空中部隊能夠保護邊界，並果斷採取行動打擊邊境威脅，其持續展示有限但有效的全球投射能力，並利用空運和部分海運，組成混編的軍事與準軍事部隊。[29] 同時，普丁掌控的俄羅斯在經濟、政治和意識型態上所表現的特點，使其看來不像一個大國。在某種程度上，普丁巧妙地抵銷了這些嚴肅的責任，同時善加利用現代傳播科技傳遞訊息，「質疑」一切西方所主導的世界秩序。

藉由對過去20年美「中」俄關係軌跡的簡短分析，本章接續闡述各大國當前的戰略，以及這些戰略在2020至2025年的具體行動和政策的影響。

大國戰略

美國國家戰略與地緣戰略軌跡

2017年12月公布的美國《國家安全戰略》聲稱，美國和其同儕大國俄羅斯與中共已從近20年的合作與協作正式過渡到競爭的新時代。[30] 儘管該《國家安全戰略》確認了美國安全的另外三個威脅(北韓、伊朗及跨國恐怖主義和犯罪組織)，但是明確指出美國的安全與未來繁榮，端賴與莫斯科和北京競爭的能力。[31] 雖然《國家安全戰略》和《國防戰略》的內容在2017至2020年間化為實際行動，並導致美國經濟與安全目標之間，及美政府政治訴求與意識型態規範之間的壓力，但是這些文件顯然是據2016年之前的趨勢所寫。

首先，美國對於亞太地區經濟、軍事與資訊優勢再平衡的長期努力持續裹足不前。川普政府正式提出了一個新詞彙，即「印太地區」，強調美國政府愈來愈重視印度和南亞。[32] 小布希政府曾宣布21世紀為「亞太世紀」，但是隨後又捲入南亞和中東打擊恐怖組織的戰爭。[33] 自2011年起，歐巴馬政府公開籌劃多時的「亞洲再平衡」戰略，但就跟前任幾位總統一樣，發現自己受困於世界其他地區的反恐活動上，反而減低了亞洲再平衡的重要性。[34]

其次，2017年的《國家安全戰略》為印太地區納入若干美國經濟、軍事和意識型態的規範，這些規範早在小布希和歐巴馬時代就已逐步形成，並緊密遵守二戰後美國對全球秩序與互動的一貫偏好。在2017年的《國家安全戰略》之前，2015年1月針對印太地區的〈美印聯合戰略願景〉(U.S.-India Joint Strategic Vision)最能清楚闡述這些願景：承諾區域成長和廣泛繁榮；確保自由貿易；保障航行與飛行自由；致力於和平解決國家間爭端；遵守國際規範與協議(特別是有關國家主權)；共同行動打擊恐怖主義、海盜和大規模毀滅性武器擴散；以及捍衛普世人權。[35]

第三，美國在21世紀初期日益增加的能源獨立性，使得美國在化石燃料穩定出口供應全球的地區開始利益受影響，特別是中東地區。國內對海外軍事活動日趨謹慎，以及轉向2017年之前出現的狹隘民族主義(insular nationalism)趨勢都產生相關影響。[36]

反之，2017年的《國家安全戰略》開始對二戰後美國的聯盟架構和夥伴關係展現懷疑態度。該戰略內容以自主、單邊規則為重點，完全凸顯美國長期對國際制度、多邊聯盟和夥伴國的評價。美國對政軍制度的堅定承諾，如北約以及與日韓的雙邊太平洋聯盟，不能再被視為理所當然。[37] 此一變化顯示，美國對於承擔維護經濟、軍事、外交和資訊領域等全球規範、規則和程序的代價興趣漸缺。2020年後仍待觀察的是，二戰後機構和聯盟不再受重視的事實，如何能與美國一向對全球規範與規則的偏好調合。

與此同時，2010年代美國的外交政策立場模糊。雖然相關的戰略著作都支持聯盟、經濟規範以及多邊制度的重要性，但美國在2017至2019年間的作為時而強烈支持，時而又認為這些制度存在「根本上的不公平」。美國的外交政策置重點於重新談判可補償貿易逆差的協定，但是卻發現自己無法「輕易贏得」包括與中國大陸在內各國間的雙邊貿易戰。加以美國的努力代表國內許多重視經濟的選民擁護多邊自由貿易，擔心美國和中國大陸甚至全球經濟脫鉤。這些2020年初的緊張局勢顯示，目前美國國內與外交政策，都沒能讓美國如《國家安全戰略》和《國防戰略》所規劃，在真正的大國競爭中獲勝。[38]

中共國家戰略與地緣戰略軌跡

避免與華府交惡一直是中共後冷戰時期的國家戰略重點。同時，北京試圖透過建設其綜合國力(指包含所有權力的中共架構)，以及改善與其他大國、周邊國家和其他地區發展中國家的關係，來減少面對美國國力時的弱點。中共領導人主要是靠經濟、外交和資訊手段來推進外交政策目標。中共一直尋求與世界其他大國和主要區域國家建立戰略夥伴關係，在沒有結盟約束的承諾下加強政治和經濟關係。中共也開始建立與支持新的區域和全球制度以擴大其影響力，並提供制衡美國的力量。包括以中亞為重點的上海合作組織；巴西、俄羅斯、印度、中共、南非(金磚國家)集團；亞洲相互協作與信任措施會議(Conference on Interaction and Confidence-Building Measures in Asia)；以及亞洲基礎設施投資銀行，該銀行提供了世界銀行和亞洲開發銀行以外的替代選項。[39] 為了緩解世人對中共軍力崛起的擔憂，北京發動了所謂的魅力攻勢，闡述以經濟合作為基礎的「雙贏」政策，試圖淡化中共益增的軍事能力與對小國的經濟影響力。[40]

北京的作為在印太地區最為複雜，中國大陸的經濟和軍事權力對其區域鄰國構成最直接威脅(詳見第五章)。對於區域外的國家而言，中共成功將自己塑造成充滿商機的經濟夥伴，擁有大量廉價勞動力，能降低跨國公司的生產成本，坐擁13億潛在消費者的廣大市場；而且到2000年代中期，成為幫助其他發展中國家的外國直接投資、貸款、技術與援助之重要來源。

中國大陸的快速成長是通過進一步融入全球經濟而實現，此一過程不僅利用了全球化世界中的機遇，同時也造成了新的弱點。隨著中國大陸在2001年加入世界貿易組織後成為「世界工廠」，其巨額貿易順差意味著許多中國大陸工人的就業，開始依賴於產品必須持續進入北美和歐洲的已開發國家市場。這些重要市場受到不可預期和嚴峻的外部經濟發展考驗，例如2008年全球金融危機。中國大陸的蓬勃經濟帶來的生產與消費需求，使北京益發依賴進口石油與天然氣、自然資源及糧食。為因應此一難題，中共政府強烈要求本土企業「走出去」，赴全球尋找市場、自然資源和技術。[41]

中共的戰略成功擴展了海外投資、貸款、企業和工人的足跡，這些大多處在世界動盪的地區而須予以保護。這些成果也使中共更加依賴海上交通線的暢通無阻，通過麻六甲海峽和亞丁灣等海上扼制點。這些地區容易受到非國家行為者(如索馬利亞海盜)的侵擾，及美國與印度等主要海軍大國的阻截。胡錦濤於2004年賦予共軍「新的歷史任務」，要求其超越維護主權和領土完整、確保共黨統治的傳統使命，並維護中共的海外利益和發展權利。此一轉變導致共軍於2008年12月開始在亞丁灣執行反海盜巡邏，並從利比亞(2011年)和葉門(2015年)撤離中國大陸公民。

在習近平掌權之下，各種經濟、外交和軍事措施都被納入了更加一致的戰略。2013年，習近平推動「一帶一路倡議」，將中國大陸的許多海外投資、貸款和基礎設施計畫整合在一面大纛下。[42]「一帶一路倡議」企圖透過新的港口、公路和鐵路基礎設施，強化中國大陸與歐亞大陸陸上和海上的聯結，而這些設施皆由中共融資，並交予中國大陸的企業建設。其願景是中國大陸在未來成為龐大歐亞地區體系的中心，實現經濟一體化，並以公路、鐵路和輸送管線等基礎設施緊密相連。「一帶一路倡議」對中國大陸的經濟利益是顯而易見的，另外也擴大中共對參與國家的經濟影響力，並繞過海上扼制點打造替代貿易路線上深具戰略意義。[43]「一帶一路倡議」的西方批評者擔心，這不僅會提高中共取得原物料和市場的機會，而且會增強未來監視與社會控制的能力，並加深中共企圖廣泛改變全球治理和國際規範的影響力。[44]是項倡議在地理上已擴展至非洲、中東地區和拉丁美洲，且實際上也包括一條「數位絲綢之路」。

中共在改革初期置重點於利用廉價勞動力的相對優勢，但是領導人也試圖幫助國有企業和民營公司創新並提升在全球「價值鏈」中的地位。這項工作起先涉及相對分散的合資企業，致力於獲得外國技術、品質控制及管理技能。但是後來該戰略益發重視國家層級的工業政策工具，以促進自主創新，協助本土企業成為具全球競爭力的生產及出口商。北京於2015年頒布「中國製造2025」十年經濟發展計畫，欲運用一系列政府補貼使中國大陸稱霸全球高科技製造業。其中還包括各種規避全球投資、智慧財產權和技術移轉規範的作法。[45]

中國大陸的經濟發展大幅度受益於開放、全球化的世界經濟，而這是基於相對自由的規則、規範、制度及美國的支持。隨著中共國力的增強，北京加大力道強化各種國際制度的影響力，並試圖改變國際規則與規範，以求更符合其國家利益。中共在2020年初並不尋求挑戰美國的全球領導地位，當時其國內的混亂使北京難以承擔此一角色的責任。[46] 與此同時，中共無意擁護美國全球領導地位的基礎，並正與俄羅斯等其他國家合作，推動一個美國主導性較少的多極世界。中國大陸學者和官員表達了欲改變國際規則與規範的各個面向：確保中共和其他發展中國家在全球機構中擁有更大影響力；加強美國實際受到全球規則與規範約束的程度；以及降低美國盟邦和軍事部署會遏制中共的可能。[47]

中共對現有聯合國體系及表面上強調國家主權平等普遍感到滿意，尤其是因為北京在安理會擁有否決權，可以阻止違背其利益的行動。中共的抱怨通常針對發展中國家是否受公平對待，以及國際關係中日益受重視的「民主」議題。但是其真正的目標乃欲尋求一席之地，讓北京在形塑國際規則與規範上扮演更重要的角色。這也就是說，中共反對美國主導體系中所深植的自由主義原則，例如強調個人政治權利而非集體經濟權利；其贊成更嚴格的不干涉原則，以及主權國家有權選擇其政治制度和控制境內發生之事。歷經多年來淡化西方宣稱有中國大陸特有發展模式(所謂「北京共識」)的說法後，中共開始論證其經濟成功顯示共黨政治制度的優勢，並提出了一種新的發展模式，可為他國帶來有用的經驗。[48] 這種論述對威權政府充滿吸引力，希望在不放寬政治制度限制下複製中國大陸經濟的成功，雖然他國能在多大程度上仿效中共模式都尚有爭議。[49]

習近平在2012年就任總書記後，明確提出其中華民族偉大復興的「中國夢」，包括要在2049年建設強大與繁榮「中國」的雄心。隨後中共聲明指出，統一臺灣是「民族復興」的一部分。該遠大的目標伴隨著「兩個100年」奮鬥目標：在2021年全面建成小康社會，及2049年實現「富強、民主、文明、和諧、美麗的社會主義現代化強國」。[50] 習近平在2017年〈十九大報告〉中也闡述軍隊現代化的三階段目標：共軍要確保到2020年基本實現機械化，信息化(資訊化)建設取得重大進展，戰略能力有大的提升；2035年基本實現國防和軍隊現代化；以及到本世紀中葉，即2049年建國百年時將共軍全面建成「世界一流」軍隊。[51] 中共還公布了一系列在高科技製造、太空與人工智慧等領域的細部國家計畫和戰略。

正如上述討論所顯示，中共領導人宣告了依權力所訂定的國家目標，並運用各種外交、經濟和軍事手段來達成；然而，中共在公開闡述這些區域與全球目標時，始終強調模糊的原則(「互相尊重主權和領土完整」及「透過對話和平解決爭端」)，同時淡化國家間的利益衝突，和大國在國際關係中扮演的核心角色。例如，2017年《中國的亞太安全合作政策》白皮書中強調「共同發展」和「政治與安全夥伴關係」，但是對聯盟持否定態度。

該文件區分大國與中小國家，指出「中小國家沒有必要也不應在大國之間選邊站隊。」[52] 然而，白皮書中沒有提到相對權力或是權力平衡，儘管其他亞洲國家被認為易受中共崛起勢力影響係印太地區變化的核心。這種遮掩相對權力關係及阻止區域力量抗衡中共權力的外交作為，與中共內部軍事與學術的分析不一致，這些分析事實上經常強調相對權力和權力軌跡的重要性。另外，這也不符合敏銳認知權力關係及意欲運用權力施以賞罰的中共實際外交實踐。[53] 中共在努力闡明「和諧世界」和「命運共同體」之全球願景時也存在類似缺

> 當它們開始展現自己的權威時，崛起的大國通常感到必須挑戰領土邊界、國際制度和層級次序的威信，而這些都是在它們相對衰弱時所建立的。其領導人和人民通常會覺得，在分配利益時被不公平地排除在外，甚至可能認為正因過去的衰弱，遭剝奪了本來應該屬於他們的東西……這通常使他們與既有的大國發生衝突。
>
> Aaron L. Friedberg, A Contest for Supremacy (2012)

陷：暗示較弱國家在面對較強大的中共時，必須先信賴中共獨特的和平本質。這其中真正的訊息是，中共在追求自身利益上不會妥協，而較弱國家必須做好讓步的準備。

北京在追求區域和全球目標上欠缺坦率，致其國際野心惹人非議。愈來愈多的分析咸認，中共企圖取得印太地區的主導權；這些分析的差異主要在於，中共是否會粗暴的對區域內大小事務指手劃腳，還是較含蓄地運用影響力，例如對可能損害其安全利益的行動動用否決權。[54] 各方一致認為，北京在全球規則、規範和制度上尋求更大的影響力，但是對中共野心的範圍、急迫性及實踐可能性有看法上的分歧。

部分分析家將中共視為一個溫和的修正主義大國，試圖改變影響其特定國家利益的全球規則與規範，但其意識型態上的野心有限，而且仍然願意與政權體制不同的各國打交道，無論其政權體制如何。[55] 持這種觀點的人認為，中共提出建設「人類命運共同體」的目標，是過去表達規範原則的延續性努力，而這些規範原則應該用來治理國際關係，而不是一個針對二戰後現行規則、規範和體制進行系統性改變的連貫計畫。從這個角度看來，中共利用其經濟成就贏得國際社會對其治理模式的尊重，更多的是為了建立國內的合法性，而不是強迫其他國家仿效中共的經驗。另一些分析家則認為，中共的威權體制需要外部的認可和友善的國際環境，以維持共黨的執政地位，因此將「命運共同體」視為更具野心的手段，目的是改變國際規則與規範，宣傳威權主義價值觀以維護國內穩定。[56] 上述兩派學者都同意，中共在網路主權等領域更偏好威權規範，並將集體經濟權利置於個人政治權利之上，但是後一派分析家則認為，自由主義規範對共黨構成實實在在的政治威脅，因此中共需要積極改變國際體系，而不只是順應它就好。

美俄之間在全球影響力的競逐一直被誇大和添油加醋，很大程度上是因為以下綜合原因：對俄羅斯能力與野心的高估；對其自身利益的擴大界定；以及外交政策單位內部的普遍共識，即美國領導力的展現需要華府扮演核心角色，以美國解決方案來因應全球問題……解決這些挑戰唯一實際並延續的方法係聚焦於根本原因，並對俄羅斯採取更現實的觀點，以及用更有紀律、克制和明智的方法來界定美國在全球的利益。」

Eugene Rumer and Richard Sokolsky, "Thirty Years of U.S. Policy Toward Russia," Carnegie Endowment for International Peace, June 20, 2019

2020年初，中共似乎構想出一個同心圓國家安全戰略。其主要重點是國內安全，不但要維持大多數漢族人的政治支持，也要因應許多分離主義和非傳統安全挑戰。對中共而言，這包括防範「臺獨」，其認為這係內政問題。第二環涉及亞太地區(印度太平洋)周邊國家。中共將努力維護區域穩定，妥善解決領土爭端，並在該區取得主導地位。美國是實現這些目標的障礙，因此中共將會設法削弱美國在該地區的權力和影響力，同時避免直接與之對抗。第三環位於亞洲之外，中共將試圖在此取得資源和市場，保護不斷擴張的海外利益，並擴大其在區域和全球制度中的影響力，同時在可行的狀況下引進替代制度。中共與同儕大國交往的方式，將是尋求它們認可其作為全球要角的身分，並尊重其在亞洲和其他地區的利益。北京將盡可能避免直接的軍事挑戰或對抗，並在經濟、科技、軍事和外交領域展開競爭，以提高其區域和全球地位。[57]

俄羅斯國家戰略與地緣戰略軌跡

2020年普丁掌權的俄羅斯，由於感受到威脅的存在，故促使其採取「攻勢防禦」(aggressively defensive)政策的戰略，目的是擾亂西方世界。[58] 俄羅斯的全球戰略約略與帝國主義和過往俄羅斯帝國輝煌時代情懷有關。[59] 與蘇聯傳播全球共產主義的實證主義戰略目標不同，普丁的俄羅斯採取被動和追求有限的戰略成果，其主張俄羅斯和斯拉夫人民在境內與「近鄰」(near abroad)歷史性土地的控制權，有時被稱之建構新歐亞主義(neo-Eurasianism)。[60] 同時，俄羅斯試圖破壞美國所主導的全球規則、規範和制度，其對美國的國際領導地位奉行一種被動抵抗戰略，並積極主張對近鄰國家的歷史性帝國支配權力。莫斯科所追求的是一個多中心世界，並抵制美國領導的西方制度。同時，俄羅斯主張基於軍事與經濟雙邊互易關係優勢而來的區域權力和影響力。[61] 該戰略方針的兩個要素(與正式、清晰的戰略相反)都代表了儘管莫斯科在戰略互動上除了軍事與資訊領域外，其他都明顯處於弱勢地位，但普丁仍期盼俄羅斯被視為全球大國的渴望。[62]

俄羅斯試圖處理和美國、歐盟和北約間的關係，削弱其聯盟的凝聚力，以嚇阻「預期」的敵意行動。[63] 莫斯科還利用與中共間善於機變的關係，藉中共領導的上海合作組織和金磚五國來降低美國在海外的影響力。[64] 儘管俄羅斯政府在某些政治問題上與中共合作，但是仍對該亞洲大國存有戒心，並試圖限制中共在前蘇聯國家的影響力。[65] 俄羅斯的區域優先事項主要著重於鞏固前蘇聯地盤與歐亞大陸的優勢，以及適時參與中東地區和北極的事務。[66]

普丁明白他對俄羅斯的掌控不能無限上綱，其政策作為直接反映維護個人權力和合法性的願望。[67] 他已經成為轉移焦點的能手，能將俄羅斯國內所面臨問題的議論，轉向須藉由外交和軍事力量處理的國外衝突。[68] 普丁通過展示俄羅斯在中東地區特殊的軍事和外交權力，試圖團結「其他受到革命威脅的獨裁者們」，但是他並未展現任何團結各國的能力，或努力實現共同目標，或共榮互利。[69] 同時，普丁心繫俄羅斯的大國地位，但是他所仰賴的新歐亞主義(有時稱為懺悔帝國主義[confessional imperialism])論述，與前蘇聯的全面意識型態框架或中共現代的凝聚性意識型態都相去甚遠。[70] 不同於蘇聯監督「第一國際」和「第二國際」共產組織，以馬克思/列寧主義社會政治和計畫經濟為特色，聚焦建立世界規則、規範和制度的正式與結構化願景，普丁的俄羅斯對重新調整世界政治空間沒有任何形式上的實證主義願景。[71]

因此，俄羅斯是一個兼有短期權力能力與長期挑戰所獨特混成的當代大國。該國歷來擁有強大的軍事實力，在若干軍事領域中具備獨特的全球能力，特別是核武、太空與航空，還有能以現代化空中和海上載臺投射的專業但有限的精準武器暨精銳軍力。現代俄羅斯也帶來可觀的破壞能力，並將透過網路空間和社群媒體，以有限目標、最大混亂的行動，損害西方的政治、意識型態與資訊論述。俄羅斯目前的能力與普丁的有限戰略抱負及互易性目標相符，這在下一章將會闡述；然而，俄羅斯未來的大國地位仍未穩固，因為其主要權力指標今日正在消退，而且很可能在未來出現更大的下降趨勢。

演進中的大國競爭雙邊與三邊地緣戰略動態

根據三個大國在2020年初的國家戰略和地緣戰略軌跡，可以分辨出當今其主要哲學和具體的區域動態，這在未來五年仍可能很明顯。這些有的與美俄關係相關，有些則涉及美「中」關係，其他則涉及「中」俄的動態。

首先，這三個大國對國際體系的既有規則、規範和制度都有獨特的觀點和態度，從而產生了相應的戰略對比和政策需求。

美國是二戰後國際互動與交流相關規範、規則和制度的主要締造者。一般而言，美國的這些偏好持續主導著當代的全球體系，其特點是美國/西方所追求的多邊主義、和平解決爭端、文化多元主義、自由與開放的全球貿易和金融、公開與透明的溝通，以及個人人權。[72]

然而，華府對維持和執行現有秩序的財政與人力成本愈來愈斤斤計較。自2017 年以來，川普政府不斷誇大美國原有的擔憂，即維護美國偏好規則和規範的成本太高，而其他國家不願意分擔公平的費用(搭便車議題)。相較前任總統，川普政府更加公開指責多邊組織和建制限制了美國的單邊談判能力。日益孤立與追求民族主義使美國喪失自知之明，就是美國從現行規則中獲得了巨大的好處，一旦長期的秩序受到侵蝕，將不太可能持續下去。同時，美國因圖方便而不遵守全球規則行事仍不以為意。也沒有能力和/或意願就國際問題制定新的規則，如貨幣估值、太空使用、網路空間監管等。[73]

儘管蘇聯在1945至1946年間受邀進入全球體系，但是在冷戰期間意識型態上反對美國/西方的「第一世界」秩序，使其參與範圍限縮在聯合國系統的某些部分。1990年代經過短暫同化嘗試後，普丁的俄羅斯在進入2020年時抱持對該秩序好壞參半的態度：致力於破壞體系的許多面向，同時在合乎俄羅斯國家利益的秩序中，例如在聯合國與國際銀行及金融體系，利用其選擇性利益。俄羅斯希望與中共及其他國家合作，重塑一些限制其權力的國際規則和規範。同時，俄羅斯不太可能接受整合進非自己設計的制度內，因為普丁認為，大國不會融入其他整合性計畫，而是要建立自己的。[74]

當代俄羅斯有望支持承認威權政體的規則，抵制那些主張對極權主義或濫權政府有「干預義務」的規則。俄羅斯的政治和外交利益仍然與所有願意接受其存在的國家一致，並維持友好關係和相互交往，特別是當這些友好國家加入俄羅斯一起反對西方的長期規範時。普丁的俄羅斯將反對不干涉和限武規範(積極培養侵犯其他主權國家的準軍事和代理人部隊)以追求在其近鄰地區的主導地位，並支持世界任一隅的友好國家。[75] 莫斯科將利用現今的貿易和金融體系為其優勢，但是當這些體系過份要求透明或造成太多財政負擔時，俄國就會抵制和破壞經濟體系規範。該國在網路空間、社群媒體，以及其他大眾傳播形式的作為，將持續在競爭對手國家的活動中製造混亂和嘲諷，並抵制建立在資訊領域要求對等自由和開放的新規則與規範。

「中華人民共和國」沒有直接參與二戰後全球秩序的建立。[76] 如前所述，北京於1978年開始和聯合國體系外的全球制度接觸，作為其改革開放政策的一部分，置重點於那些直接有利於中國大陸增長和發展的領域。中共聲稱在全球制度中擔任發展中國家的代表，即使隨著實力的增長，其自身的地位與利益也漸有變化。中共受益於許多支持貿易和商業的經濟制度，如世界貿易組織和世界銀行；然而，中共試圖利用其發展中國家的地位來抗拒或規避某些義務，並在貨幣估值等領域上，利用國際規則與規範的罅隙投機取巧。中共一直在世界銀行、國際貨幣基金和亞洲開發銀行等制度中尋求更多表決權和影響力，但同時也開始發展亞洲基礎設施投資銀行等平行制度作為謀取自身利益的工具。[77]

2020年大國的國家戰略和地緣政治目標相結合，凸顯出某些領域上的協作可能仍然可行，也顯示某些領域中戰略目標和價值觀很可能會相互競爭甚至對抗。表1.1有助於在支持全球規則、規範和制度的國家互動五大領域中描繪戰略相容性前景圖。

政治與外交

現行體系符合美國目標和戰略目的，支持聯合國扮演的角色、外交關係採多國主義，以及和平集體解決爭端，也傾向美國/西方所偏好的自由民主治理模式。然而華府對許多此類規範和制度的態度日趨矛盾，在公開宣示維護這些規範和制度上依舊淡漠，實際行動更是少之又少。中共重視聯合國及其對國家主權的保護，但是日益頻繁地利用經濟與軍事權力犧牲他國，以追求自己在印太地區的利益。中共因國內共黨的統治及偏好以國家為中心的全球秩序，反對自由民主治理的規範，並正企圖擴大在區域和全球制度中的影響力。俄羅斯因擁有安理會否決權，也贊成聯合國的現狀。莫斯科最近表示希望接管國際刑警組織和全球反恐組織等多邊政治制度，這大概是欲使這些制度的運作更符合其利益。[78] 莫斯科不太接受和平與集體解決爭端。在普丁掌權之下，俄羅斯實行一人威權統治的「民主倒退」體制。普丁卸任後，俄羅斯的政治文化可能會改變，但是未來十年內似乎不太可能會出現。

意識型態

在2020年，美國/西方重視自由開放社會、商業市場與保障政治權利的意識型態，和北京欲利用權力在區域內獲得尊重、偏好威權的規範，以及追求「命運共同體」的模糊目標相衝突。衝突日益受矚目，但是對日後的影響仍不確定。莫斯科除欲保有歷史上的驕傲和地位、維

表1.1：2020至2025年戰略目標的基本態勢和相容性				
	美國	中共	俄羅斯	備考
政治與外交	自由民主治理	威權主義、一黨專政	民主倒退表象的威權統治	美「中」：不相容； 「中」俄：短期相容； 美俄：短期不相容
意識型態	具個人自由、普世人權和多元主義的「自由開放社會」	「命運共同體」(定義模糊)；國家主權和集體秩序，人權受限	鬆散的「新歐亞主義」和多極；國家優勢、俄羅斯主權和擾亂全球規範	美「中」：不相容； 美俄：短期激烈衝突，長期未知； 「中」俄：短期相容，長期未知
資訊	極少限制的自由公開交流	國家控制和網路主權限制；加強「大外宣」	選擇性封閉的國家監督；輔助功能的假訊息	美國和「中」、俄都不相容
軍事	高科技、規模龐大且混合正規與非正規之部隊，部署能力強大	改良科技、數量龐大的正規部隊；逐步擴大區域部署能力	擁有某些關鍵高科技、數量有限的正規與非正規部隊；特定區域/任務的全球部署能力	(詳見第二章)
經濟(貿易與財政)	自由和開放的貿易；透明度高、資金自由流通	國家嚴格管控的開放貿易；受到管理的金融體系；貿易壁壘	國家壟斷貿易；利用國際金融獲得寡頭政治利益	美「中」：如果美國能支持則短期相容； 「中」俄：相容且很大程度的互補； 美俄：若美國接受俄羅斯搭便車，並停止用貿易制裁和金融上市來達到政治目的，則相容

持在領土近鄰地區的優勢，以及行使參與全球事務的權利，避免被納入美國/西方所主導的秩序外，並無支配一切的意識型態。

資訊

美國偏好的是極少限制的自由公開交流，以及基於共識合作為特色的全球傳播架構。俄羅斯和中共發現這種架構具有威脅性，而傾向於封閉和限制性的傳播與交流，認為國家有權掌控境內外的資訊流。該兩國都為線上和傳統媒體建立了完善的宣傳和審查機制，並試圖利用這些行動來形塑外國的觀點。中共否認西方對於其從事大規模商業和網路間諜活動的指控。俄羅斯也積極利用目前系統的開放性，大量散布假訊息和衝突觀點，在開放的傳播系統中騷擾其區域對手和美國。

軍事

目前的國際體系擁護和平解決爭端及採取多邊合作對付侵略國。聯合國就是建立在此一前提之上，之後的許多區域和功能性組織與規範，都是奠基於此而逐漸形成的，但是這個承諾實際上並未兌現。而在2020年，大國對於運用軍事手段的地點和方式存在歧見。總體而言，美國在多數使用武力的範疇內擁有優勢，並且在投射軍力上具備無與倫比的能力。華府持續強調擁有部署和後勤資源優勢的高科技大規模部隊。共軍的科技能力正在迅速提升，雖目前影響力有限，但正在擴大。共軍改革刻正強化海上、空中和飛彈能力，並開始建立一支以打贏資訊化戰爭為主的聯合部隊。在過去十年中，俄羅斯以維持核武優勢的方式對軍隊進行整編，採用了一些關鍵先進科技，並朝向混用正規部隊與非正規及商戰部隊。俄國亦進行軍事現代化，以在有限軍力下維持全球部署能力(下一章將詳述大國的軍力)。

經濟(貿易與財政)

現代貿易和金融體系建立在自由與開放的規範上，但在二戰後從未完善過。「關稅暨貿易總協定」為自由與開放貿易建立了相關規範，並由世界貿易組織所承繼。世界銀行從已開發國家募資，提供給低度開發國家促進經濟成長。國際貨幣基金提供捐助資金，抵銷國家間國際支付的短期失衡。隨著世界貨幣可兌換、關稅降低，私人國際投資再度變得強勁。[79] 美國繼續為這些制度所代表的自由與開放規範背書，但是「捐助者疲勞」的現象益發明顯。中共從這些規範與制度中獲益匪淺，並繼續支持其中許多作為。北京重視自由流動的貿易和金融，但是其發展模式強調國家在經濟決策中的巨大角色。中共在降低國內對外商壁壘上進展緩慢，且不願提高國家主導經濟決策的透明度。如前所述，中共最近開始建立諸如「一帶一路倡議」和亞洲基礎設施投資銀行類似制度和計畫，為的是在貿易和金融上與西方制度分庭抗禮。同樣地，俄羅斯也偏好國家壟斷的貿易，莫斯科公開接受並歡迎國際貿易和資金流動的原則，因為有助維持普丁及其寡頭選區的財政收益。俄羅斯在一般商業活動中則不支持或遵守自由開放規範。

> **從一開始(2018年6月)就很明顯，世界兩大經濟體間的摩擦遠不止是貿易。爭議的焦點是意識型態和價值觀的長期差異，以及全球地緣戰略影響的背景，這在經濟與科技領域正方興未艾。**
>
> China's Concept of World Order: Theory and Practice, IISS Strategic Survey 2019

截至2020年，貿易和金融爭端已成為全球三大國，特別是美「中」間的主要衝突引爆點。因莫斯科針對近鄰的軍事冒險行動，俄羅斯一直受到美國和西方的貿易與金融制裁。更重要的是，在2018年中期美「中」貿易戰開打，一直持續到2020年，兩國間這種新興的經濟競爭似乎不太可能輕易降溫為「正常商業角力」。這類似於1980年代日美間的競爭，最終導致日本在2000年代的十年經濟蕭條。許多華府人士日益堅信，威權共黨統治下的中國大陸企圖利用不公平競爭來挑戰美國經濟的領導地位，並在短期內取代美國在西印太地區的軍事優勢地位。北京可能也希望在更遙遠的未來，利用以國家為中心的經濟活動模式，取代華府偏好的國際規則、規範和程序。[80]

三個大國在大國競爭的場域中，針對不同地理區域的目標和態度也各不相同。

正如表1.2所顯示，三個大國在八個主要全球區域和環境中展開

表1.2：2020至2025年地理區域和大國戰略利益強度

	美國	中共	俄羅斯	備考
印太	主要	主要	次要	美「中」對抗或衝突風險升高
歐洲	次要	第三位	主要	維持競爭，除非俄羅斯近鄰安全利益受到挑戰
中東	次要	次要	次要	主要是資源競爭，但威望日益重要
非洲	第三位	次要	第三位	主要是競爭：中共的資源利益
拉丁/南美洲	主要	第三位	第三位	美國驕傲和威望利益
北極	次要	第三位	次要	因少有誤判，對抗風險有限
太空	主要	主要	主要	在此無規範的競爭空間中，對抗和衝突的風險非常高
網路空間	主要	主要	主要	已發生明顯對抗，在沒有新規範與規則的情況下恐有更嚴重的衝突

競爭。每個大國的戰略都揭示，各國在這些地區的利益強度各不相同，沒有一國在所有場域都存在主要利益。主要戰略利益強度的定義係大國認為該地區存在對國家安全的重大風險，並可能在未來十年裡冒著與大國對手發生軍事衝突的風險以維護其利益。次要戰略利益強度是指國家認為，對國家安全僅存在中度風險，並傾向與其他大國維持競爭的互動方式，避免在意外情況下發生對抗或直接衝突。第三位戰略利益意味，僅存在很有限的國家安全風險，大國互動可能聚焦於協作層次以上的活動，以及弱化或代理人層級的競爭和(非常罕見的)對抗。

正如本章所檢視的主要大國戰略利益，美國和中共在印太地區存在主要利益的衝突。在此區域，若無謹慎的外交折衝，競爭可能會轉為對抗或軍事衝突。俄羅斯在歐洲存在主要利益，對其近鄰地區(前蘇聯各加盟共和國)特別敏感。美國和歐洲的外交仍將面臨挑戰，要在不發生公然對抗或衝突的情況下，制止俄羅斯的冒險行為。美國在整個西半球仍維持有其歷史意義的主要利益，在短期內其他兩國似乎不太可能同樣重視該區，而且若無不可預見的誤判，此一區域可能仍然不太會有直接競爭。相反地，中東地區可能是在未來十年充滿動態競爭及偶發非軍事性對抗的區域——以獲取資源為互動的主要焦點。然而，隨著美俄對能源的興趣逐漸減弱，中東地區的競爭焦點似乎指向國家威望和對意識型態論述的共鳴。

有趣的是，在太空和網路空間這兩個非傳統競爭場域，是三個大國現在和可預見未來都存在主要利益的領域。這裡存在極高風險，太空競爭的加劇可能導致當代大國間更嚴重的對抗。在太空領域進行的協作運用和合作行動，以達成可行規則與規範的協定似乎是重要的工作，可降低對抗升高的風險與引發衝突的誤判。同樣地，網路空間缺乏合作的規則與規範，已使該媒介上的國家互動呈現負面發展的對抗性動態；在缺乏新合作規範與標準的情況下，網路上的大國互動恐在未來幾年有更嚴重的惡意和對抗性活動。

主要大國競爭的比較觀察和影響

本章對大國戰略態勢和地緣戰略偏好進行分析性評論，為大國競爭新時代提供數項重要觀察。其中，有十點引人注目。

第一，美國在三個競爭者中以優勢大國之姿進入此一新時代，其所偏好的國家互動規範、規則與制度影響了全球所有主要活動。但是三大當代大國的戰略目標並不相容，因此確立重返歷史上國際體系的大國競爭格局。

第二，中國大陸是一個崛起中的大國，兼具對未來的實證主義願景，以及近、長程推動國際體系變革的企圖心。中共可能不打算這樣做，但是美國認為中共的願景和抱負會破壞行之有年的(華府偏好的)國際秩序。中共的國有、民營企業間欠缺明確的界線，且採取廣泛和侵入性的手段獲得競爭優勢，並強制影響區域內的國家，這都極有可能加劇與美國的對抗。因此，新興時代的主要競爭(唯一真正全球化、全面的國家層級競爭)很可能將發生在美國和中共之間。[81]

第三，俄羅斯的大國目標並未針對現行國際秩序，建立具有明顯替代性規範、制度和程序的實證主義全球戰略。反之，莫斯科在2020年採取了一種被動且常具破壞性的戰略，目的是質疑使其備感威脅的當代體制和程序，同時使其較小的鄰國屈服。因此，普丁的俄羅斯有可能在特定議題上造成影響，但是沒有重塑國際體系的全球抱負。[82]

第四，中共和俄羅斯對美國所建立、既有2020年全球秩序的挑戰，應該予以嚴格區分。將中共和俄羅斯混為一談為美國現在或將來的全面性對手，是不正確也無益的。該兩國對全球的野心程度不同，對美國而言，未來預示將與中共進行一場全面的政治、意識型態、資訊和經濟競爭；與俄羅斯之間則為區域性的次要競爭。[83]

第五，儘管中共懷抱著長期的戰略願景和野心，但是中共和俄羅斯在2020年各自都有比全球利益更重要且迫切的區域利益。兩國都希望實際勢力範圍不受外界干涉(在邊界和鄰近地區)。[84] 這在中亞和俄羅斯遠東地區尤其如此。

第六，中共和俄羅斯可能在未來五到十年內持續兩國間戰術性聯盟，共同削弱美國的力量、挫敗美國的行動、挑戰美國主導的制度，並質疑對渠等具威脅性的美國所奠定之規範和規則。然而，「中」俄戰略利益的長期分歧使雙方聯盟不太可能持久。[85] 美國應該保持謹慎避免，避免因北京和莫斯科間某些更深層的戰略合作與戰術協調會平衡美國權力而產生誤解。[86]

第七，當代三個大國都對國際秩序的某些面向感到不滿，愈

> 「中」俄兩國的關係為「全面戰略夥伴關係」，俄羅斯向中國大陸供應石油，兩國舉行聯合軍事演習。而且在正式層面上，兩國關係空前的融洽。但在雙邊貿易上，利益向中共傾斜；能源價格的下跌使中共大幅降低對俄羅斯依賴。俄羅斯向中共的對手印度和越南出售武器。中共抄襲了俄羅斯的武器設計。這些更深層次的地緣政治現實意味著，「中」俄只會是因一時之利結成的盟邦。
>
> Robert Kaplan, The Return of Marco Polo's World (2018)

來愈不願意為維持其運作而作出妥協和犧牲。因此，大國競爭的敵對活動可能性會增加，進而降低全球性制度在處理複雜區域和全球問題上的有效性。某些觀察家認為，在2020年初新冠病毒疫情高峰期，大國間缺乏合作或協作就是這種崩潰的徵兆。[87]

第八，美國在印太地區和歐洲的經濟與戰略利益對「中』俄區域利益構成的挑戰最大。這些都是近期內競爭最激烈的區域。中東地區正逐漸成為大國競爭的次要區域，在此大國的利益衝突重要性在各方面都較低。其他區域則列為第三位，大國競爭的利益雖存在，但是差異很大而且競爭動態較不明確。

第九，太空是一個長期合作和相對缺乏戰略競爭的場域，但正逐漸被大國競爭和潛在對抗所取代。大國地緣政治競爭益發能夠藉由太空載臺的發展來觀察和管控。因此，隨著全球大國競爭升溫，愈來愈多國家將發展包括反衛星武器等科技，這威脅到人類進入太空或有效利用太空。在這個沒有規則的競爭場域中，對抗和衝突的風險很大，但也是制定合作與能降低太空對抗風險以避免衝突之規範與規則的機會所在。[88]

第十，網路空間已成為影響相對國力的主要媒介，也是大國競爭新興時代的重要元素。若不齊心協力制定全球一致的標準和規範，確保網際網路開放的防護與安全，網路衝突的風險就會升高。[89]

將抱負化為行動：從「做什麼」到「如何做」

2010年代末期預示國際事務的主要動態，無疑會從合作與協作轉向更為競爭性的國際關係，尤其是在美、俄、「中」三國之間。

> 如果中國大陸的國力持續增長，若繼續由一黨獨裁政權統治，「中」美關係將變得愈來愈緊張和競爭。這就是目前態勢發展的方向，不管你喜歡與否，美國及其盟邦別無選擇，只能為此做好準備。
>
> Aaron L. Friedberg, A Contest for Supremacy (2012)

簡言之，當代大國戰略利益各不相同，這意味著它們將於未來五年內在五大互動領域中展開競爭。合作和協作仍有可能，但是對抗和衝突發生機率極高，甚至在非軍事議題上也是如此。美國必須採取明確的戰略方針，去理解普丁的戰略目標使俄羅斯只會是短暫的安全風險；北京的意識型態願景和抱負，儘管目前較不迫切，則使中共成為更重要的安全威脅。在大國競爭的新時代伊始，美國最佳戰略係儘可能合作，巧妙地競爭，只有必要時才對抗，同時建立獨特的戰略工具，以及所有在經濟、外交、意識型態、資訊和軍事各領域的實力。

下一章將進一步分析當代大國的戰略目標和意圖。探討美國、中共或俄羅斯能否達成其目標，它們現在或不久後是否將擁有實現其戰略目標所需的能力？文中將逐項評估美國、中共和俄羅斯現在與未來十年最重要的權力與相對能力，並特別聚焦於分析未來五年的發展。

註釋

1. 此操作定義源自於Thomas J. Volgy et al., "Major Power Status in International Politics," in *Major Powers and the Quest for Status in International Politics: Global and Regional Perspectives*, ed. Thomas J. Volgy et al. (New York: Palgrave Macmillan, 2011), 1-26. 其定義綜合了其他幾個經典的大國地位定義，包括以下著名歷史文獻: Melvin Small and J. David Singer, "Formal Alliances, 1815-1939: A Quantitative Description," *Journal of Peace Research* 3, no. 1 (1966), 1-32; Jack Levy, *War in the Modern Great Power System, 1495-1975* (Louisville: University Press of Kentucky, 1983); John Mearsheimer, *The Tragedy of Great Power Politics* (New York: Norton, 2001); Benjamin O. Fordham, "Who Wants to Be a Major Power? Explaining the Expansion of Foreign Policy Ambition," *Journal of Peace Research* 48, no. 5 (2011), 587-603.
2. 有關各種對中共的研究觀點，請參閱Aaron L. Friedberg, *A Contest for Supremacy: China, America, and the Struggle for Mastery in Asia* (New York: W.W. Martin and Company, 2011); Charles Edel and Hal Brands, "The Real Origins of the U.S.-China Cold War," *Foreign Policy*, June 2, 2019, available at <https://foreignpolicy.com/2019/06/02/the-real- origins-of-the-u-s-china-cold-war-big-think-communism/>; Xiaoye Pu and Chengli Wang, "Rethinking China's Rise: Chinese Scholars Debate Strategic Overstretch," *Chatham House Papers* 94, no. 5 (September 2018). 各種關於俄羅斯對美國和國際秩序構成挑戰的看法，請參閱"How Big a Challenge Is Russia? Foreign Affairs Asks the Experts," *Foreign Affairs*, November 13, 2017, available at <www.foreignaffairs.com/ask-the-experts/2017-11-13/how-big-challenge-russia>.
3. Michael J. Mazarr et al., *Understanding the Emerging Era of International Competition: Theoretical and Historical Perspectives* (Santa Monica, CA: RAND, 2018), available at <www.rand.org/pubs/research_reports/RR2726.html>; Ashley J. Tellis and Robert D. Blackwill, *Revising U.S. Grand Strategy Toward China* (New York: Council on Foreign Relations Press, 2015), available at <www.cfr.org/report/revising-us-grand-strategy-toward-china>; Ian Bremmer, "The End of the American International Order: What Comes Next?" *Time*, November 18, 2019, available at <https://time.com/5730849/end-american-order-what-next/>.
4. 本書後續章節認為俄羅斯並非真正大國，而是一個具破壞性(或掠奪性)的國家。讀者若欲尋求俄羅斯在大國競爭時代角色的不同觀點可參閱原書第十章(本書並未摘譯)。

5. Ali Wyne, "America's Blind Ambition Could Make It a Victim of Global Competition," *The National Interest*, February 11, 2019, available at <https://nationalinterest.org/feature/americas-blind-ambition-could-make-it-victim-global-competition-44227>. 在關注俄羅斯短期風險的研究者當中，蘇聯僑民出身的挪威籍研究員巴耶夫(Pavel Baev)的分析最為簡明：「自衰弱地位萌生的俄國修正主義既野心勃勃又孤注一擲。」 See "How Big a Challenge Is Russia? Foreign Affairs Asks the Experts."
6. Charles Krauthammer, "The Unipolar Moment," *Foreign Affairs* 70, no. 1 (1990/1991), 23-33; Fareed Zakaria, *The Post- American World* (New York: Norton, 2008); Hal Brands, *Making the Unipolar Moment: U.S. Foreign Policy and the Rise of the Post-Cold War Order* (Ithaca: Cornell University Press, 2016).
7. Susan L. Shirk, *How China Opened Its Door: The Political Success of the PRC's Foreign Trade and Investment Reforms* (Washington, DC: Brookings Institution Press, October 1, 1994); Barry Naughton, *Growing Out of the Plan: Chinese Economic Reform, 1978-1993* (Cambridge, MA: Cambridge University Press, 1995).
8. 1989年鎮壓天安門抗議者，和共黨1999年消滅法輪功的運動，是這些主要趨勢的例外。
9. 華府兩黨咸認，中國大陸經濟自由化極有可能導致中產階級要求增加國家政治參與並削弱共黨的控制。See Henry Kissinger, *On China* (New York: Penguin, 2011), 356-367, 393; "Asia," *Strategic Survey* 119, no. 1 (January 1, 2019), 68-133, available at <https://doi.org/10.1080/04597230.2019.1676992>.
10. 俄羅斯專家指出，莫斯科很早就將美國視為大國競爭的對手。此一觀點在之後的段落將會闡述。中國大陸專家則表示，北京認為直到2015年才會公開與美國競爭。以下將節錄中共的觀點。
11. 有關2014年和2015年美「中」實際進入大國競爭的證據中，有幾項事件格外引人注目。首先，美國司法部於2014年5月首次公開起訴中共軍事駭客對美國公司進行網路間諜活動。See Department of Justice, Office of Public Affairs, "U.S. Charges Five Chinese Military Hackers for Cyber Espionage Against U.S. Corporations and a Labor Organization for Commercial Advantage," May 19, 2014, available at <https://www.justice.gov/opa/pr/

us-charges-five-chinese-military-hackers-cyber- espionage-against-us-corporations-and-labor>. 其次，美國國務院發表文件正式挑戰中共在「九段線」南海島嶼和水域的海上主權。該份文件為美國軍艦從2015年起在南海的自由航行行動設定法律前提，請參閱 *Limits in the Seas: Maritime Claims in the South China Sea*, Paper no. 143 (Washington, DC: Bureau of Oceans and International Environmental and Scientific Affairs, December 5, 2014), available at <www.documentcloud.org/documents/1376464-us-limits-in-the-seas-dos-no143-china- in-scs-12.html>. 最後，歐巴馬總統於2014年11月在中國大陸參加峰會時，兩國的確同意簽署「巴黎協定」，但是並未就中共網路間諜或海洋爭端這兩個關鍵議題的齟齬有正式妥協，請參閱Jane Perlez, "China's 'New Type' of Ties Fails to Sway Obama," *New York Times*, November 9, 2014, available at <www.nytimes.com/2014/11/10/world/asia/chinas-new-type-of-ties-fails-to-sway-obama.html>.

12. 參見國際戰略研究所(IISS)得出的類似結論，"A New U.S. Consensus on China?" in *Strategic Survey: The Annual Assessment of Geopolitics* (London: Routledge, 2019), 390-391.

13. *National Security Strategy of the United States* (Washington, DC: The White House, December 2017), available at <https://www.whitehouse.gov/wp-content/uploads/2017/12/NSS-Final-12-18-2017-0905.pdf>; *Summary of the 2018 National Defense Strategy of the United States of America: Sharpening the American Military's Competitive Edge* (Washington, DC: Department of Defense, 2018), available at <https://dod.defense.gov/Portals/1/Documents/pubs/2018-National-Defense-Strategy-Summary.pdf>. 鑑於2018年《國防戰略》為機密檔案不公開發行，此處的《國防戰略》摘要為官方的公開記載。

14. Phillip C. Saunders, "Managing Strategic Competition with China," in *Global Strategic Assessment 2009: America's Security Role in a Changing World*, ed. Patrick M. Cronin (Washington, DC: NDU Press, 2009), 260-264.

15. 鄧小平的聲明發表於中共思考尋求國際共產主義運動領導地位的背景，但後來更廣泛應用為中共對美政策的方針。

16. Naughton, *Growing Out of the Plan; Nicholas Lardy, Sustaining China's Economic Growth After the Global Financial Crisis* (Washington, DC: Peterson Institute for International Economics, December 2011).

17. 以中國大陸鋼鐵工業為例，請參閱Edward S. Steinfeld, *Forging Reform in China: The*

Fate of State-Owned Industry (Cambridge, MA: Cambridge University Press, 1998).

18. 「北京共識」同於「中國經濟模式」係拉莫(Joshua Cooper Ramo)用來區分中國大陸以威權政治和國家管制資本主義經濟為特色的經濟成長經驗，以及融合私有化、放鬆管制資本主義和自由民主政治的「華盛頓共識」，請參閱Joshua Cooper Ramo, *The Beijing Consensus: Notes on the New Physics of Chinese Power* (London: Foreign Policy Centre, 2004); Joshua Kurlantzick, "Why the 'China Model' Isn't Going Away," The Atlantic, March 21, 2013, available at <www.theatlantic.com/china/archive/2013/03/why-the-china-model-isnt-going- away/274237/>. 有些西方觀察家認為，「中國模式」強調一個強大、集權的國家，來約束因為貪婪資本主義與自由民主所導致的嚴重經濟不平等和社會不公。See IISS, "China's Concept of the World Order: Theory and Practice," in *Strategic Survey 2019*, 27-28; Friedberg, *A Contest for Supremacy*, 245-263; Aaron Friedberg, "Getting the China Challenge Right," *The American Interest*, January 10, 2019, available at <www.the-american-interest.com/2019/01/10/getting-the-china-challenge-right/>.
19. See Yawei Liu and Justine Zheng Ren, "An Emerging Consensus on the U.S. Threat: The United States According to PLA Officers," *Journal of Contemporary China* 23, no. 86 (2014), 255-274; "Why Is the U.S. So Keen on 'Color Revolutions'?" *People's Daily Online*, October 11, 2014, available at <http://en.people.cn/n/2014/1011/c98649-8793283.html>; Phillip C. Saunders, *The Rebalance to Asia: U.S.-China Relations and Regional Security*, INSS Strategic Forum 281 (Washington, DC: NDU Press, August 2013).
20. For evidence of a continuing debate, see Pu and Wang, "Rethinking China's Rise." On the certainty of China's change in strategic approach, see Kissinger, On China, 478-513.
21. Eugene Rumer and Richard Sokolsky, *Thirty Years of U.S. Policy Toward Russia: Can the Vicious Circle Be Broken?* (Washington, DC: Carnegie Endowment for International Peace, 2019), available at <https://carnegieendowment.org/2019/06/20/thirty-years-of-u.s.-policy-toward-russia-can-vicious-circle- be-broken-pub-79323>.
22. 回顧俄羅斯對美國與西方在冷戰後作為不滿的軌跡，請參閱Angela Stent, *The Limits of Partnership: U.S.-Russian Relations in the Twenty-First Century* (Princeton: Princeton University Press, 2014).
23. "Section I: Russia in the World Community," in *National Security Concept of the Russian*

Federation (Moscow: The Ministry of Foreign Affairs of the Russian Federation, January 1, 2000), available at <www.mid.ru/en/foreign_policy/official_documents/-/asset_publisher/CptICkB6BZ29/content/ id/589768>.

24. "Section III: Threats to the Russian Federation's National Security," in *National Security Concept of the Russian Federation.*
25. 美國領導的北約於2008年承諾讓喬治亞和烏克蘭加入，該舉動跨越了隱形的普丁紅線。俄羅斯認為這再一次顯示了北約的無窮野心，且使莫斯科預期可能會對該兩鄰國失去控制，或至少失去直接影響力，這對其作為一個主要大國的安全、福祉和威望至關重要。鑑於北約致力於傳播民主，俄羅斯還認為其鄰國加盟的意願會對其國內穩定構成威脅，請參閱Rumer and Sokolsky, *Thirty Years of U.S. Policy Toward Russia.*
26. Ibid.
27. 2008年的俄羅斯—喬治亞戰爭是美俄關係(亦為俄羅斯與西方)的轉捩點，且後來證明是未來競爭關係的前兆，雖然歐巴馬政府曾作出短暫努力欲「重設」該關係至更合作的基礎上，請參閱Michael Kofman, "Raiding and International Brigandry: Russia's Strategy for Great Power Competition," *War on the Rocks*, June 14, 2018, available at <https://warontherocks.com/2018/06/raiding-and-international-brigandry-russias-strategy-for-great-power-competition/>.
28. Rumer and Sokolsky, T*hirty Years of U.S. Policy Toward Russia*. Of course, the United States took the lead in abrogating some Cold War arms-control treaties with Russia as well, most notably the Anti-Ballistic Missile Treaty.
29. Ibid. Also see John W. Parker, *Putin's Syria Gambit: Sharper Elbows, Bigger Footprint, Stickier Wicket*, Strategic Perspectives 25 (Washington, DC: NDU Press, July 2017), 6-20, available at <https://inss.ndu.edu/Portals/68/Documents/stratperspective/inss/Strategic-Perspectives-25.pdf>. 自2010年以來，俄羅斯軍事開支的GDP占比皆高於美國、中共或任何一個西方國家，請參閱SIPRI Military Expenditure Database, available at <https://www.sipri.org/databases/milex>.
30. *National Security Strategy of the United States*, 2-3.
31. Ibid., 2-4.
32. Rex Tillerson, "Defining Our Relationship with India for the Next Century: An Address by U.S. Secretary of State Rex Tillerson," Center for Strategic and International Studies, 2017,

available at <https://www.csis.org/events/defining-our-relationship-india-next-century-address-us-secretary- state-rex-tillerson>; "President Trump's Administration Is Advancing a Free and Open Indo-Pacific Through Investments and Partnerships in Economics, Security, and Governance," The White House, November 18, 2018, available at <https://www.whitehouse.gov/briefings-statements/president-trumps-administration-advancing-free-open-indo-pacific-investments-partnerships-economics-security-governance/>.

33. 回顧小布希政府為強化亞洲優先地位所作的努力，請參閱Nina Silove, "The Pivot Before the Pivot: U.S. Strategy to Preserve the Power Balance in Asia," *International Security* 40, no. 4 (Spring 2016), 45-88.

34. "Fact Sheet: Advancing the Rebalance to Asia and the Pacific," The White House, November 16, 2015, available at <https://obamawhitehouse.archives.gov/the-press-office/2015/11/16/fact-sheet-advancing-rebalance-asia-and-pacific>; Brian Michael Jenkins, "President Obama's Controversial Legacy as Counterterrorism-in-Chief," *RAND*, August 22, 2016, available at <https://www.rand.org/blog/2016/08/president-obamas-controversial-legacy-as-counterterrorism.html>. 有學者認為，歐巴馬政府2011年之前在實現亞洲再平衡方面做得比人們認知的要多，請參閱Jeffrey A. Bader, *Obama and China's Rise: An Insider's Account of America's Asia Strategy* (Washington, DC: Brookings Institution Press, 2012).

35. "U.S.-India Joint Strategic Vision for the Asia-Pacific and Indian Ocean Region," The White House, January 25, 2015, available at <https://obamawhitehouse.archives.gov/the-press-office/2015/01/25/us-india-joint-strategic-vision-asia-pacific- and-indian-ocean-region>.

36. Alec Tyson, "Should U.S. Strike First If Threatened? Americans Are Divided," Pew Research Center, November 28, 2017, available at <https://www.pewresearch.org/fact-tank/2017/11/28/americans-are-split-on-the-principle-of-pre-emptive-military-force/>; "Public Opinion on Foreign Affairs, Terrorism, and Privacy," Pew Research Center, June 26, 2014, available at <https://www.people-press.org/2014/06/26/section-6-foreign-affairs-terrorism-and-privacy/>.

37. "New Troublemakers Emerge," *The Economist*, December 7, 2019, available at <www.economist.com/leaders/2019/12/07/new-troublemakers-emerge>; Maria Bartiromo,

"President Trump Touts Tariffs as 'Very Powerful' Tool," video, Fox News, June 26, 2019, available at <www.youtube.com/watch?v=citAb7fdq44>; @realDonaldTrump, "South Korea Has Agreed to Pay Substantially More Money to the United States in Order to Defend Itself from North Korea. Over the Past Many Decades, the U.S. Has Been Paid Very Little by South Korea, but Last Year, at the Request of President Trump, South Korea Paid $990,000,000," Twitter, August 7, 2019.

38. IISS, "China's Concept of the World Order," 390-398; Brian D. Blankenship and Benjamin Denison, "Is America Prepared for Great-Power Competition?" *Survival* 61, no. 5 (October-November 2019), 43-64, available at <www.iiss.org/publications/survival/2019/survival-global-politics-and-strategy-octobernovember-2019/615-04-blankenship-and-denison>.
39. See Marc Lantaigne, *China and International Institutions: Alternative Paths to Global Power* (New York: Routledge, 2005); Scott L. Kastner, Margaret M. Pearson, and Chad Rector, *China's Strategic Multilateralism: Investing in Global Governance* (New York: Cambridge University Press, 2018).
40. Joshua Kurlantzick, *Charm Offensive: How China's Soft Power Is Transforming the World* (New Haven: Yale University Press, 2008).
41. Phillip C. Saunders, *China's Global Activism: Strategy, Drivers, and Tools*, Occasional Paper 4 (Washington, DC: NDU Press, 2006); David Shambaugh, *China Goes Global: The Partial Power* (New York: Oxford University Press, 2013); Elizabeth Economy and Michael Levi, *By All Means Necessary: How China's Resource Quest Is Changing the World* (New York: Oxford University Press, 2013).
42. Nadège Rolland, "A Concise Guide to the Belt and Road Initiative," National Bureau of Asian Research, April 11, 2019, available at <https://www.nbr.org/publication/a-guide-to-the-belt-and-road-initiative/>.
43. Joel Wuthnow, *Chinese Perspectives on the Belt and Road Initiative: Strategic Rationales, Risks and Implications*, China Strategic Perspectives 12 (Washington, DC: NDU Press, 2017).
44. Daniel Kliman and Abigail Grace, *Power Play: Addressing China's Belt and Road Strategy* (Washington, DC: Center for a New American Security, September 2018), available at <https://www.cnas.org/publications/reports/power-play>; IISS, "China's Concept of the

World Order,” 35.

45. Jost Wübbeke et al., *Made in China 2025: The Making of a High-Tech Superpower and Consequences for Industrial Countries* (Berlin: MERICS, 2016), available at <https://www.merics.org/en/papers-on-china/made-china-2025>; Max J. Zenglein and Anna Holzmann, *Evolving Made in China 2025: China's Industrial Policy in the Quest for Global Tech Leadership* (Berlin: MERICS, 2019), available at <https://www.merics.org/en/papers-on-china/evolving-made-in-china-2025>. 中共在2019年初開始淡化「中國製造2025」，自2018年夏季美國對北京公開發動貿易戰以來就沒有再提過。儘管如此，大多數觀察家認為「中國製造2025」仍然是中共經濟與外交政策的主要支柱，請參閱Emily Crawford, “Made in China 2025: The Industrial Plan that China Doesn't Want Anyone Talking About,” *Frontline*, May 7, 2019, available at <https://www.pbs.org/wgbh/frontline/article/made-in-china-2025-the-industrial-plan-that-china-doesnt-want-anyone-talking-about/>.

46. 例如，2008年全球金融危機之後，美國繼續保持商品和金融市場的開放，代價是更嚴重的經濟衰退和國內失業率上升。中國大陸的體制將難以承受這種壓力。

47. Thomas Fingar, “China's Vision of World Order,” in *Strategic Asia 2012-13: China's Military Challenge*, ed. Ashley J. Tellis and Travis Tanner (Washington, DC: National Bureau of Asian Research, 2012), 342-373.

48. Ramo, *The Beijing Consensus*; “The China Model: The Beijing Consensus Is to Keep Quiet,” *The Economist*, May 6, 2010, available at <https://www.economist.com/asia/2010/05/06/the-beijing-consensus-is-to-keep-quiet>.

49. 其他贊同的觀點，請參閱Stefan Halper, *The Beijing Consensus: How China's Authoritarian Model Will Dominate the Twenty-First Century* (New York: Basic Books, 2010); for a skeptical view, see Scott Kennedy, “The Myth of the Beijing Consensus,” *Journal of Contemporary China* 19, no. 65 (June 2010), 461-477.

50. 2021年和2049年分別指中國共產黨及「中華人民共和國」成立百年。

51. Xi Jinping, “Secure a Decisive Victory in Building a Moderately Prosperous Society in All Respects and Strive for the Great Success of Socialism with Chinese Characteristics for a New Era,” Report to the 19th National Party Congress of the Communist Party of China, Xinhua, October 18, 2017, available at <www.xinhuanet.com/english/download/Xi_

Jinping's_report_at_19th_ CPC_National_Congress.pdf>.

52. *China's Policies on Asia-Pacific Security Cooperation* (Beijing: State Council Information Office of the People's Republic of China, January 2017), available at <http://english.www.gov.cn/archive/white_paper/2017/01/11/content_281475539078636.htm>.

53. 要對闡述這些觀點的中共白皮書進行有用的評估，請參閱Daljit Singh, "China's White Paper on Security Cooperation in the Asia-Pacific Region and Chinese Grand Strategy," ISEAS Yusof Ishak Institute Perspective 22, April 7, 2017, available at <https://www.iseas.edu.sg/images/pdf/ISEAS_Perspective_2017_22.pdf>.

54. Graham Allison, "The New Spheres of Influence: Sharing the Globe with Other Great Powers," *Foreign Affairs* (March-April 2020), available at <https://www.foreignaffairs.com/articles/united-states/2020-02-10/new-spheres-influence>.

55. Fingar, "China's Vision of World Order"; Phillip C. Saunders, "Implications: China in the International System," *The PLA in 2025* (Carlisle, PA: U.S. Army War College Press, 2017); Alastair Iain Johnston, "China in a World of Orders: Rethinking Compliance and Challenge in Beijing's International Relations," *International Security* 44, no. 2 (Fall 2019), 9-60.

56. 另一個較大膽的觀點是，「命運共同體」為中共修正主義戰略的核心，與當前國際秩序不相容；其意識型態的基礎為一個強大的中央集權國家，是唯一解方能遏制西方模式選舉民主、多元公民社會和強保護個人權利法律的隱含不平等與無法接受的面向。在此框架下，「一帶一路倡議」和「中國製造2025」被視為中共取得全球經濟主導地位及促進一體化的戰略計畫，目標係建立一個新的國際秩序，在該秩序下，不干預他國國內政治與社會規範將會取代今日的自由與開放規範，請參閱IISS, "China's Concept of the World Order," 27, 390-398; Blankenship and Denison, "Is America Prepared for Great-Power Competition?"; Rolland, *A Concise Guide to the Belt and Road Initiative*; Liza Tobin, "Xi's Vision for Transforming Global Governance: A Strategic Challenge for Washington and Its Allies," *Texas National Security Review* 2, no. 1 (November 2018), 155-166; François Godement, "Global Values: China's Promotion of New Global Values," in *Strategic Asia 2019: China's Expanding Strategic Ambitions*, ed. Ashley J. Tellis, Alison Szalwinski, and Michael Wills (Washington, DC: National Bureau of Asian Research, 2019); Melanie Hart and Blaine Johnson, *Mapping China's Global Governance Ambitions* (Washington, DC: Center for American Progress, 2019); Friedberg, *A Contest for*

Supremacy.

57. IISS, “China’s Concept of the World Order,” 35-36.
58. Peter B. Zwack and Marie-Charlotte Pierre, *Russian Challenges from Now into the Next Generation: A Geostrategic Primer*, INSS Strategic Perspectives 29 (Washington, DC: NDU Press, 2019), available at <https://inss.ndu.edu/Portals/82/Documents/Strategic%20 Perspectives/SP%2029%20Final%20 for%20Web.pdf?ver=2019-03-25-100758-543>.
59. Jeffrey Mankoff, “A Century After the Armistice, the World Is Still Coping with the End of Empires,” Center for Strategic and International Studies, November 13, 2018, available at <https://www.csis.org/analysis/century-after-armistice-world-still-coping-end-empires>.
60. 常被引用的新歐亞主義概念見於2011年10月普丁在俄羅斯《消息報》(*Izvestia*)發表的文章 “A New Integration Project for Eurasia: The Future in the Making.” 請參閱 Christopher S. Chivvis, *Understanding Russian Hybrid Warfare and What Can Be Done About It* (Santa Monica, CA: RAND Corporation, 2017), available at <https://www.rand.org/content/dam/rand/pubs/testimonies/CT400/CT468/RAND_CT468.pdf>; Nadezda Arbatova, “Three Faces of Russia’s Neo-Eurasianism,” *Survival* 61, no. 6 (December 2019/ January 2020), 7-24.
61. 俄羅斯戰略的每個核心要素詳述於 “Section I: General Provisions,” *Foreign Policy Concept of the Russian Federation* (Moscow: Ministry of Foreign Affairs of the Russian Federation, February 18, 2013), available at <https://www.mid.ru/en/foreign_policy/official_documents/-/asset_publisher/CptICkB6BZ29/content/id/2542248>.
62. Rumer and Sokolsky, *Thirty Years of U.S. Policy Toward Russia*; Chivvis, *Understanding Russian Hybrid Warfare*, 2.
63. Karl-Heinz Kamp, “From Wales to Warsaw: NATO’s Future Beyond the Ukraine Crisis,” *American Foreign Policy Interests* 36, no. 6 (November 2014), 361-365, available at <https://doi.org/10.1080/10803920.2014.995544>.
64. Rachel S. Salzman, *Russia, BRICS, and the Disruption of Global Order* (Washington, DC: Georgetown University Press, 2019), available at <www.jstor.org/stable/j.ctvcj2sb2>.
65. “Russia, China Agree to Natural Gas Deal,” *Stratfor*, May 21, 2014, available at <https://worldview.stratfor.com/article/russia-china-agree-natural-gas-deal>; “China, Russia: An End to an Island Dispute,” *Stratfor*, July 17, 2008, available at <https://worldview.stratfor.

com/article/china-russia-end-island-dispute>; and, *Zwack and Pierre, Russian Challenges from Now into the Next Generation.*

66. Zwack and Pierre, *Russian Challenges from Now into the Next Generation.*

67. Michael Crowley and Julia Ioffe, "Why Putin Hates Hillary," *Politico*, July 25, 2016, available at <http://politi.co/2EwrOVM>. 2020年3月，普丁爭取永久統治的行動發生新的轉折，俄羅斯國會通過普丁的修憲案，使他得以在2024年後再連任兩屆的六年任期，實際上允許他終身擔任總統，請參閱 "Russia's President Reluctantly Agrees to 16 More Years in Power," *The Economist*, March 12, 2020, available at <https://www.economist.com/leaders/2020/03/12/russias-president-reluctantly-agrees-to-16-more-years-in-power>.

68. Tom Kutsch and Michael Pizzi, "Russia May Be Wading into a Quagmire in Syria," Al Jazeera America, October 2, 2015, available at <http://america.aljazeera.com/articles/2015/10/2/the-risks-of-russias-intervention-in-syria.html>.

69. Anne Applebaum, "Putin's Grand Strategy," *South Central Review* 35, no. 1 (2018), 22-34, available at <https://doi.org/10.1353/scr.2018.0001>; Jeffrey Mankoff, *Russian Foreign Policy: The Return of Great Power Politics* (Lanham, MD: Rowman and Littlefield, 2011), 197; Stephen M. Walt, "I Knew the Cold War. This Is No Cold War," Foreign Policy, March 12, 2018, available at <https://foreignpolicy.com/2018/03/12/i-knew-the-cold-war-this-is-no-cold-war/>.

70. Chris Buckley, "Xi Jinping Thought Explained: A New Ideology for a New Era," *New York Times*, February 26, 2018, available at <https://www.nytimes.com/2018/02/26/world/asia/xi-jinping-thought-explained-a-new-ideology-for-a-new-era.html>; James H. Anderson, "A New Global Paradigm: The United States versus Russia," in *Great Strategic Rivalries: From the Classical World to the Cold War*, ed. James Lacey (New York: Oxford University Press, 2016), 479-510.

71. Applebaum, "Putin's Grand Strategy"; David Gibbs, "Does the USSR Have a 'Grand Strategy'? Reinterpreting the Invasion of Afghanistan," *Journal of Peace Research* 24, no. 4 (December 1987), 365-379. 欲回顧有關全球「共產國際」框架和蘇聯在史上對該組織的控制，請參閱Edward B. Richards, "The Shaping of the Comintern," *Slavic and East European Review* 18, no. 2 (April 1959), 197-204, available at <https://www.jstor.org/

stable/3001362>; Robert H. McNeal, "The Legacy of the Comintern," *International Journal* 201, no. 2 (Spring 1966), 199-204, available at <https://www.jstor.org/stable/40200330>. 對於討論普丁的俄羅斯為何缺乏具凝聚力、全球主義的積極願景，反而傾向採取另一種戰略方針，來維持俄羅斯寡頭的竊盜統治和破壞全球規範與制度的穩定，以及分化敵對國家的政治團結，請參閱Fiona Hill and Clifford G. Gaddy, *Mr. Putin: Operative in the Kremlin* (Washington, DC: Brookings Institution Press, 2015), especially 312-384; Walt, "I Knew the Cold War. This Is No Cold War."

72. Robert O. Keohane and Joseph S. Nye, Jr., *Power and Interdependence*, 2nd ed. (Glenview, IL: Scott, Foresman and Company, 1989), 279-282; Charles P. Kindleberger, *Manias, Panics, and Crashes: A History of Financial Crises*, 3rd ed. (New York: John Wiley and Sons, Inc., 1996), 179-186.

73. Ivo H. Daalder and James M. Lindsay, "The Committee to Save the World Order," *Foreign Affairs* 97, no. 6 (November- December 2018), available at <https://www.foreignaffairs.com/articles/2018-09-30/committee-save-world-order>; Matthew Bey, "Trump and the WTO's Uncertain Future," *Stratfor*, November 1, 2018, available at <https://worldview.stratfor.com/article/trump-and-wtos-uncertain-future>.

74. Timofie Bordachev, "Russia and the Eurasian Economic Union: The View from Moscow," European Council on Foreign Relations, January 21, 2015, available at <https://www.ecfr.eu/article/commentary_russia_and_the_eurasian_economic_union_the_view_from_moscow403>.

75. 同時，普丁的俄羅斯一面掩飾其干涉主義，一面聲稱美國在後冷戰時代對主權國家(伊拉克、利比亞、敘利亞等)多次無恥干涉，這使美國難以提出批評。

76. 當時是蔣中正的中國(毛澤東於國共內戰的敵人)獲得了聯合國安理會的席位。「中華人民共和國」於1971年取而代之。

77. 亞洲基礎設施投資銀行「是一個多邊開發銀行，其使命係改善亞洲的社會和經濟成果。總部設在北京。」請參閱 "About AIIB Overview—AIIB," available at <https://www.aiib.org/en/about-aiib/index.html>; David Dollar, "The AIIB and the 'One Belt, One Road,'" *Brookings*, June 21, 2015, available at <https://www.brookings.edu/opinions/the-aiib-and-the-one-belt-one-road/>.

78. "Russia," *Interpol*, available at <https://www.interpol.int/en/Who-we-are/Member-

countries/Europe/RUSSIA>; Matt Apuzzo, "Interpol Rejects Russian as President, Electing South Korean Instead," *New York Times*, November 21, 2018, available at <https://www.nytimes.com/2018/11/21/world/europe/interpol-russia-south-korea.html>; Amy Mackinnon, " The Scourge of the Red Notice," *Foreign Policy*, December 3, 2018, available at <https://foreignpolicy.com/2018/12/03/the-scourge-of-the-red-notice-interpol- uae-russia-china/>; Robbie Gramer, "China and Russia Take the Helm of Interpol," *Foreign Policy*, November 10, 2016, available at <https://foreignpolicy.com/2016/11/10/china-and-russia-take-the-helm-of-interpol/>.

79. 有關這些經濟體制的特徵，請參閱Charles P. Kindleberger, *World Economic Primacy: 1500-1990* (Oxford: Oxford University Press, 1996), 225.

80. Joel Gahrke, "State Department Preparing for Clash of Civilizations with China," *Washington Examiner*, April 30, 2019, available at <https://www.washingtonexaminer.com/policy/defense-national-security/state-department-preparing-for-clash-of-civilizations-with-china>; Edward Wong, "U.S. Versus China: A New Era of Great Power Competition, but Without Boundaries," *New York Times*, June 26, 2019, available at <https://www.nytimes.com/2019/06/26/world/asia/united-states-china-conflict.html>.

81. Mazarr et al., *Understanding the Emerging Era of International Competition*, 32-33.

82. Ibid., 32.

83. Ibid., 18.

84. See Graham Allison, "The New Spheres of Influence: Sharing the Globe with Other Great Powers," *Foreign Affairs* (March/April 2020).

85. 有關「中」俄戰略合作的更多限制，請參閱Robert Sutter, *China-Russia Relations: Strategic Implications and U.S. Policy Options*, NBR Special Report #73 (Washington, DC: National Bureau of Asian Research, September 2018), available at <https://www.nbr.org/wp-content/uploads/pdfs/publications/special_report_73_china-russia_cooperation_sep2018.pdf>.

86. 值得特別注意的是，北京和莫斯科直到最近才謹慎地在彼此間使用「盟邦」(ally)一詞。俄羅斯使用時較為隨意，但中共並非如此。北京持續避免在官方層級使用該詞，偏好使用「全面戰略協作夥伴關係。」請參閱Vasily Kashin, "Tacit Alliance: Russia and China Take Military Partnership to a New Level," Carnegie Moscow Center, October 22,

2019, available at <https://carnegie.ru/commentary/80136>.

87. Colum Lynch and Robbie Gramer, “U.S. and China Turn Coronavirus into a Geopolitical Football,” *Foreign Policy*, March 11, 2020, available at <https://foreignpolicy.com/2020/03/11/coronavirus-geopolitics-china-united-states-trump-administration-competing-global-health-response/>.

88. 有關太空領域中的當代大國競爭(本書未有大量篇幅詳述)摘要，請參閱導論中相關段落。

89. 更多詳細資訊，請參閱Justin Sherman, “How the Internet Is Taking Center Stage in Great Power Competition,” *New America*, February 7, 2019, available at <https://www.newamerica.org/weekly/edition-235/internet-great-power-world-order-china/>. 另參閱本書第三章。

第二章

當代大國地緣戰略動態

競爭要素與工具集

林奇(Thomas F. Lynch III)和孫飛(Phillip C. Saunders)

本章針對三個當代大國的硬實力與軟實力工具進行評估，置重點於各國目前擁有，以及未來五到七年內可能會獲得的工具，並分析每一國如何利用這些工具在國家互動的五大領域中攫取其主要利益與戰略目標：政治與外交、意識型態、資訊、軍事，以及經濟領域。本章指出，在競爭性較低的時代中傳統上應用於某一領域的競爭工具，在大國競爭時代中將更頻繁運用於其他領域。評估結果指出，在可預見的未來，俄羅斯擁有的工具將使其成為美國短期性迫切的安全挑戰者，而中共不斷增長的權力工具則使其成為美國國家利益和全球政策走向的真正挑戰者。至於美「中」總權力和淨權力指標的評估也顯示，北京正在進行的權力轉移時間軸比某些人現在所擔心的更長。這使得兩國領導人有更充裕的時間，對當代國際規範、規則和制度的變革達成共識，同時防止一旦雙方難以妥協，引發不樂見和毀滅性的直接軍事衝突。

本書第一章確立了當代三大國(美國、中共和俄羅斯)的地緣戰略軌跡和主要戰略目標，分析各國主要戰略論述相合與分歧之處。本章也就各國在特定地點和領域的國家利益進行程度評估，指出最可能發生衝突的關鍵戰略利益。

本章將評估各大國為推進其總體戰略方向和具體戰略目標所具備的工具與主要能力，並考量其運用於競爭互動的資產，置重點於其現在擁有和未來五至七年可能獲得的工具，以及利用這些工具促進其利益和實現戰略目標的能力。本章首先將權力定義為國家為獲得戰略利益所汲取的有形資源(手段)，接續評估每個國家利用這些手段實現戰略目標的潛力(目的)。[1] 文中概述「總權力」(gross power)與「淨權力」(net power)指標間的區別，並利用淨指標來說明美「中」間的權力轉移可能不如現在多數人想像的迫近。由於本書後續將詳述世界許多特定地區的當代大國競爭，本章聚焦於預判2020至2025年間，各主要大國運用現有和未來的權力工具在主要競爭領域的互動方式。

從抱負到行動：衡量國家的能力

正如第一章的操作定義所述，「大國」具有三個重大特徵：能力、行為，以及體系中其他國家所認同的地位。[2] 在第一章中，我們確立三個大國的主要目標和戰略利益，並論證其利益體現在廣泛的全球外交政策目的與行動，其中中共戰略目的比俄羅斯更有野心和全球性，而國際體系中其他國家亦視「中」俄為主要角色，並自動以相應的態度待之。第二章接續分析檢視大國定義的第一個面向：它們在追求這些戰略利益時所擁有的能力(工具集)。

本書認為衡量權力是一項艱難的工作，也是學術界廣泛爭論的課題。決定哪些是國家權力的衡量項目有其爭議性。決定如何衡量約定俗成的國家權力項目也是如此。

今日對權力評估的歷史性挑戰在於，許多學者主張美國相對整體性的衰退，促使中國大陸經濟快速成長。但此一結論尚言之過早。首先，基本前提設定是有問題的。GDP是最常用的國力指標，也是進行評估的狹隘基礎。GDP最初是用來衡量20世紀中葉而不是21世紀的製造業經濟體。[3] 國家生產的知識含量和全球化程度愈高，GDP就愈容易低估其真正的規模。因此，以GDP為基準，很可能高估中共的經濟實力，而低估美國在經濟現代化處於尖端的優勢。中國大陸經濟取得巨大成功可解釋為，從相對低點開始爬升並善用「追趕」的機會，其現在也不斷努力提升價值鏈，並追求自主創新。中共在製造業上不斷追趕的同時，美國在關鍵產業、非工業流程、金融服務成長、抽租，以及高等教育的(普遍)品質上也一直在擴大優勢。[4] 同時，美國和俄羅斯之間的GDP差距正在擴大，自2000年代末期金融危機以來，美國在經濟成長方面持續優於歐洲和日本。[5]

基於這些經濟考量及主要的軍事因素檢視，某些學者不僅認為美國相對衰落的傳統觀點是錯誤的，而且認為其實際上仍然是一個蒸蒸日上的大國。[6] 他們承認與2000年相比，2020年美國在靠近俄羅斯與中國大陸地區(如克里米亞和南海)的軍事優勢已經削弱，這些地區現在是戰略利益緊張的地區，華府很可能與莫斯科和北京發生激烈競爭。但他們評估，如果美國在危急關頭時有足夠政治意願，就仍然具有無可匹敵的能力，也能夠集中壓倒性的軍事力量對付任何區域的武裝敵人。[7] 他們認為，在美國盟友願意加入特定武裝衝突區的情況下，甚至會有更大優勢。他們判斷美國在部署/集中能力的硬實力方面，一直到2030年都將維持強大優勢。

本章無法涵蓋衡量國家權力的所有細節。多數學者以資源(特別

> 1990年代起，尤其自2008年金融危機以來，成千上萬的著作、文章和報告都斷言，美國經濟與軍事上相對他國的優勢正在削弱，世界將很快多極化……。主要證據是中共GDP和軍費開支的成長，以及GDP計算範圍內的各項數據，尤其是中國大陸龐大的製造業產量、出口量、對美貿易順差、基礎設施支出、消費支出，以及大規模政府官僚體系與科學機構……。問題是，這些相同的總指標使「百年國恥」(19世紀中葉)時期的中國看起來像一個超級大國……。(今日的)中共可能擁有世界最龐大經濟與軍隊規模，但是在負債、資源消耗、污染、無用的基礎設施和浪費的工業產能、科學詐欺、內部安全支出、邊境爭端、以及殘障、高齡人口與養老金等方面亦領先全球。中共還運用七倍於美國的投資來創造特定水準的經濟產出，而且環繞中共的19個國家大多敵視中共，或本身國內政治不穩定，部分國家則兩者兼有。
>
> Michael Beckley, "The Power of Nations," International Security 43, no. 2 (fall 2018)

是財富與軍事資產)來衡量權力。他們認為這些總權力指標就夠了，是「粗糙但可靠」的權力衡量指標，且是「在資料有限情況下可得的最佳可比較指標。」[8] 一般而言，本章承認衡量方式本身存在的限制，但是主要採用大國能力的標準衡量方法。同時也運用更大範圍的經濟與軍事標準指標，將一些對大國在21世紀戰略影響的重要非標準權力工具納入考量，諸如經濟創新程度和對私人全球金融市場的投入；國家意識型態、語言與文化所引起的共鳴和大眾吸引力；以及考慮以較新的方法來理解國力，並由「淨經濟與軍事資源」(資產扣除成本)指數比較相對國力，而非歷史性的國家能力指標。因此，本章置重點於和主要國家互動五大領域關係最密切的權力因素，相關表格請參閱表1.1及表2.1。

表2.1：評估框架(競爭面向/類別)	
面向/類別	主要競爭要素
政治與外交	在多邊制度中的影響力程度；控制多邊制度的關鍵職位；以及政治聯盟的數量與實力。
意識型態	價值觀和政治制度的吸引力。
資訊	跨國交流的方式和程度：公開與透明vs.封閉與限制。在大眾傳播中詆毀「他者」的程度。
軍事	武裝部隊的規模、態勢和科技優勢。軍事聯盟的團結心與能力。
經濟	國家經濟的規模、技術廣度、多樣性，以及資源基礎。國家經濟的創新生態系統，包括金融資本的獲取和管理。

主要的政治與外交工具

這些工具包括客觀衡量國家在多邊政治制度中的存在感，以及對國家在跨政府組織中的影響力進行質化評估，同時包括對國家地緣政治外交地位的量化概述，以及鞏固重要夥伴國和多國聯盟的政治工具。

- 主要意識型態工具：這些權力要素包括大國的價值觀、敘事與政治制度對他國吸引力的質化評估。這種軟實力吸引力的軌跡最能從地緣政治民調結果來評價。
- 主要資訊與傳播能力：此一競爭領域的質化面向比量化重要。國家權力工具包括關鍵傳播科技在重要地緣戰略地區和全球的滲透程度。此外，這個領域的國家工具集尚包含，大國整合於傳播網路的小國看待資訊路徑與系統開放的競爭性願景之方式。
- 主要軍事能力：這些能力包括對現有主要武器系統的傳統量化

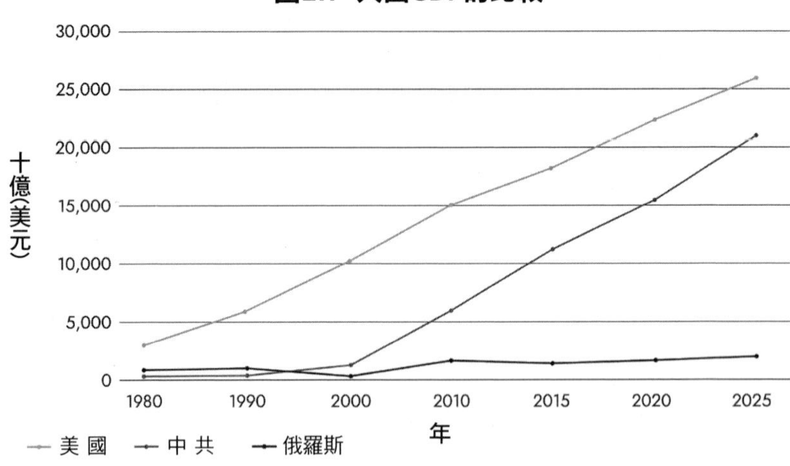

Source: Chart generated by authors. Data sources are at the online appendix B of this volume, available at <https://ndupress.ndu.edu/Contemporary-GPC-Dynamics-Matrix/>.

硬實力比較評估，這是最容易衡量的。本章同時置重點於運用來自尖端商業領域新興商業科技的軍事系統和能力。軍事工具則包括具有影響力與說服力的潛在能力，諸如軍事聯盟的凝聚力和能力，以及軍事科技外銷和軍事人員交流工作，以推進國家目標並影響潛在對手的觀點。

- 主要經濟工具(商業與金融)：經濟權力往往被視為軍事權力的基礎，並對其他形式的國力具有強烈影響力。在此，標準的經濟成長動力是以名目GDP、名目人均GDP和工業化的程度來衡量。本章同時考量政府與私人對外直接投資的規模和影響。為了適當理解現代與未來經濟權力要素的影響，參照全球私人投資交易的比例來闡述與分析金融鏈結和創新潛力。此外，也討論了國家經濟創新潛力的水準和軌跡。

本章最後會運用相對較新的「淨權力指數」以提供更佳的評估方法：經濟與軍事能力應扣除GDP與人均GDP之成本，以及軍事能力所耗費成本及國內各項成本，才能得到更能代表國家總體淨規模與效率的指標。[9]

大國競爭態勢與工具集

美國的競爭態勢與工具集

美國整體的權力要素與方針。2019年美國的名目GDP估計為22.32兆美元，高於中共的15.3兆美元和俄羅斯的1.7兆美元(見圖2.1)。美國仍然是全球最大、最有活力的經濟體，2019年占全球GDP的23.9%，遠領先於最接近對手中國大陸的15.9%。[10] 美國在全球GDP占比持續緩慢下降，但是預期到2035年仍占21%左右。根據2020年的一般預測，中國大陸到2035年的名目GDP將占全球25%左右，約在2030年就會超越美國。[11] 美國不是依賴出口的經濟體，但是2018年其名目GDP約有10%是商品出口(2.5兆美元)。美國同時也是服務出口的領頭羊，2018年的名目價值為8,280億美元，其中主要來自視聽技術、銀行服務、能源、快遞、資訊科技、保險，以及電信服務產業。[12] 2010年代最大的出口客戶為中共、加拿大和墨西哥，這些國家都與複雜的區域和全球供應鏈連結，在美國製造業出口有高占比。[13] 美國經濟有47%係工業化的(見圖2.2)，2018年有近19%的製造業出口屬於高科技類別，低於2017年中國大陸出口的31%，但接近2018年18%的全球平均值。[14] 2018年年中，美國與中共爆發貿易戰，在最初18個月對全球商業造成90年來最嚴重的破壞。[15] 直至2019年9月的分析皆顯示，「中」美貿易戰是一把雙面

> 那些有資源的(國家)通常會努力提升其軍力,以減少遭受脅迫與攻擊的風險……。強國和弱國也可能結成聯盟,旨在抵禦潛在的敵人,或戰勝敵對勢力與聯盟……。隨國家能力的增強……崛起的大國往往會在試圖保障邊境安全之外,努力擴張勢力範圍,試圖確保取得進入市場、取得物資和運輸路線的權利;保護境外公民及保衛外國友邦與盟邦;宣傳其宗教信仰或意識型態;以及最常見的,在區域與全球範圍事務中維護其所認為應有的發言權。
>
> —Aaron L. Friedberg, A Contest for Supremacy (2012)

刃。中共所損失的出口收益是美國的三倍(分別為530億與145億美元),但是美國在企圖改變中共經濟行為上並無任何實質進展。此外,美國經濟的關鍵產業(出口礦物與礦砂、林業產品、農業綜合企業,以及運輸系統)損失了大量收入,並因中國大陸已找到全球替代供應商感到不安,因為這意味著其出口收入可能會持續受損。[16] 2020年1月宣布的「第一階段」美「中」貿易協定,內容包括中共同意取消部分報復性關稅,並承諾大幅增加進口美國商品。[17] 但是由於2020年新型冠狀(下稱新

表2.2:整體總權力和淨權力要素間的百分比差異

(運用貝克利[Michael Beckley]的淨權力指數)

大國對抗				
	1990年	2000年	2010年	2015年
美國vs.俄羅斯	10	10	4	5
美國vs.中共	24	30	35	23
俄羅斯vs.中共	32	45	49	37

註釋:表中的數值是以貝克利提供的公式計算,資料來源請參閱<https://ndupress.ndu.edu/Contemporary-GPC-Dynamics-Matrix/>. 2010年起這些比較總權力和淨權力數值的「亮點」,來自於重新評估「戰爭相關國家能力綜合指數」(Correlates of War, Composite Index of National Capability)數值,其大幅修正2000年代後期的戰爭相關指標,以獲得較準確的經濟要素數據。

冠)病毒肆虐所導致的貿易中斷，使得中共不太可能履行這些承諾。

美國在過去十年來躋身創新國家之列，預期至少在未來十年內，仍將在創新製造和服務上擔任催生者領導者。同時在過去數十年，美國也一直是全球私人金融市場的主導國家，占2018年金融活動的53%。[18] 中共和俄羅斯幾乎沒有在全球商品與服務交易資料中登記其金融活動和相應收入(見表2.2)。美國在商業金融市場的份額過去十年來亦持續增長，且預料將繼續保有此一優勢助其未來經濟成長，這是他國難以企及的，只要美國的金融實體吸引力仍勝於其他選擇。[19]

同時，美國政府管控外國(政府和個人)進入其所主導金融市場的方式，既是其權力展現的機會也是挑戰。這賦予美國獨有的強制性經濟權力工具來改變外國實體的行為，萬一外國機構違反美國國家利益，可拒絕或限制它們進入所欲美國金融機制的管道。這種制裁比外交譴責嚴厲，卻比軍事對抗溫和，可成為具有吸引力的不對稱權力工

圖2.2：工業化水準與全球商業金融市場占比間的關聯性

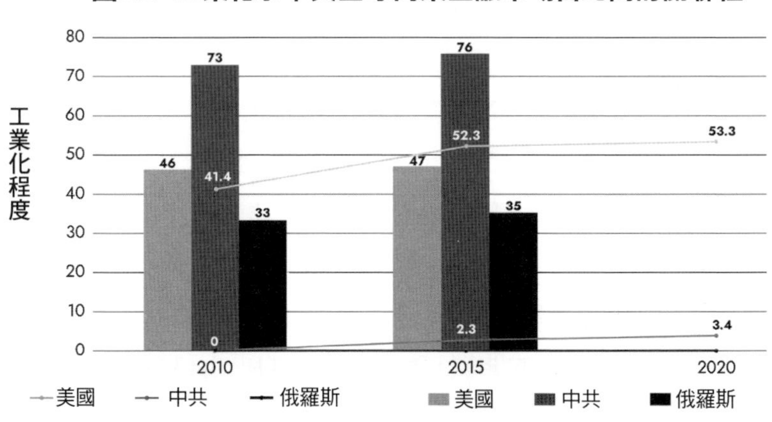

Source: Chart generated by authors. Data sources are at the online appendix B of this volume, available at <https://ndupress.ndu.edu/Contemporary-GPC-Dynamics-Matrix/>.

具。美國自2000年以來大量運用制裁手段，特別在反恐戰爭期間對付知名和可疑恐怖分子與其金主。[20] 但是過度使用金融制裁可能會適得其反，促使被美國制裁的國家和團體轉向其他財務安排，降低制裁的有效性，並使受到間接影響的長期經濟夥伴和美國間關係緊張。隨著時間的推移，制裁措施會使敵、友都發展替代性的金融系統與安排，繞過美國運作，並削弱美國目前在商業金融服務中的主導地位。[21]

美國經濟優勢和未來權力地位的另一風險在於其國債水準。截至2018年底，美國名目國債總額為21.8兆美元，幾乎占其名目GDP的100%。其中約28%(6.3兆美元)由外國實體持有，前三位持有者依序為中共(1.1兆美元)、日本(1兆美元)和巴西(0.3兆美元)。[22] 由此看來，美國72%的國債由本地投資者持有，使得這更像是國內的債務，而不是對外關係的挑戰。如果債務繼續增加，美國經濟地位和軍事投資所面臨的風險將在未來幾年內顯現。國債的利息和強制性政府計畫(如醫療保險)的支出，可能會消耗愈來愈多聯邦預算，導致花在軍事、外交、經濟權力，以及全球影響力行動上的經費更少。為債務融資也可能會推升利率，並減少私人投資經濟活動和科技創新。[23]

2020年新冠病毒大流行將對整體全球經濟產生重大衝擊，但是對各國所造成的影響有所差異，可以想像美國從疫情中復甦時會留下經濟創傷，進而導致重大優勢萎縮。然而，除非美國作出一些真正矯枉過正的公共衛生或經濟決策，否則後疫情時代在大國競爭中更有可能維持相對一致的經濟態勢。

值此大國競爭時代的開端，美國30年來的軍事科技優勢(特別是在精確導引武器及感測器、資訊科技和太空網絡方面)已無法繼續維持。然而，美國在多數主要軍事力量的指標上仍具明顯優勢，若無過份離譜的錯誤決策，至少在未來十年應還是占據軍事主導地位。經過幾年的低水準增長，美國的軍費開支從2019財政年度的7,160億美元增加到2020財政年度的7,380億美元。這些數目是中共官方國防預算的3倍、俄羅斯的16倍。隨著美國關注國內施政優先事項與國債再度成為政治焦點，預計該支出進入2020年代將再次放緩。[24]

美國的核武庫仍然低於條約限制的1,600枚彈頭數量，其1,350枚戰略核彈頭部署於650枚陸基洲際飛彈、158架戰略轟炸機以及18艘核潛艦上。2018年，美國啟動了一項核武器和投射系統性能提升的計畫(特別是過度使用的兩用功能戰略轟炸機機隊)，以確保在面對快速發展的投射技術時仍具戰略嚇阻價值。截至2017年，全志願役的美軍編制約129萬現役軍人：陸軍47萬、陸戰隊18.3萬、海軍32萬，以及空軍31.3萬。美國目前維持具全球部署能力的軍力，並擁有執行各種軍事行動的作戰能力。

美海軍擁有12艘大型航艦和12艘兩棲突擊艦，部署於全球各地，相對地中共僅有1艘現役航艦(還有2艘建造中)，俄羅斯則有1艘無法服勤的航艦。美海軍水面艦隊擁有近90艘巡防艦和驅逐艦，多數配備防空、反彈道飛彈和反潛作戰武器系統。現代化潛艦則有68艘，其中18艘配備彈道飛彈，所有的潛艦都以核動力推進因而航程遠、任務時間長。2018年，海軍的兵力與任務有60%是在太平洋。美海軍聯合航空機隊組成全球部署的部隊，計有2,300架新型戰鬥機、2,800架攻擊機、1,150架運輸機，以及超過5,700架直升機，其中包括970架攻擊直升機。[25] 截至2017年，美國還擁有7,500架無人飛行系統(UAS)機隊，其中10%(786架)屬於戰略射程、中高空、高續航力情報或打擊載臺。美國將在2020年和2021年每年花費約120億美元來維持其低端無人飛行系統機隊，同時投資研發新型戰略無人飛行系統技術，對戰略性機隊進行性能提升，因為其他大國和國際行為者的防空和電子戰能力日益增強，導致無人飛行系統愈來愈容易遭到攻擊。[26] 美國的部隊運輸機、直升機和戰鬥機數量令他國相形見絀，多於軍隊規模第二的共軍兩倍有餘。陸軍致力於低強度衝突和特種部隊的反叛亂與反恐行動已經20年，但是仍保留6,000輛技術先進的主戰車、3萬9,000輛裝甲戰鬥車，以及3,000門火砲和火箭部隊，其中多數都在世界各地部署和執行任務。

美國在歐洲和亞洲的正式軍事聯盟，以及與中東、南亞、非洲和美洲各國的戰略夥伴關係大幅強化其軍事影響力和實力。這些聯盟在2010年代後期受到日益嚴重的脅迫，但其結構仍然完好無損。美軍與28個北約國家，以及中東和太平洋地區其他20多個重要盟邦暨戰略夥伴都有軍事互通能力。或許更值得注意的是，2019年皮尤中心(Pew Research Center)的國際調查顯示，17個國家有27%受訪者中位數將美國列為他們國家最可靠的合作夥伴，反觀中共只有6%，而俄羅斯僅4%。[27] 美國仍然是世界上最大的武器出口國，2018年占全球武器出口總量的36%。在購買美國武器最多的25個國家中，有十國是北約成員國或是自冷戰以來與美結盟的國家。[28] 美國和許多軍事夥伴間都有安全援助和軍售計畫。在2010年代的十年中，美國政府對盟邦和夥伴國的年度國防援助平均約每年430億美元，2012和2018年則有明顯增加。[29] 美國政府對外軍售支援和安全援助的主要夥伴國來自中東地區、以色列、埃及和巴基斯坦。

美國的外交和政治資產十年來一直處於緊張狀態，但是仍然為美國提供了無可匹敵的結構性權力與機會，有利於和可能的對手競爭。美國是22個正式國際政府組織的成員，包括聯合國安理會五個常任理事國之一、國際貨幣基金和世界銀行具投票權的最大成員國，以及世界貿易組織和世界衛生組織的主要成員。[30] 過去的20年裡，尤其自2017年以來，美國政策制定者面臨著一個長期存在的問題：二戰後的領導權、確保維持可預測、親美政策取向的合作性國際組織，以及降低華府使用強制權力需要等利益，是否值得以付出國際制度的維護成本和犧牲一定程度的政治自主權為代價？[31]

遠在川普執政之前，對美國參與全球制度抱持懷疑論者利用人民孤立和民族主義的傾向來削弱參與和維繫該制度的支持，但是2018年的全國民調顯示，多數人仍認為美國為國際參與及擔任全球制度與聯盟領導角色的付出是值得的。[32] 美國的領導人如果選擇這麼做，就會得到公眾的支持和實際的資源，來扭轉最近對美國參與國際事務漸漲的懷疑論。在許多跨政府和非政府組織中，美國仍然占據主導地位，這意味著美國可以透過「全球主義」，從國內政治利用一般民眾不滿的現況恢復過來。國際制度中長期存在的美國影響力可以重新煥發活力，因美國有政治意願贊助並金援全球制度透明計畫，同時制定國內政策加強補償那些因全球化帶來之國際貿易、資金流動、移民、技術變革和國際法律裁判導致經濟與社會地位改變而忿忿自認為「輸家」的選民。[33]

欲衡量2020年美國意識型態共鳴和文化認同並不容易，但是整體而言仍比主要競爭對手強。2017年和2018年，國際對美國及其總統領導力的看法急劇重挫。2016年，皮尤中心的全球態度調查指出，64%國際受訪者中位數對美國持肯定態度，並相信當時的歐巴馬總統能夠領導美國在全球的角色。到2017年，只有49%的人對美國持正面態度，更僅22%的人對川普總統的領導有信心。[34] 然而，隨後2019年皮尤中心的調查亦顯示，儘管有這種下滑趨勢，許多國家仍認為美國是未來最能依賴的可靠盟友。美國夢的魅力(互賴的繁榮、個人自由和自由民主)在世界多數角落仍然是正面特質。[35] 雖然並非沒有反彈，但是美國的產品、流行文化和基本個人權利在全球皆引起共鳴。這些美式產物很受歡迎，而且無須美國人在場就能發揮影響力。[36]

儘管人們對美國理念的信心受到明顯侵蝕，但是其全球吸引力使任何國家相形見絀，如果運用得當就是另一種權力。新冠病毒疫情為華府提供另一個得以明智推廣此吸引力的機會。同樣重要的是，英語是商業、產業和文化交流的主要全球語言——有18億人說英語，而且愈來愈多的跨國公司要求以英語作為企業共通語言。[37] 世界排名前百所大學中有55所在美國，儘管國際學生申請量從2012年開始下滑，並於2017年陡降，但2018年美國高等教育收入仍近410億美元，該數字為大豆出口額的兩倍，僅略低於美國汽車出口(530億美元)。[38]

在資訊傳布和傳播領域，美國長期以來的優勢在2020年受到影響。然而，美國仍擁有經濟實力和技術知識，能夠在資訊領域進行有利(即使並非具完全優勢)競爭。美國所偏好的自由與開放傳播，包括網際網路和社群媒體網絡，自2010年起的十年在全球接受程度上受到嚴重打擊，曾經處於主導地位的美國「網際網路名稱與數字位址分配機構」(Internet Corporation for Assigned Names and Numbers, ICANN)監督框架，及其對開放性和多方利益關係人合作的偏好皆遭遇政治及技術挑戰。中共、俄羅斯與某些威權國家認為，大規模自由與開放的傳播對其國家主權和維持國內政治秩序構成威脅，[39] 它們各自發展了技術和協定限制跨境和國內的自由資訊流；某些國家如中共和伊朗，在群眾騷亂或政府有疑慮時完全封鎖網際網路和全球電信流通。

今日的美國主要靠私部門來對外宣傳有關美國價值與理想，即自由資本主義品牌的核心。[40] 冷戰期間，美國政府在公共外交方面投入大量資源。「公共外交」涵蓋一系列海外活動，從圖書館到巡迴演講、藝術展覽到世界博覽會、國際訪問者計畫到廣播電視，目的在破壞蘇聯的審查制度。[41] 正如美國新聞署和國務院文化關係處所從事的工作，這些活動試圖傳達「一個全面與公平」的美國。美國之音、自由歐洲電臺、自由電臺和自由亞洲電臺都是由政府資助的反宣傳媒體，旨在提供受壓迫人民替代性的資訊來源。[42] 時至今日，這些美國的公共資訊活動大多已消失，經費轉用於其他外交任務，或資金匱乏的事業。國務院尚下轄教育文化事務局(Bureau of Educational and Cultural Affairs)和全球公共事務局(Bureau of Global Public Affairs)以執行類似任務(包括網際網路和社群媒體拓展)，但是資金和影響力皆比冷戰時期的相似機構少得多。[43]

美國最成功的商業娛樂輸出反而填補了空白，遠比其他公共外交作為更具影響力。最近一位美國政治學家調查了公共外交私營化的影響，發現往往會產生不良後果：「當代(美國)流行文化所表現出的不是互賴的繁榮、民主和自由，而是傾向過度強調自由，並以非常娛樂化的方式描繪之，但這卻與世界上多數人所關心的事務格格不入。」[44] 在大國競爭時代，美國政府應更加關注其對外的資訊傳遞。美國在新冠病毒大流行期間和之後所釋放的資訊，將提供吸引更多注意力的機會。最近一項積極的作為可能是在2016年建立跨部會的「全球參與中心」(Global Engagement Center)來協調美國政府的工作，以「認清、理解、揭露和反制他國和非國家行為者意圖破壞或影響美國、其盟邦和夥伴國的政策、安全或穩定之宣傳和假訊息作為。」[45]

但是，即使美國政府投入更多的資源與心力在對外訊息傳遞和反宣傳活動上，也將會面臨俄羅斯和中共堅實的宣傳能力和國內審查機制的重大挑戰，包括那些封鎖或扭曲全球網際網路的作為。科技可能是這項挑戰的解答，因為衛星目前在全球網際網路基礎設施中並未扮演要角。正如本書所述，未來十年內新一代衛星可以為「來自太空的網際網路」奠基。此一快速崛起的概念將運用數千顆衛星，而不是今日的現代電信系統的數十顆衛星。然後，雷射光可以將這些衛星相互鏈結形成一個網絡，進而能夠覆蓋世界上偏遠、孤立甚至遭封鎖的區域，使網際網路通達沒有(或有限)連線能力的地方。[46] 如果美國選擇去領導這些科技發展，以及那些與陸基中繼站和行動電話基地臺的相關技術，華府就可能再次利用創新與科技的優勢來對抗目前網路巴爾幹化(cyber balkanization，譯註：類似於同溫層現象)，並制定電信和資訊交流規範來主導此一國家間互動的領域。再者，這可以恢復美國公共外交的活力，並提供管道形塑更實際、具凝聚力與吸引力的美國品牌。

美國主要的權力工具及其戰略效用。在2020至2025年間及之後，美國在大國競爭的五大領域進行有利競爭所需的軍事硬實力和多數軟實力工具仍然相對強大。華府的軍事實力(雖然優勢不如2000年代初期)在全球軍力投射能力上仍無可匹敵。儘管美國經濟及其製造業基礎規模相對於中國大陸正在下滑，但是美國的金融主導地位仍不容挑戰，其創新活力遠更加蓬勃，而人口結構也較有利於長期的經濟調適與擴張。此外，其經濟權力工具(除非自我設限)在現代經濟競爭中仍然令人生畏。

美國的核心意識型態以自由、開放、透明和普世人權為特色，在世界各地皆引起共鳴，並使其有能力吸引他國與個人對美國的目標和利益採取有利行動。然而，華府的內部資訊管理一直受到外部干預影響，其對外訊息傳播仍主要依賴沒有官方授權的私人企業，很難和其他大國的宣傳機器競爭。此外，美國政府最近對上述軟實力政策的不一致態度，已經開始減損美國長達數十年來在資訊和意識型態領域上最具影響力的大國角色。美國對2020年新冠病毒疫情的反應，以及在國內和國際上宣傳的方式，將決定美國在這些重要領域的優勢是否會削弱或更加鞏固。

在2020年代全球許多特定地區中，美國的政治與外交權力工具於現在和將來都面臨威脅，但是短期內不太可能被俄羅斯或中共取代。

中共的競爭態勢與工具集

中共整體的權力要素與方針。中共成為全球性大國，是其30年來提升至經濟超級大國地位的成果。從1979至2018年，中國大陸經濟以每年9.4%的速度成長。中共成為世界第二大經濟體、第一大生產國、第一大商品貿易國、第二大商品消費國、第二大外國直接投資接受國和最大外匯儲備持有國。[47] 2019年，中共的GDP僅次於美國，按匯率計算約為15.27兆美元(見圖2.1)。從2007至2017年，中共占全球GDP的百分比幾乎翻了三倍，從6.18%增長到15.25%。[48] 如果中共繼續以每年5%至6%的速度成長，而美國每年成長率維持在2.2%左右，那麼中共的GDP將在2030至2034年間超過美國。[49] 若對中共經濟成長率採取較保守的估計，並考慮中國大陸人口快速老化對生產力的負面影響，美國可將這一交叉點推遲到2040年，或是更晚(如果可能發生的話)。[50]

隨著西方和亞洲企業轉以低成本中國大陸勞動力從事生產，出口成長大幅促進該國經濟繁榮。然而2007至2017年十年間，中國大陸出口占其GDP比例下降了八個百分點，2017年降至9%。此一降幅反映中共愈來愈依賴國內消費為成長動力。同時，亞洲經濟體與中國大陸供應鏈緊密相連，資源豐富的國家向中國大陸輸出，而已開發國家對中國大陸消費市場銷售產品，這些國家都日益依賴中國大陸。[51]

製造業在中國大陸經濟中扮演關鍵的角色。迄2018年，中國大陸占全球製造業產值的35%。[52] 其製造業基礎已大幅工業化，2010年工業化比例為73%，2015年則為76%(見圖2.2)。2017年的製造業出口有31%是高科技產品。[53] 這些出口產品多數最初由西方和亞洲跨國公司所生產，進口零組件後在中國大陸組裝，但是中國大陸企業正在提升其技術鏈，以自行生產更多此類產品。共黨的重要目標係維持強勁的經濟成長，以及加快提升中共在高端製造業和尖端科技上的優勢。如第一章所述，這些目標已經納入2015年頒布的「中國製造2025」十年經濟發展計畫中。中共貿易順差一直高達GDP的10%，但在2018年下降至2.2%(約3,360億美元)。2018年年中起，與美國的貿易戰使中共的經濟受到影響，川普政府對中國大陸進口商品加徵多輪關稅以迫使其改變產業政策。

這場貿易戰是全球商業90年來最嚴重的一次破壞。儘管中共在此次雙邊貿易戰中的一年損失總計達530億美元，但是中共也為出口找到了其他替代合作夥伴，以不再從美國進口部分商品作為報復，並拒絕應美國的要求改變政策。[54] 如前所述，2020年1月簽署的第一階段雙邊貿易協定旨在緩解貿易戰，內容主要包括中共承諾增加美國商品進口，以及採取緩和措施以回應美國對強迫智財權轉移的疑慮。[55] 但是新冠病毒疫情的經濟影響使得中共是否會履行這些承諾變得不明朗。

雖然其政策目標是刺激「自主創新」，但是中共在經濟創新方面僅位居全球第29位，比較接近俄羅斯的第48位而遠落後於美國的第五位。然而，一些分析師注意到中共的進步。一項2019年的研究指出，過去十年中共在36項科技進步指標上與美國的差距縮小，並在某些指標上領先。[56] 截至2015年，中共僅占全球商業金融交易的2.3%，遠低於美國的52.3%，也無法與日本和西歐國家相比(見圖2.2)。中共在創新和金融市場領域的發展軌跡顯示，其未來十年裡將無法規避日益注重服務與高科技的全球經濟挑戰。[57]

中共長期身為外國直接投資的淨接受國，於2015年成為對外投資淨出口國。2015 年以來，中共的「一帶一路倡議」已推動其外國直接投資金額每年超過 1,500 億美元，同時其外國直接投資每年金流近 1,400 億美元。[58] 據「中國全球投資者追蹤」資料庫(China Global Investment Tracker)估計，2005至2019年中共對外國直接投資總額為1.2兆美元，其海外建設計畫(通常由中共國有銀行貸款資助)總額為8,000億美元。中共海外投資的重點是取得資源(尤其是石油和天然氣)、工廠和基礎設施計畫，欲藉此從美國、歐洲和亞洲獲得支持創新和產業升級的先進技術。海外建設主要都集中在能源、電信以及運輸部門。[59] 除了直接投資之外，中共還有約3.1兆美元的外匯存底，是美國政府債券的兩個最大持有國之一(另一個是日本)，截至2020年1月擁有約1.1兆美元的美債。[60] 除了經濟價值外，中共國營投資還利用協助他國經濟發展，對外國菁英產生影響力；同時若有國家無法償還貸款而欠債過高，則有可能遭北京以強迫手段對付。[61]

2020年，中共在各項權力工具中擁有日益強大的軍隊，但是尚未能與美國和俄羅斯匹敵。中共在傳統軍力和武器數量上的許多領域都具有競爭力，但在幾個重要領域落後美國和俄羅斯軍隊：整體科技水準、個別系統能力，以及軍力投射能力。然而，共軍的現代化在過去15年取得了令人矚目的進展，邁向能夠「打贏信息化戰爭」的目標，包括2015年底的重大組織編裝調整，將大幅提高遂行聯合作戰的能力。[62]

中共陸軍是所有軍種中規模最大的，約占全體共軍200萬名官兵的一半(中共還有大約51萬名預備役)。組織調整後的陸軍採用標準化的集團軍—旅—營的組織架構，共計13個集團軍，每個集團軍編制六個合成旅和六個兵種旅，包括砲兵、防空、特戰和陸航等兵種。合成旅下轄合成營(裝甲、機械化步兵或輕裝步兵)和兵種營。效果是模組化、相對具彈性的單位，可以執行多種功能，並通過鐵路或空中部署，遠離駐地遂行作戰任務。[63] 在2020年基本實現機械化上，在5,800輛步兵戰車和3,950輛裝甲運兵車之外，中共陸軍目前擁有5,850輛主戰車，儘管其中僅約一半係現代化的前線系統。[64] 另外陸軍還有6個兩棲旅，可投入侵犯臺灣的作戰。

中共海軍持續升級與發展新型主要作戰載臺(水面艦艇、潛艦和飛機)，這些載臺融合現代化科技，包括先進反艦巡弋飛彈和面對空飛彈。中共最好的水面載臺，如目前進行海上測試的新型055型飛彈驅逐艦，接近美俄的能力水準，同時刻正以更強大現代設備汰換老舊載臺的方式超越美俄海軍。目前中共使用的首艘航艦是由烏克蘭購入重建，第二艘為自行設計建造，正進行海上測試，而正在建造的第三艘航艦則採用平面飛行甲板設計，艦載機可執行攻勢作戰。中共海軍的航艦、先進驅逐艦(28艘)與巡防艦(52艘)、補給艦及兩棲突擊艦，使其具備愈來愈強的能力，可遠離中國大陸沿海執行任務，包括進入西太平洋和印度洋。這種能力是維護中共海外利益的必要條件，並體現在其新的「近海防禦與遠海護衛」海軍準則中。[65]

近20年來，中共從俄羅斯購入先進飛機提高航空工業生產現代化飛機的能力，大幅提升了其空軍作戰能力。雖然在技術上無法媲美美俄最先進的飛機，但是中共空軍目前擁有900多架現代化第四代戰機(如殲-10和殲-11)，且部署了第一個殲-20匿蹤戰機中隊，並刻正研製新型中長程匿蹤轟炸機以強化其現有約176架轟-6轟炸機軍力。中共空軍還握有傘兵部隊和運輸機，這為共軍提供了一定程度的戰略機動性。空軍準則已經從國土防空改變為執行進攻和防禦任務，包括日益強調長程戰略攻擊和海上轟炸行動。[66] 中共還有愈來愈多的無人飛機系統計畫，主要為強大的低高度、低續航力系統；三種已知的中高度、高續航力監視或打擊無人機；以及至少一種高高度、高續航力無人飛機系統，其曾現蹤於南海和有爭議的「中」印邊境。[67]

中共的火箭軍(前身為二砲部隊)負責操作洲際(約100枚)、中長程(約72枚)和中程(約80枚)核子彈道飛彈，以及一支擁有不同射程彈道與巡弋飛彈的大規模傳統部隊，可以瞄準臺灣和美國在整個區域的基地。火箭軍的主要責任是嚇阻核子攻擊，並隨時備便在嚇阻失敗時進行核報復。中共核武政策要求建立一支「精幹有效」的核武部隊，在符合「不率先使用」核武政策下置重點於核嚇阻攻擊。因此，中共對核武儲量遠少於美俄(兩國都部署了約1,600枚戰略飛彈)的現狀感到滿意，儘管其規模已經擴大到約300枚彈頭，火箭軍亦增加了飛彈數量(包括一些多彈頭飛彈)，另外海軍也部署了4艘彈道飛彈潛艦。[68] 火箭軍可能還控制著其他飛彈戰略能力，諸如直升式反衛星武器以及東風-21和東風-26的反艦彈道飛彈版本。

共軍的任務包羅萬象，包括維護政治安全和社會穩定等國內任務、核嚇阻和維護國家主權與安全等傳統軍事任務、保護國家經濟發展和在太空與網路空間利益等新型態任務，以及緊急救援、災難救助和國際安全合作等非傳統安全任務。共軍尚透過拓展軍事外交，支持中共的外交政策和更廣泛的戰略目標，並在2020年將重心置於美國和俄羅斯，並與太平洋地區周邊國家交往。[69] 共軍外交手段特別強調高層互訪、與外國軍隊演習，以及海軍港口停泊訪問。2018年，共軍與外國軍隊舉行了60多次雙邊和多邊演習。[70]

中共的國防預算是全球第二大。據估計2018年的支出為2,500億美元，約占美國6,500億美元國防經費的40%，但是比俄羅斯的614億美元高出四倍。[71] 中共仍是武器和軍事科技的主要進口國，依賴俄羅斯的噴射發動機、先進飛彈、感測器和其他軍事系統，這種依賴已隨著時間顯著下降，並可能在未來十年內告終。[72] 中共經強化的軍事工業基礎使其成為供給發展中國家的主要武器出口國，特別在亞洲地區。2008至2018年間，中共向全球出口了價值約157億美元的傳統武器，成為世界第五大武器供應國，僅次於美國、俄羅斯、德國和法國。這些出口產品大部分(約75%)流向亞洲。另外有20%流入非洲。[73] 中共武器出口的利基歷來是製造中等成本、中等能力的系統，其出口潛力也受限於他國對其政治疑慮而不予採用。2014至2018年，中共向53個國家交付主要武器，相較於2004至2008年僅有32國。2014至2018年，巴基斯坦係主要輸入國(37%)，這是該國自1991年來五年期國防施政計畫以來一貫的政策。從2014至2018年，中共成為無人飛行戰鬥載具小眾市場的最大出口國，部分原因是美國限制這些系統的出口，而俄羅斯在無人飛行系統開發上一直落後。[74]

相對於美國和俄羅斯，中共的主要軍事弱點是其有限的軍力投射能力。中共大量投資在反介入/區域拒止能力上，如先進柴油潛艦、先進面對空飛彈、反艦巡弋飛彈，以及用來攻擊美國航艦的新型反艦彈道飛彈。這些能力增加美軍在中國大陸附近執行任務的成本和風險。共軍目前的弱點部分被其地理位置和在太平洋的優先戰略重點所抵銷。美國、俄羅斯與其他潛在的軍事競爭者，在向西太平洋和亞洲投射軍力和影響力時將面臨挑戰，因為未來十年中共明顯會在這些地區提升軍力。

然而，共軍的軍力投射能力卻隨著距離增加而快速下降，中共缺乏盟邦或海外基地網絡，使其無法將範圍延伸到其他區域。[75] 不過，共軍正逐步擴大其全球勢力範圍。[76] 中共已投資了一系列反衛星能力，可以削弱、干擾或直接攻擊美國的衛星，並具有蒐集情報和攻擊美國軍事電腦網絡的強大網路能力。共軍正在發展各種極音速武器(並部署了具極音速滑翔能力的東風-17中程彈道飛彈)，且刻正大規模投資人工智慧於軍事應用。[77]

中共正利用其政治和外交力量，藉由建立替代機構來提升在現有全球制度中的影響力。[78] 2010年代末，中共是15個主要跨政府組織的正式成員，以及其他20多個組織的觀察員。這個數字並不突出，實際上只有美國和俄羅斯的三分之二，該兩國皆擁具22個跨政府組織正式會員國身分。[79] 然而，中共一直利用其在聯合國體系和其他跨政府組織的影響力，取得美國及其盟邦所放棄的外交與政治「不良資產」，並重新調用成符合其戰略目標的工具。中共現在是聯合國第二大資助國(僅次於美國)，其派出參加的維和部隊數量比其他任何安理會常任理事國都要多。過去十年來，中共推派的候選人在世界銀行、國際刑警組織、聯合國工業發展組織、國際電信聯盟，以及位於蒙特婁(Montreal)的國際民航組織擔任高階職務。另外中共還派遣軍官指揮聯合國在西撒哈拉和塞普勒斯的維和任務。

中共對重要國際組織職位的爭取引起了人權和言論自由擁護者的警覺，擔心北京會從中作梗。在中共的前官員在2016年被任命為國際刑警組織的主席之後，北京成功利用該組織的「紅色通報」機制對旅居國外的異議人士進行追捕。北京還施壓削減聯合國維和行動中的人權調查員經費。在日內瓦，聯合國阻止中國大陸維權人士向全世界陳述自己的觀點。中共在聯合國教科文組織的作為顯示，它認為這個總部設於巴黎的組織不僅是世界遺產和教育計畫的監督者，還是規範全球網際網路的工具。[80] 此外，中共利用其在條約和制度中的立場進行「法律戰」(Lawfare)，當不能如願時就不予理會或重新解釋國際協定的規範性條款，如《聯合國海洋法公約》中有關所有船隻無害通過其領海權利的條款。[81]

另一個中共努力的方向係建立其他替代組織來和現有國際機構競爭。其「一帶一路倡議」和亞洲基礎設施投資銀行(以下稱亞投行)就是引人注目的國家主導基礎設施發展計畫，乃世界銀行、國際貨幣基金組織和亞洲開發銀行等多邊聯合國發展組織的替代方案。印度和美國拒絕加入國家主導的「一帶一路倡議」模式，美國也出於類似原因迴避參與亞投行。某些人認為，中共為全球基礎設施發展而構建一個類似的替代框架，並不會構成重大挑戰，原因是因為資源有限，且亞投行的地位是仰賴長期商業市場的跨國實體。[82] 然而，該替代方

> 我們認為，中共情報部門將濫用美國社會的開放性，特別是在學術界和科學界，無所不用其極。
>
> Daniel R. Coats, Worldwide Threat Assessment of the US Intelligence Community, ODNI, January 29, 2019

案卻忽略了世界銀行貸款給發展中國家時納入反貪腐、勞工和環境標準等條件的價值。其他人則指出，隨著該倡議於2018年底屆滿五周年，有多達14%的計畫(占全球計畫總值的32%)遇到了問題。許多計畫因工作延誤、缺乏當地勞動力參與，以及掠奪性專案貸款條件等因素遭遇當地反彈，包括在巴基斯坦、斯里蘭卡和馬來西亞等親「中」國家亦如此。[83] 未來十年，中共的全球替代性制度框架能產生多大影響，並為北京帶來多少籌碼亦尚無定論。

中共擁有龐大的宣傳和傳播工具，能夠向國際閱聽眾傳達訊息，但是訊息的內容本身限制了效果。過去十年來，北京在爭取認同和傳遞正面訊息上，其塑造和散布其意識型態的能力一直在提升，但之間仍存在明顯的不利條件和缺陷。中共「命運共同體」的意識型態框架遮掩了國與國之間的利益衝突，強調國家主權而犧牲人權與自由，這一點本身就限縮了吸引力。這些價值觀只能引起專制菁英分子的共鳴，而非普羅大眾。

中共歷來維持大規模的審查和宣傳機器，來傳達共黨的訊息及控制和審查境內的反對言論。執政的共黨已將該機器進化至網路時代，投入鉅資於現代科技(中共的防火長城)上，禁止有害的公共言論出現在網路和社群媒體上。中共針對國際閱聽眾也更努力推銷強勢的意識型態戰略，利用投入大量資金(資助業配文章、國有報紙和電視網絡、贊助新聞報導，以及來自支持者的正面訊息)，不斷試圖利用國際自由媒體和高等教育機構的弱點來重塑自己在全球的形象。

北京的國際影響力主要是靠印刷品、電視和廣播。中共支付這些「資訊補給品」，使其出現在如《華盛頓郵報》的知名國際報紙上。同時中共也監管《新華社》，其係國有的全球媒體服務機構，以多種語言製作親「中」報導傳送於世界各地，並擁有1,150萬名推特追蹤者(儘管中國大陸境內禁用推特)。2015年阿里巴巴集團(電子商務)執行長獲北京同意收購香港《南華早報》，並在內部安插了一個管理團隊，承諾提供對中共的正面觀點。中共透過國有的《中國國際廣播電臺》產製內容供挪威、土耳其和澳大利亞的廣播網絡使用，並大手筆資助成立全球定位的《中國環球電視網》(2016年由央視外語頻道改組而來)，該臺向全世界在當地的記者承諾豐厚薪資與機會，只要他們好好報導中共的故事：內容強調中國大陸人民的慷慨和政府的良善本質，同時誇大西方政治和自由民主的混亂和不可預測。最後，中共在全球各地的大學投資了數百所孔子學院，推廣中文與文化，並宣傳共黨對各種國際及涉「中」問題的看法。近年進入這些西方大學孔子學院的教師、活動和演講者都必須獲得中共政府的批准，但是中共政府卻拒絕美國國務院在自家大學校園內設立美國文化中心，此一作法備受爭議。[84]

這些資訊傳布和形象塑造作為的成果並不如人意。2019年皮尤中心的全球態度調查發現，在34個受訪國家中，40%中位數對中共持贊同態度，而41%中位數持不贊同態度。與2018年相比，亞太、北美和西歐地區對中共持贊同觀點的比例有所下降。[85] 但是值得注意的是，在中共大張旗鼓援助受新冠疫情重創的西歐國家之後，西歐的觀點將會如何發展。相反地，非洲對中共的看法大致上是正面的，平均支持率為62%。[86] 民調結果顯示，中共的形象塑造工具在其最重視的亞太和南亞地區成效有限，該區域僅巴基斯坦認為北京是朋友。即使是北韓和伊朗也只與北京是交易關係。另外，中文也限制了中共宣傳工作的效果。全世界少有人能以流利的中文作為第二語言，卻有將近18億人能說流利的英語，包括印太地區的數億人。語言障礙和國家審查的嚴重作用限制了中共利用音樂、電影和娛樂作為全球軟實力工具的能力，也妨礙了中共利用教育作為文化影響力的來源。儘管中共在2019年接待了49萬2,000名外國學生(世界第三多)，但是中國大陸高等教育機構的品質差異很大，而且習近平加強共黨對大學課程計畫的思想控制，很可能會給外國學生留下負面印象。[87]

中共主要的權力工具及其戰略效用。中共的當代整體權力主要取決於其全球經濟巨頭的地位，及其不斷成長的資源和穩步進展的技術基礎。北京的全球經濟影響力在某些重要領域已經超越美國，且將在未來的五至七年間持續擴大。其資本公積、工業化水準以及對高科技創新和軍事現代化的重視，都是目前努力不懈的基礎，以期在國際經濟與政治制度中發揮領導作用，並發展更有利於北京利益的新制度。然而，中共預期的經濟權力優勢在未來幾年內可能難以持續，除非找到方法來補強可能會限制成長的弱點，包括快速老化的人口、壓抑創新的教育和知識文化，以及限制收入潛力和金融服務影響力的小規模金融市場。

北京在軍事力量上的支出遠高於俄羅斯，且在世界上僅落後於美國。如果中共維持其軍費開支和投資趨勢，中共將有能力在未來20年的某個時間點媲美或超越美國的經濟和軍事實力，但是在未來十年內還不可能。中共能否成為一個超級大國尚無定論，該時機點也難以預測。[88]

中共的軍事能力過去十年來有所增長，足以在東亞和西太平洋地區與美軍抗衡。其部隊可以阻絕美海軍和空軍大搖大擺的進入中國大陸沿海附近地區，並使空軍和海軍主要武器載臺承擔風險。但是，未來五到十年間，中共的軍力投射能力仍將被壓制在第二島鏈之外。

中共的外交權力工具雖重要但並不令人驚豔。北京填補了美國和歐洲最近退出國際組織留下的領導真空，並試圖利用這些真空來促進中共的國家利益及/或改變制度規則以符合北京的偏好。

中共在意識型態、文化和傳播權力動能上明顯不足。北京沒有真正的多邊政治或軍事聯盟，只維持一個真正的長期戰略夥伴關係。中共追求與經濟和投資夥伴的交易互動，但是這些夥伴往往對中共的利益和金融條件戒慎恐懼。中共在國際尊重和信任程度方面得到的評價和調查反應都很差。雖然在改善全球訊息傳遞方面投入了巨大努力，但是中共的宣傳著重於國家控制和社會秩序而非個人自由，這在威權主義的圈子之外難以產生共鳴。最後，中共持續展示有限的語言、文化或學術吸引力。北京在2020年新冠疫情採取積極的全球應對措施，可能有助於克服這些缺陷，並抵銷外界對其壓迫內部政治活動且長期迴避此一問題的批評，未來如何發展還有待觀察。[89]

中共的權力工具目前是向經濟傾斜，但是具有更廣泛發展的長期潛力。中共的貿易和投資實力使其成為經濟競爭領域中的重要力量，而且在長期計畫中，利用此一經濟優勢來發展軍事、政治、資訊和意識型態能力是顯而易見的。中共當代的實力因素並沒有帶來當前迫切的軍事威脅，但是從長遠來看，中共的成長和全球抱負使其成為現今美國全球地位和美/西方長期價值觀、規範和制度最重要的潛在大國挑戰者。

俄羅斯的競爭態勢與工具集

俄羅斯整體的權力要素與方針。2020年，俄羅斯將其權力資源應用於國際競爭的方式仍然和過去十年一樣：戰術成功但存在嚴重的結構缺陷。一些分析家主張，俄羅斯在其有限的權力基礎上可採取一個可行的長期戰略，即「突襲」戰略框架。[90] 他們看到了俄羅斯十年激進主義背後的基本戰略邏輯，包括莫斯科對喬治亞和烏克蘭正在進行的干預；在敘利亞和利比亞的投機活動；與伊朗、北韓和委內瑞拉之間破壞規範的互動；不斷使用網路工具擾亂與抹黑歐洲和美國的選舉；以及與中共的戰術性和解。然而多數戰略觀察家並不認為俄羅斯擁有真正的國際戰略，但相信普丁能夠善用衰弱與逐漸侵蝕的權力基礎，達到最大的短期效果。[91]

俄羅斯的主要權力因素一般不是正面的，但確實包括關鍵的軍事能力。俄羅斯軍事權力工具組合良莠不齊。莫斯科擁有龐大的核武庫，規模與美國相當，估計有1,600枚條約允許的現役戰略核彈頭。[92] 核子武器是莫斯科大國地位主張的基石，大致概分為：860枚陸基投射飛彈、10艘彈道飛彈潛艦和50架轟炸機。[93] 俄羅斯刻正積極將這支核武部隊予以現代化，配備新型單彈頭和多彈頭飛彈、極音速滑翔飛彈載具、由轟炸機投射的新型巡弋飛彈，以及據報導新型中長程飛彈和鐵路機動飛彈——這兩種飛彈早已被冷戰時期的軍備控制條約所禁止，但是這些條約不是已經過期，就是未來不太可能恢復。[94] 儘管有許多延誤和頻繁的測試問題，俄羅斯的現代化作為說服了許多軍事分析家，莫斯科將能夠維持安全的第二擊核嚇阻能力，代價遠比研發強大反彈道飛彈系統的高昂成本實惠。[95]

自2011年以來，普丁的俄羅斯也進行傳統部隊的現代化，但這並非建立全球性的傳統軍力。2019年，俄羅斯有100萬現役軍人，其中超過80萬是地面和航空部隊，執行國土防衛任務，而不具備境外部署能力。其海軍擁有1艘無法執行任務的航艦、56艘維修程度不一的老舊潛艦，以及以小型護衛艦和近岸巡邏艇組成的水面艦隊，相對於美國的12艘一流航艦、68艘具備完整戰力的潛艦，以及主要由90多艘巡防艦和驅逐艦組成水面艦隊。俄羅斯空軍擁有不到900架戰鬥機，相對於美空軍的2,400架；1,500架的攻擊機隊僅為美國的一半；直升機部隊只有美軍5,800架的25%；還有運輸機機隊400架，勉強超過美軍規模的三分之一。[96] 此外，俄羅斯最近的傳統部隊還發生多起不幸事故和難堪的事件，令人質疑其維持全球影響力的能力：其唯一的老舊航艦庫茲涅佐夫號(Admiral Kuznetzov)在2016至2018年歷經機械和安全事故的嚴重影響，導致至少在2021年之前都出不了乾塢；據報導，其受到吹捧和極其昂貴的T-14阿瑪塔(Armata)主戰車，在2015年5月莫斯科「勝利閱兵」(Victory Parade)彩排發生原型車故障前，即未能通過多項操作測試；以及自2015至2019年間，其軍用飛機(戰鬥機和運輸機)肇生駭人的常態性高失事率。[97]

然而，自2008年俄羅斯—喬治亞戰爭以來，戰略性的軍事投資確保了俄羅斯傳統和灰色地帶的軍力獲得重要提升。[98] 相較於中共，俄羅斯每年的國防預算很少，更不用說與美國相比，而在這十年中，俄羅斯把軍事預算的50%(不成比例的份額)用於採購精確導引和增強型傳統打擊武器。[99] 俄羅斯利用新一代精確導引彈藥，將現有1,485架直升機機隊中的約1,000架進行性能提升，並生產1,000架新戰機或將1,500架戰機性能提升。[100] 俄羅斯軍方已經將作戰用無人飛行系統機隊擴編至2,000多架，其中大部分屬戰術性功能，而且全部都是情報和偵察型而非打擊型。到2020年，莫斯科已編列超過100億美元於發展作戰無人飛行系統計畫，並且一直積極研發具有電子戰、反衛星全球定位欺騙(counter-GPS spoofing)系統和動能偵殺(kinetic detect-and-kill)系統的反制無人飛行系統能力。[101] 這些增強性能與現代化系統可有效結合較小型、更專業和易部署的陸軍與特戰部隊現有架構，通常會與民營的俄羅斯私人軍事公司或雇傭兵部隊混編。[102] 俄羅斯還在黑海和裡海建立了小型水面艦艇和柴油動力潛艦組成的艦隊(皆配備長程海射巡弋飛彈)，並部署了一些攜帶巡弋飛彈的護衛艦。這些武器擴大了俄羅斯的軍事打擊範圍至多數歐亞大陸周邊海域。[103] 俄羅斯另計畫未來十年內在波羅的海建立一支類似艦隊。

截至2020年，俄羅斯的名目GDP僅為1.7兆美元，而中共為15兆美元，美國為22兆美元(見圖2.1)。俄羅斯是重度依賴能源出口(主要是石油和天然氣)的「單一作物經濟體」，這占其出口近60%，幾乎等同2017年莫斯科1,200億美元的貿易順差。[104] 該國對能源出口收入的依賴很高，但其在全球出口中所占比例仍低，2018年僅有2.6%。其近55%的出口產品流向歐洲，另有37%出口至亞洲的貿易夥伴，主要是中共和南韓。[105] 此外，俄羅斯的工業化水準徘徊在30%左右，遠低於其他現代經濟體，且超過20年來一直未有變化(見圖2.2)。其高科技製造業低於平均水準並持續下滑，2018年只有11%的製造業出口屬高科技產品，僅略高於美國19%的一半，中共31%的三分之一，且遠低於全球平均水準的18%。[106]

這些數字符合俄羅斯在衡量現代經濟表現的另外兩項較低排名指標：商業創新程度和全球金融市場交易份額。2018年，俄羅斯的全球創新排名在118個國家中排名第46，在過去十年中幾乎沒有改變，遠低於其他現代經濟體，此一因素限制了莫斯科因應未來快速變化實現經濟現代化的能力。2018年其在全球金融市場交易所占份額不到0.1%——遠低於其他所有現代經濟體，且據統計數字顯示，俄羅斯(除了少數與親普丁的獨裁者)沒有能力從不斷蓬勃發展的廣大全球服務經濟中獲利。俄羅斯基本上缺乏支持有效市場經濟的政治體制，其貨幣(盧布)是不可信的投資工具，而強盜權貴國家的資本主義缺乏有效的規管機制和可預測性，來形成經濟投資、交流或成長所必備的信任基礎。[107] 綜上，俄羅斯在貿易及金融與創新方面的限制，預示其無法創造永續工具於今日或未來的大國競爭中勝出。[108]

俄羅斯在意識型態共鳴和文化認同上同樣乏善可陳。藉由成功向全世界傳遞不信任西方制度和價值觀的訊息，適度提高了俄羅斯具影響力的國家地位。[109] 俄羅斯對前蘇聯國家及其「近鄰」，特別是白俄羅斯、中亞和蒙古，在語言和文化上有明顯親和力，但是俄羅斯的品牌和敘事並沒有引起更廣泛的共鳴。2018年皮尤中心的國際調查中，只有34%的全球受訪者對俄羅斯持贊同態度，而有63%的受訪者對普丁沒有信心。[110] 俄羅斯境外很少有人會說俄語、看俄羅斯電影或用俄文設計網路程式。沒有一所俄羅斯大學躋身全球前百大。普丁的俄羅斯生活方式缺乏全球吸引力。其公共衛生系統薄弱；俄羅斯男女的平均壽命比歐洲少五歲，男子更比美國少十多歲。預計到本世紀中葉，俄羅斯目前的1.45億人口將降至1.21億，這使人們懷疑俄羅斯的社會制度支撐國家的能力。[111]

儘管俄羅斯的全球負面形象及意識型態吸引力受限，但的確擁有並運用若干外交和傳播權力工具獲致良好成效。普丁的俄羅斯在近十年(或更久)一直是22個主要跨政府組織的成員(在吞併克里米亞和入侵烏克蘭東部後，在2015年遭逐出七大/八大工業國組織)。俄羅斯加入的跨政府組織包括聯合國安理會常任理事國、國際原子能總署，以及國際刑警組織。[112] 莫斯科運用此一外交權力來爭取政策利益，並說服各國承認具爭議性的政策。例如，2015年其抗議國際原子能總署年度報告的附錄將塞瓦斯塔波爾(Sevastapol)核設施列為烏克蘭所屬，堅持應把這個位於克里米亞城市的設施列歸俄羅斯。[113] 普丁的俄羅斯還透過國際刑警組織推動其偏好的國際警務和刑事問責標準。2018年底，俄羅斯提名的主席人選被西方代表團拒絕，因為莫斯科曾利用該組織打擊普丁政敵。[114]

在資訊與傳播領域，普丁的俄羅斯資助和經營了三個實體機構，以公開和祕密的方式傳播其全球觀點：俄羅斯電視臺(Russian Television, RT)、衛星通訊社與廣播電臺(Sputnik radio，簡稱衛星社)，以及網路研究社(Internet Research Agency, IRA)。三者都係其政府資助，並致力於宣傳活動和發布假訊息，目的是以破壞西方媒體和機構可信度的方式，分化和混淆非俄羅斯閱聽眾。[115] 這些工具更新並現代化蘇聯情報機構在冷戰期間所使用的技術，在今日以24種語言製作成普丁的俄羅斯觀點，特別是英語。該等機構還放大明顯虛假但令人不安的故事，因為難以反駁所以造成真假難辨的錯覺。

俄羅斯電視臺和衛星社每天產出泛濫的假訊息，靠海量轉推文與轉發這些似是而非資訊的加乘效應，對西方大部分地區產生嚴重的社會影響，並成為其他威權政體欲仿效的戰術。[116] 網路研究社由俄羅斯政府資助，祕密從事社群媒體影響力行動，並與俄羅斯軍事情報駭客部隊合作，發布有針對性的假訊息和宣傳，旨在擾亂選民的看法，操縱歐洲和美國的民主選舉。[117] 同時，普丁的俄羅斯一直在開發將俄羅斯與全球網際網路隔離的工具，並於2019年通過法律允許切斷網路連結並測試這種用來營運該國內網所需的科技。[118]

俄羅斯試圖以應對新冠病毒疫情的措施來反擊長期存在的負面人道主義形象。2020年3月底，莫斯科向遭受重創的義大利運送了一批疫情援助物資，很顯然就是為了凸顯歐盟的無所作為。普丁的人道主義舉動是否受到感激或僅被視為宣傳戰略仍有待觀察，特別是義國報導有八成俄羅斯送去的物資對他們用處不大。[119]

俄羅斯主要的權力工具及其戰略效用。儘管與美國和中共相比，普丁的俄羅斯明顯處於經濟下滑的狀態，但是2020年的俄羅斯擁有廣闊的地理環境、技術熟練的勞動力和豐沛的自然資源，足以在至少未來十年內抗衡美國的霸權和中共的崛起。其最重要的權力工具即核武器、網路科技技能、散布資訊/假資訊的能力，以及龐大的石油與天然氣儲量。俄羅斯還擁有一定的外交份量和有限的現代化軍事和及準軍事能力，可在涉及重大戰略利益的特定地區投射軍力。

俄羅斯有限的經濟和意識型態權力特質，以及強大但下滑的軍事、外交和傳播工具，使得莫斯科最有能力取得外交政策成果的範圍限縮於其近鄰地區：歐亞大陸。

在歐亞大陸以外，俄羅斯的外交、軍事和傳播能力似乎只能影響中東地區。在此莫斯科可以利用敘利亞和伊朗的軍事基地選擇性地運用其新式傳統打擊兵力──配備精確導引傳統武器，包括飛彈、旋翼與定翼攻擊機，以及陸射與海射傳統長程巡弋飛彈的傳統正規軍與傭兵。

長程由於俄羅斯的權力受限，故須避免直接與美國軍事對抗，並於未來十年在「中」俄關鍵利益一致的領域與中共達成戰術上的妥協。至少未來五年內，雙方將繼續在聯合國安理會密切合作，在網路主權和網際網路治理上採取類似立場，並利用金磚國家(巴西、俄羅斯、印度、中共和南非)集團和上海合作組織等外交框架協調共同的安全與政策立場，同時兩國應該會持續分享非核武軍事科技，並遂行象徵性、有限的聯合軍演。儘管「中」俄關係良好，俄羅斯仍會繼續出售武器和提供先進的軍事科技給與中共有領土爭端的國家，如越南和印度。

俄羅斯的相對權力主要集中在軍事領域，其工具包括令人生畏的核武庫、重要的傳統軍力投射能力，以及能有效運用灰色地帶的武裝部隊。莫斯科的資訊作戰潛力強大且缺少道德顧慮，並具備針對西方機構與組織實施破壞戰略的短期能力。然而，以俄羅斯的經濟、意識型態和政治權力工具而言，目前要成為持久的全球大國尚不夠格，而且很可能在未來五年進一步萎縮。俄羅斯的權力發展和投射在許多關鍵領域上受到嚴重限制，這使其在立即的美國/西方競爭利益上是迫切但非嚴重的威脅。這也使俄羅斯遭到質疑，能否成為大國崛起的長期挑戰者。

淨權力vs.總權力指標：較不急迫的大國權力轉移？

上述關於美國、中共和俄羅斯當今及未來權力特質的相對狀況(以第四次工業革命顛覆性科技為特色和日益普及服務經濟的未來)，是比較各國的總權力因素所得出的結論。這些權力因素是考慮國內需求和限制的內部「成本」或「稅收」之前就存在的。某些政治學家，尤以塔夫茨大學(Tufts University)的貝克利(Michael Beckley)為首，堅決主張總權力指標扭曲了真正的國力。他認為，必須超越總權力因素，並計算大國因素的淨指標，才能得出實際的國力。

貝克利製作了所謂的淨權力指標，置重點於「淨權力資源」，定義為將生產、福利和安全等成本扣除後，一國可用的資源。他的淨權力衡量方法掌握了一個事實，即人口眾多、國內面臨潛在挑戰的國家，將耗費大部分的實力資源來支持其人民和維持國內穩定，因此剩下較少的淨資源可投入外部的大國競爭。貝克利認為，對於像中共這樣的人口眾多的國家而言，總權力往往過於誇大其實際能力，而淨權力則提供了更準確的評估。他所堅持的淨權力因素可以應用於比較美「中」、美俄和「中」俄之間在過去25年的競爭指數。表2.2呈現了該應用並顯示任兩國總權力平衡和淨權力平衡間的差異，數字以百分比呈現。

低數值顯示總權力因素比較(來自「戰爭相關國家能力綜合指數」)與淨權力因素比較之間差距很小，而較高的數值顯示差距較大。[120] 2015年的計算數值顯示，俄羅斯和美國之間的淨權力與總權力差異非常吻合，這說明了在整體權力特質上的巨大差距。相對的，美國對比中共，以及俄羅斯對比中共的數值顯示巨大的差異，這代表總權力計算顯著地誇大了中共的實際權力。美「中」之間淨權力和總權力比較存在23%的差異，反映出中共在國內維穩和建軍方面須付出高昂的成本，而總權力的計算並未能把這些因素考慮在內。此一差異與貝克利對比1890至1917年間德國和俄羅斯間淨、總權力的計算數值類似，當時對總權力的計算嚴重高估了俄羅斯的權力。2015年俄「中」之間差距更高達37%，這也類似於貝克利計算1840至1910年間英國和中國之間的差異，當時英國的規模較小，而中國巨大國內安全和社會成本所致的嚴重權力衰落遭低估。這意味著，中共當代的內部挑戰和成本再次使總權力指標失真，誇大其實際的整體權力潛能。[121] 因此，運用淨權力比較就可得知，美「中」之間的大國權力轉移遠非迫在眉睫。

比較分析與影響：2020至2025年與以後

針對現代大國因素及其戰略效用的詳細檢視揭示了以下八大重點：

首先，現代大國(美國、俄羅斯和中共)將在表2.1中所列出的五大領域中展開競爭，其特點是進行某種程度的合作和協作，但是對抗的事件會愈來愈多，特別是在非軍事議題上。在競爭性較低的時代中應用於某一領域的傳統競爭工具，在大國競爭時代中將會更頻繁地運用於其他領域，以達到戰略效果。這既是國家間競爭歷史動態的回歸，也是銳實力、灰色地帶行動和地緣經濟等概念在今日經常出現的原因，而那些緊抱著老舊地緣政治概念不放的人卻把這些當成新的概念。

其次，目前最重要的總權力指標及它們未來五至十年的預測明確揭示俄羅斯是華府一個短期迫切性的安全風險，然而中共卻是對美國國家利益和其全球政策走向最重要的(儘管目前較不具威脅)大國挑戰者。美國和中共之間的淨權力比較顯示，兩國的權力轉移時間軸比一些人現在所擔憂的要長。

> 競爭很可能是多層次和互動的。沒有單一主題或模式能涵蓋全球競爭所有的複雜片段，而不同競爭類型間的縱橫交錯(一個領域的成敗如何惡化或緩和其他領域的狀況)將是相對成功的關鍵決定因素。
>
> Michael J. Mazarr et al., Understanding the Emerging Era of International Competition, RAND (2018)

第三，美國的軍事優勢(儘管不如1992至2014年的20年期間)仍然堅若磐石。美國在軍事潛力最重要的一個領域上仍無可匹敵：就是當發生危機時有能力在世界任何地方部署有效部隊。[122] 然而，如果中共或俄羅斯能夠選擇有利的政治和地理場域，進行短暫但決定性的軍事衝突，並限制美國在特定情況中完整發揮實力的能力，那麼美國的優勢就沒那麼篤定了。這在印太地區尤其如此，後續將在第五章中詳述。

第四(與第三項重點一致)，俄羅斯和中共在今天或可預見的將來，都沒有能力在與美國的長期軍事衝突中占上風。該兩國對此都心知肚明，除非發生嚴重的誤判形勢，否則從現在起到2025年，將設法避免與美國發生直接的軍事衝突。華府可以利用此一優勢採取最佳戰略，儘量採取協作、有智慧的競爭，並巧妙應對無法接受的行為和政策挑戰。在這個大國競爭的新時代，美國的軍事優勢是一項資產，但是需要在非軍事領域開發新的競爭工具。美國目前的實力使其有機會擺脫冷戰後對軍事工具的成癮，並在外交、意識型態、資訊和經濟領域的大國互動中發展出更多可替代的能力。在大國競爭的新時代，美國必須提升有效運用非軍事手段的能量和能力，才能進行有效的競爭。

第五，中共今日擁有與美國(和俄羅斯)爭奪進入全球舞臺及影響力所需的經濟和傳播/資訊權力。中共透過「一帶一路倡議」和亞投行進行外來投資，顯示其有介入能力並能施加影響力，至少在短期內是如此。長期的戰略影響仍不確定，因為北京的意識型態訊息及其經常遭批評的掠奪性經濟模式的缺點，使其可能無法在未來提供永續的影響力。中共有能力真正限制美國(或俄羅斯)在東亞、西太平洋、網路空間，以及太空的軍事活動。這些因素顯示，美國必須調整這些區域的競爭戰略，利用其意識型態和軟實力優勢，凸顯中共的缺點以影響其夥伴國家，進而削弱中共的經濟實力。

第六，俄羅斯的權力因素與其一直採取地理性、短期的戰略高度相關。莫斯科在近鄰地區(歐亞大陸)擁有明顯的軍事、經濟和傳播優勢，而且具備有限但重要的能力，可在中東地區、北極和網路空間發揮影響力。然而，2020年代起十年，俄羅斯的經濟、意識型態和政治挑戰很可能會侵蝕其權力工具，使其影響力無法超越近鄰地區。欲與俄羅斯競爭，美國的適當作法可能是在俄羅斯周邊強化自己的軟實力和嚇阻態勢，同時採取更強勢的競爭(必要時進行非軍事對抗)以預防莫斯科利用全球制度和傳播架構破壞世界其他地區的公開性、透明及真實性。

第七，綜合歸納大國的戰略利益及當前與未來權力潛能，可明確得知，俄羅斯在短期內是美國危險的戰略競爭者，如果因誤判導致軍事衝突，有可能對美國和世界造成巨大的軍事損害。中共在短期內威脅不大，但它是擁有戰略利益和漸增權力的大國，能夠大幅改變美國及其西方盟邦在國際互動中所偏好的現行規範、規則和程序。華府應該採取相應手段對付每一個大國。在2020至2025年，華府必須選擇是否、在何領域，以及如何競爭。直言之，今日美國可以下定決心與大國對手進行競爭或對抗，以維持其全球地位和當前國際秩序的既有規則、規範、制度以及聯盟，或者放棄全球秩序的領導地位，讓一個更強大的中共擴大對其有利的全球規則、規範和制度。前一種作法的確會承擔風險，但後者也不必然能避免軍事對抗，特別是如果美國日益無法接受中共色彩的世界秩序時。[123]

最後，過去的表現並不能保證未來的結果。美國、中共和俄羅斯都各自面臨重大內部結構、經濟與人口挑戰。[124] 每一國的政治領導人在應對這些國內動態與國際挑戰上所做的選擇，將決定其未來擁有的權力和今後可能採取的政策選擇。

註釋

1. 其他文獻中對權力的不同解讀，特別可參閱David Baldwin, *Paradoxes of Power* (New York: Bail Blackwell, 1989). 本章先將權力視為物質資源，再來才是實現目的的能力，相同論點，請參閱Stephen G. Brooks and William C. Wohlforth, *America Abroad: The United States' Global Role in the 21st Century* (Oxford: Oxford University Press, 2016).
2. 此操作定義源於Thomas J. Volgy et al., "Major Power Status in International Politics," in *Major Powers and the Quest for Status in International Politics: Global and Regional Perspectives*, ed. Thomas J. Volgy et al. (New York: Palgrave Macmillan, 2011), 1-26. 該定義綜合了其他幾個經典的大國地位定義，包括史上著名的文獻如下：J. David Singer and Melvin Small, "Formal Alliances, 1815-1939: A Quantitative Description," *Journal of Peace Research* 3, no. 1 (March 1966); Jack Levy, *War in the Modern Great Power System: 1495-1975* (Lexington: University Press of Kentucky, 1983); John J. Mearsheimer, *The Tragedy of Great Power Politics* (New York: Norton, 2001); and Benjamin O. Fordham, "Who Wants to Be a Major Power? Explaining the Expansion of Foreign Policy Ambition," *Journal of Peace Research* 48, no. 5 (2011), 587-603.
3. 以具誤導性的GDP為基準而獲得整體國力下降的評估，請參閱Brooks and Wohlforth, *America Abroad*, 14-47.
4. 例如，2017年美國運用智慧財產權所獲收益為1, 270億美元，而中共僅為48億美元。有關美國非製造業經濟優勢在GDP和其他經濟指標占比偏低的議題，請參閱Thomas J. Wright, *All Measures Short of War: The Contest for the Twenty-First Century and the Future of American Power* (New Haven: Yale University Press, 2017), 165-168; Brooks and Wohlforth, *America Abroad*, 14-15. 有關2017年全球智慧財產權運用的收入數據比較，請參閱 "Charges for the Use of Intellectual Property, Receipts (BOP, Current US$)-China, World, United States, East Asia & Pacific," World Bank, available at <https://data.worldbank.org/indicator/BX.GSR.ROYL.CD?end=2017&locations=CN-1W-US-Z4&start=2000>.
5. Wright, *All Measures Short of War*, 165.
6. Ibid., 165-168.
7. Ibid.
8. 見解來自Michael Beckley, "The Power of Nations: Measuring What Matters,"

International Security 43, no. 2 (Fall 2018), 8-9，他主張運用淨權力指標(權力資產減去權力責任)。有關史上運用總權力指標相關國力衡量之理論與實踐，請參閱Paul M. Kennedy, *The Rise and Fall of the Great Powers: Economic Change and Military Conflict from 1500 to 2000* (New York: Random House, 1987); John Mearsheimer, *The Tragedy of Great Power Politics* (New York: Norton, 2014), 55-138; Joseph Nye, Jr., *The Future of Power* (New York: PublicAffairs, 2011), 25-81; Ashley J. Tellis et al., *Measuring Power in the Postindustrial Age* (Santa Monica, CA: RAND, 2000), 1-33; Beckley, "The Power of Nations," 8-12.

9. 此新指數是基於一個前提，即儘管GDP系統性誇大了貧窮和人口眾多國家的財富與軍事能力(因為其在計算國家資源時並未扣除相關治安、保護和服務人民的成本)，謹慎的軍事研究仍顯示，一國的人均GDP愈高，其作戰效能就愈強。原因是蓬勃的庶民經濟有助國家生產先進的武器、培訓熟練的軍事人員，以及管理複雜的武器系統。人均GDP提供了粗略但可靠的指標，能衡量經濟和軍事方面的效率。新指標在進行權力比較之前，透過加乘GDP和人均GDP來減少扭曲，請參閱Beckley, "The Power of Nations," 14-19; Michael Beckley, "Economic Development and Military Effectiveness," *Journal of Strategic Studies* 33, no. 1 (February 2010), 43-79.
10. Jeff Desgardins, "The $86 Trillion World Economy－In One Chart," *World Economic Forum*, September 10, 2019, available at <www.weforum.org/agenda/2019/09/fifteen-countries-represent-three-quarters-total-gdp/>; Rob Smith, "The World's Biggest Economies in 2018," World Economic Forum, April 18, 2018, available at <www.weforum.org/agenda/2018/04/the-worlds-biggest-economies-in-2018/>.
11. Desgardins, "The $86 Trillion World Economy."
12. "The Benefits of International Trade," U.S. Chamber of Commerce, available at <www.uschamber.com/international/international-policy/benefits-international-trade>.
13. Ken Roberts, "In Top 10 U.S. Exports for 2017, 3 Countries Keep Popping Up: China, Canada and Mexico," *Forbes*, February 28, 2018, available at <www.forbes.com/sites/kenroberts/2018/02/28/in-top-10-u-s-exports-for-2017-three-countries-keep-popping-up-china-canada-and-mexico/#3965f39860d3>.
14. World Bank, "High-Technology Exports (% of Manufactured Exports)," available at <https://data.worldbank.org/indicator/TX.VAL.TECH.MF.ZS?view=chart>.

15. Ken Roberts, "China Trade War Losses at $84 Billion and Counting－Does New Data Suggest Tide Turning Toward U.S.?" *Forbes*, December 16, 2019, available at <www.forbes.com/sites/kenroberts/2019/12/16/china-trade-war-losses-at-84-billion-and-counting-does-new-data-suggest-tide-turning-toward-us/#35c3b543bd40>. 顯然，2019至2020年新冠病毒造成的全球經濟混亂使這場貿易戰相形失色。
16. Steve Liesman, "Trade War Losses for the U.S. and China Grow into the Tens of Billions of Dollars," CNBC, November 5, 2019, available at <www.cnbc.com/2019/11/05/trade-losses-for-the-us-china-mount-into-tens-of-billions-of-dollars.html>.
17. 請參閱*Economic and Trade Agreement Between the Government of the United States of America and the Government of the People's Republic of China* (Washington, DC: Office of the U.S. Trade Representative, 2020), available at <https://ustr.gov/sites/default/files/files/agreements/phase%20one%20agreement/Economic_And_Trade_Agreement_Between_The_United_States_And_China_Text.pdf>.
18. 2018年，美國金融市場對美國名目GDP貢獻了7.4%(1.5兆美元)，而這相當於同年俄羅斯的總經濟規模，請參閱 "Financial Services Spotlight: The Financial Services Industry in the United States," *Select USA*, n.d., available at <https://www.selectusa.gov/financial-services-industry-united-states>.
19. 本段和前段所使用的經濟數據皆來自線上數據(除非有另外註明)：<https://ndupress.ndu.edu/Contemporary-GPC-Dynamics-Matrix/>.
20. 2014年，美國財政部實施了約6,000次金融制裁；到2018年底，已達7,967次，請參閱Cathy Gilsinan, "A Boom Time for U.S. Sanctions," *The Atlantic*, May 3, 2019, available at <www.theatlantic.com/politics/archive/2019/05/why-united-states-uses-sanctions-so-much/588625/>.
21. Ibid.
22. *Foreign Holdings of Federal Debt*, RS22331 (Washington, DC: Congressional Research Service, July 26, 2019), available at <https://fas.org/sgp/crs/misc/RS22331.pdf>.
23. 雖然不是沒有經濟痛苦和政治風險，但是美國已經制定了可行的計畫，來減少國債和伴隨而來的未來權力風險。最近較著名的就是所謂的「辛普森—鮑爾斯計畫」(Simpson-Bowles Plan)，請參閱Kevin Robillard, "Report: New Simpson-Bowles Plan," *Politico*, February 19, 2013, available at <www.politico.com/story/2013/02/report-new-

simpson-bowles-plan-087769>.

24. Mark E. Cancian, “U.S. Military Forces in FY 2020: The Strategic and Budget Context,” Center for Strategic and International Studies (CSIS), September 30, 2019, available at <www.csis.org/analysis/us-military-forces-fy-2020-strategic-and-budget-context?gclid =CjwKCAiAuqHwBRAQEiwAD-zr3W5VXp25g3B_08uUJYHBc5_q9z58pywaOs_ SZD5HGS-xRlobyECggxoC2dEQAvD_BwE>.
25. 所有美軍資料來自“Chapter 2: Comparative Defence Statistics,” in *The Military Balance* (London: Institute of International Strategic Studies [IISS], 2019).
26. Zachary Morris, “U.S. Drones: Smaller, Less Capable Drones for the Near Future,” *Military Review* (May-June 2018), available at <https://www.armyupress.army.mil/Journals/ Military-Review/English-Edition-Archives/May-June-2018/US-Drones-Smaller-Less-Capable-Drones-for-the-Near-Future/>.
27. Laura Silver, “U.S. Is Seen as Top Ally in Many Countries－But Others View It as a Threat,” Pew Research Center, December 5, 2019, available at <www.pewresearch.org/ fact-tank/2019/12/05/u-s-is-seen-as-a-top-ally-in-many-countries-but-others-view-it-as-a-threat/>.
28. 美國武器的轉移有附帶安全保證，基本上若有問題會提供外交和軍事援助，請參閱 *SIPRI Yearbook 2019: Armaments, Disarmament and International Security－Summary* (Stockholm: Stockholm International Peace Research Institute [SIPRI], March 2019), 6-9, available at <www.sipri.org/sites/default/files/2019-06/yb19_summary_eng.pdf>.
29. “U.S. Arms Sales and Defense Trade,” fact sheet, Department of State, May 21, 2019, available at <https://www.state.gov/u-s-arms-sales-and-defense-trade/>. 許多分析家質疑軍事援助和軍售計畫的戰略價值。例如，請參閱Mara Karlin, “Why Military Assistance Programs Disappoint,” *Foreign Affairs* (November/December 2017), <www.brookings.edu/ articles/why-military-assistance-programs-disappoint/>.
30. “Diplomatic Dashboard,” available at <http://diplodash.pardee.du.edu/>.
31. 有關此概念，請參閱John Ikenberry, “State Power and the Institutional Bargain: America's Ambivalent Economic and Security Multilateralism,” in U.S. *Hegemony and International Organizations: The United States and Multilateral Institutions*, ed. Rosemary Foot, S. Neil MacFarlane, and Michael Mastanduno (Oxford: Oxford University Press, 2003).

32. Dina Smeltz et al., *America Engaged: American Public Opinion and U.S. Foreign Policy* (Chicago: The Chicago Council on Global Affairs, 2018), available at <www.thechicagocouncil.org/sites/default/files/report_ccs18_america-engaged_181002.pdf>.
33. Stewart M. Patrick, "President Trump and the Future of Global Governance," Council on Foreign Relations, January 31, 2017, available at <www.cfr.org/blog/president-trump-and-future-global-governance>.
34. Jacob Poushter and Kristen Bialik, "Around the World, Favorability of the U.S. and Confidence in Its President Decline," Pew Research Center, June 26, 2017, available at <www.pewresearch.org/fact-tank/2017/06/26/around-the-world-favorability-of-u-s-and-confidence-in-its-president-decline/>.
35. 請參閱Martha Bayles, "How the World Perceives the New American Dream," *The Atlantic*, October 10, 2015, available at <www.theatlantic.com/international/archive/2015/10/american-dream-world-diplomacy/410080/>. 值得注意的是，自冷戰以來美國政府就不曾在國際上推動過這種「夢想」，請參閱Thomas G. Mahnken, *Forging the Tools of 21st Century Great Power Competition* (Washington, DC: Center for Strategic and Budgetary Assessments, 2020), 30-31, 37.
36. Lane Crothers, *Globalization and American Popular Culture, Vol. 4* (New York: Rowman and Littlefield, 2017).
37. Tsedal Neely, "Global Business Speaks English," *Harvard Business Review* (May 2012), available at <https://hbr.org/2012/05/global-business-speaks-english>.
38. "One of America's Most Vital Exports, Education, Never Goes Abroad, but It Still Faces Threats," *New York Times*, January 3, 2019, available at <www.nytimes.com/2019/01/03/magazine/one-of-americas-most-vital-exports-education-never-goes-abroad-but-it-still-faces-threats.html>.
39. *China's National Defense in the New Era* (Beijing: The State Council Information Office of the People's Republic of China, July 2019), 5-7; Joel Wuthnow, *Chinese Perspectives on the Belt and Road Initiative: Strategic Rationales, Risks and Implications*, China Strategic Perspectives 12 (Washington, DC: NDU Press, October 2017), 9.
40. Bayles, "How the World Perceives the New American Dream."
41. Ibid.; Mahnken, *Forging the Tools of 21st Century Great Power Competition*, 30-31.

42. Mahnken, *Forging the Tools of 21st Century Great Power Competition*, 31.
43. 截至2020年初，全球公共事務局的主管尚未政治任命，顯示其在美國外交領域中的特殊地位，請參閱Bureau of Global Public Affairs (Web site), Under Secretary for Public Diplomacy and Public Affairs, U.S. Department of State, available at <https://www.state.gov/bureaus-offices/under-secretary-for-public-diplomacy-and-public-affairs/bureau-of-global-public-affairs/>.
44. Bayles, "How the World Perceives the New American Dream."
45. See Global Engagement Center (Web site), Department of State, available at <https://www.state.gov/bureaus-offices/under-secretary-for-public-diplomacy-and-public-affairs/global-engagement-center/>.
46. Brandi Vincent, "Laser-Linked Satellites Could Deliver 'Internet from Space,'" *Nextgov*, December 20, 2019, available at <www.nextgov.com/emerging-tech/2019/12/laser-linked-satellites-could-deliver-internet-space/162009/>.
47. *China and the World in the New Era* (Beijing: The State Council Information Office of the People's Republic of China, September 2019), 4.
48. Desgardins, "The $86 Trillion World Economy"; Rob Smith, "The World's Biggest Economies in 2018."
49. Central Intelligence Agency, "China," *World Factbook*, available at <https://www.cia.gov/library/publications/the-world-factbook/geos/ch.html>; Malcolm Scott and Cedric Sam, "Here's How Fast China's Economy Is Catching Up to the U.S.," *Bloomberg*, May 21, 2019, available at <www.bloomberg.com/graphics/2016-us-vs-china-economy/>.
50. Li Fuxian, "Why Ageing China Won't Overtake the U.S. Economy as the World's Biggest—Now or in the Future," *South China Morning Post* (Hong Kong), March 29, 2019, available at <www.scmp.com/comment/insight-opinion/article/3003524/ageing-china-simply-cannot-overtake-us-economy-worlds>.
51. Yen Nee Lee, "McKinsey Research Finds the World Becoming More Exposed to China—But Not the Reverse," CNBC, July 21, 2019, available at <www.cnbc.com/2019/07/15/mckinsey-world-has-become-more-exposed-to-china-but-not-the-reverse.html>.
52. Jonathan Woetzel et al., *China and the World: Inside the Dynamics of a Changing Relationship* (Washington, DC: McKinsey Global Institute, July 2019), i-ii.

53. World Bank, "High-Technology Exports (% of Manufactured Exports)."
54. Liesman, "Trade War Losses for the U.S. and China Grow into the Tens of Billions of Dollars."
55. "What's in the U.S.-China Phase 1 Trade Deal," Reuters, January 15, 2020, available at <www.reuters.com/article/us-usa-trade-china-details-factbox/whats-in-the-us-china-phase-1-trade-deal-idUSKBN1ZE2IF>.
56. Robert D. Atkinson and Caleb Foote, *Is China Catching Up to the United States in Innovation?* (Washington, DC: Information Technology and Innovation Foundation, April 2019), available at <http://www2.itif.org/2019-china-catching-up-innovation.pdf>.
57. 除非另有註明，本段所引用的經濟數據皆來自線上數據，請參閱<https://ndupress.ndu.edu/Contemporary-GPC-Dynamics-Matrix/>.
58. Wayne M. Morrison, *China's Economic Rise: History, Trends, Challenges, and Implications for the United States*, RL33534 (Washington, DC: Congressional Research Service, updated June 25, 2019), 16, available at <https://fas.org/sgp/crs/row/RL33534.pdf>.
59. Derek Scissors, *China's Global Investing in 2019: Going Out Goes Small* (Washington, DC: American Enterprise Institute, January 2020), available at <www.aei.org/wp-content/uploads/2020/01/Chinas-global-investment-in-2019-1.pdf>.
60. U.S. Department of the Treasury, "Major Foreign Holders of Treasury Securities," January 2020, available at <https://ticdata.treasury.gov/Publish/mfh.txt>.
61. 在發展中國家，中共藉由開發融資來換取政治影響力；在新興中等經濟體，中共利用國有企業和投資基金購買販售標的；在大型先進經濟體中，中共運用國家支持的基金和中國大陸私人投資者購買大型企業股票，一方面獲取經濟收益，另一方面減少對中共投資目標與成果和全球影響力的懷疑態度，請參閱Frank Mouritz, "China's Economic Coercion," in *China's Global Influence: Perspectives and Recommendations*, ed. Scott D. McDonald and Michael C. Burgoyne (Honolulu: Asia-Pacific Center for Security Studies, 2019), 174-189.
62. 請參閱 Phillip C. Saunders et al., eds., *Chairman Xi Remakes the PLA: Assessing Chinese Military Reforms* (Washington, DC: NDU Press, 2019).
63. 請參閱 Denis Blasko, "The Biggest Loser in Chinese Military Reforms: The PLA Army," in Saunders et al., *Chairman Xi Remakes the PLA*, 357-365.

64. 預備役部隊、戰車、步兵戰鬥車和裝甲運兵車的數量來自*The Military Balance 2020* (London: IISS, 2020), 260.
65. 艦艇的數量出自於*The Military Balance 2020*, 262-263. 並請參閱 Andrew Erickson, "Power vs. Distance: China's Global Maritime Interests and Investments in the Far Seas," in *Strategic Asia 2019: China's Expanding Strategic Ambitions*, ed. Ashley J. Tellis, Alison Szalwinski, and Michael Wills (Washington, DC: National Bureau of Asian Research, 2019), 247-277; and Defense Intelligence Agency (DIA), *China Military Power 2019* (Washington, DC: DIA, 2019), appendix B.
66. 飛機的數量出自於*The Military Balance 2020*, 265; DIA, *China Military Power 2019*, appendix C; also see Richard P. Hallion, Roger Cliff, and Phillip C. Saunders, eds., *The PLA Air Force: Evolving Concepts, Roles, and Capabilities* (Washington, DC: NDU Press, 2012).
67. Rick Joe, "China's Growing High-End Military Drone Force," *The Diplomat*, November 27, 2019, available at <https://thediplomat.com/2019/11/chinas-growing-high-end-military-drone-force/>.
68. 洲際彈道飛彈、中長程彈道飛彈和中程彈道飛彈的數量出自於*The Military Balance 2020*, 259; DIA, *China Military Power 2019*, appendix D; 並請參閱David C. Logan, "Making Sense of China's Missile Forces," in Saunders et al., *Chairman Xi Remakes the PLA*, 393-436.
69. Phillip C. Saunders and Jiunwei Shyy, "China's Military Diplomacy," in McDonald and Burgoyne, *China's Global Influence*, 209-210.
70. Ibid., 214-216; also see Phillip C. Saunders, "China's Global Military-Security Interactions," in *China and the World*, ed. David Shambaugh (New York: Oxford University Press, 2020), 181-207.
71. "Military Expenditure by Country, in Constant (2017) US$ m., 1988-2018," SIPRI Military Expenditure Database, available at <www.sipri.org/sites/default/files/Data%20for%20all%20countries%20from%201988%E2%80%932018%20in%20constant%20%282017%29%20USD%20%28pdf%29.pdf>.
72. Pieter D. Wezeman et al., " Trends in International Arms Transfers," SIPRI fact sheet, March 2019, available at <www.sipri.org/publications/2019/sipri-fact-sheets/trends-

international-arms-transfers-2018>.

73. 自2008年以來，中共販售的傳統武器有61.3%銷往巴基斯坦、孟加拉和緬甸，另外14%的武器則賣給其他亞洲國家，請參閱 "How Dominant Is China in the Global Arms Trade?" *China Power*, available at <https://chinapower.csis.org/china-global-arms-trade/>.
74. *Annual Report to Congress: Military and Security Developments Involving the People's Republic of China 2019* (Washington, DC: Office of the Secretary of Defense, 2019), 27-28, available at <https://media.defense.gov/2019/May/02/2002127082/-1/-1/1/2019_CHINA_MILITARY_POWER_REPORT.pdf>.
75. 中共在吉布地(Djibouti)建立了一個海外後勤支援設施，但不太可能用來支持作戰行動。
76. *Assessment on U.S. Defense Implications of China's Expanding Global Access* (Washington, DC: Department of Defense, December 2018), available at <https://media.defense.gov/2019/Jan/14/2002079292/-1/-1/1/EXPANDING-GLOBAL-ACCESS-REPORT-FINAL.PDF> ; see Joel Wuthnow, Phillip C. Saunders, and Ian Burns McCaslin, "PLA Joint Operations in the Far Seas," in *Going Global? The People's Navy in a Time of Strategic Transformation*, ed. Ryan Martinson and Andrew Erickson (Newport, RI: Naval War College Press, forthcoming).
77. *The Military Balance 2020*, 234.
78. 請參閱Katherine Morton, "China's Global Governance Interactions," in Shambaugh, *China and the World*, 156-180.
79. "Diplomatic Dashboard."
80. 2017年以來，中共一直試圖把自己描繪成負責任的替代性大國，強調支持國際協定，包括「巴黎協定」和「聯合全面行動計畫」(伊朗核協定)，並申明對聯合國的承諾。2017年1月習近平在日內瓦的聯合國歐洲總部發表講話，反對孤立主義和貿易保護主義，並將北京的地位置於聯合國所監督的國際事務中心。值得注意的是，維權人士和其他非政府組織遭禁止出席其演講，請參閱 Colum Lynch and Elias Groll, "As U.S. Retreats from World Organizations, China Steps In to Fill the Void," *Foreign Policy*, October 6, 2017, available at <https://foreignpolicy.com/2017/10/06/as-u-s-retreats-from-world-organizations-china-steps-in-the-fill-the-void/>.
81. Jonathan G. Odom, "Understanding China's Legal Gamesmanship in the Rules-Based

Global Order," in McDonald and Burgoyne, *China's Global Influence*, 190-206.

82. 請參閱 John Ikenberry and Darren J. Lim, *China's Emerging Institutional Statecraft* (Washington, DC: The Brookings Institution, April 2017), available at <www.brookings.edu/wp-content/uploads/2017/04/chinas-emerging-institutional-statecraft.pdf>.
83. Ritika Passi, "China's BRI in Doldrums: Multilateralism to the Rescue? " *ORF Online*, October 10, 2018, available at <www.orfonline.org/expert-speak/bri-china-doldrums-multilateralism-rescue-44893/>.
84. Benjamin Wermund, "Chinese-Funded Institutes on U.S. College Campuses Condemned in Senate Report," *Politico*, February 27, 2019, available at <www.politico.com/story/2019/02/27/china-college-confucius-institutes-1221768>.
85. Laura Silver, Kat Devlin, and Christine Huang, "People Around the Globe Are Divided in Their Opinions of China," Pew Research Center, December 5, 2019, available at <www.pewresearch.org/fact-tank/2019/12/05/people-around-the-globe-are-divided-in-their-opinions-of-china/>.
86. "How Are Global Views on China Trending?" CSIS, December 20, 2019, available at <https://chinapower.csis.org/global-views/>.
87. Shaun Breslin, "*China's Global Cultural Interactions,*" in Shambaugh, *China and the World*, 137-155; Institute of International Education, "Project Atlas: China," available at <www.iie.org/en/Research-and-Insights/Project-Atlas/Explore-Data/China>; George Gao, "Why Is China So . . . Uncool?" *Foreign Policy*, March 8, 2017, available at <https://foreignpolicy.com/2017/03/08/why-is-china-so-uncool-soft-power-beijing-censorship-generation-gap/>.
88. Anthony H. Cordesman, *China and the United States: Cooperation, Competition, and/or Conflict* (Washington, DC: CSIS, October 2019), available at <www.csis.org/analysis/china-and-united-states-cooperation-competition-andor-conflict>.
89. 關於新冠病毒能否或如何發揮中共優勢，請參閱Kurt M. Campbell and Rush Doshi, "The Coronavirus Could Reshape Global Order," *Foreign Affairs*, March 18, 2020, available at <www.foreignaffairs.com/articles/china/2020-03-18/coronavirus-could-reshape-global-order>; Mira Rapp-Hooper, "China, America, and the International Order After the Pandemic," *War on the Rocks*, March 24, 2020, available at <https://warontherocks.

com/2020/03/china-america-and-the-international-order-after-the-pandemic/>.

90. Michael Kofman, “Raiding and International Brigandry: Russia’s Strategy for Great Power Competition,” *War on the Rocks*, June 14, 2018, available at <https://warontherocks.com/2018/06/raiding-and-international-brigandry-russias-strategy-for-great-power-competition/>.

91. 有關俄羅斯在戰略和資源基礎受限下仍表現超標的各方結論，請參閱Christopher S. Chivvis, *Understanding Russian ‘Hybrid Warfare’ and What Can Be Done About It* (Santa Monica, CA: RAND, 2017), available at <www.rand.org/content/dam/rand/pubs/testimonies/CT400/CT468/RAND_CT468.pdf>; Nadezda Arbatova, “Three Faces of Russia’s Neo-Eurasianism,” *Survival* 61, no. 6 (December 2019-January 2020), 7-24; Eugene Rumer and Richard Sokolsky, *Thirty Years of U.S. Policy Toward Russia: Can the Vicious Circle Be Broken?* (Washington, DC: Carnegie Endowment for International Peace, June 20, 2019), available at <https://carnegieendowment.org/2019/06/20/thirty-years-of-u.s.-policy-toward-russia-can-vicious-circle-be-broken-pub-79323>.

92. 美俄《削減戰略武器條約》的修訂將兩國戰略部署的核彈頭數量限縮於2018年2月前的1,600枚。2020年4月，俄羅斯估計擁有1,572枚、美國1,600枚戰略核武器，請參閱Hans M. Kristensen and Matt Korda, *Status of World Nuclear Forces* (Washington, DC: Federation of American Scientists, April 2020), available at <https://fas.org/issues/nuclear-weapons/status-world-nuclear-forces/>.

93. “Strategic Rocket Forces,” *Russian Strategic Nuclear Forces*, June 2017, available at <http://russianforces.org/missiles/>; and DIA, Russia Military Power: Building a Military to Support Great Power Aspirations (Washington, DC: DIA, 2016), 47.

94. Hans M. Kristensen and Matt Korda, “Russian Nuclear Forces, 2019,” *Bulletin of the Atomic Scientists* 75, no. 2 (March 2019), available at <www.tandfonline.com/doi/full/10.1080/00963402.2019.1580891>.

95. Michael Kofman, “Emerging Russian Weapons: Welcome to the 2020s (Part 1-Kinzhal, Sarmat, 4202),” *Russian Military Analysis*, March 4, 2018, available at <https://russianmilitaryanalysis.wordpress.com/2018/03/04/emerging-russian-weapons-welcome-to-the-2020s-part-1-kinzhal-sarmat-4202/>; Matthew Bodner, “Russia Releases Video of Its Modernized Ballistic Missile Defense System,” Defense News, February 20, 2018,

available at <https://www.defensenews.com/land/2018/02/20/russia-releases-video-of-its-modernized-ballistic-missile-defense-system/>.

96. 軍力數據來自 "Chapter 2: Comparative Defence Statistics," in *The Military Balance*.

97. Mark Epizkopos, "Is Russia's Only Aircraft Carrier Doomed?" *The National Interest*, November 16, 2019, available at <https://nationalinterest.org/blog/buzz/russias-only-aircraft-carrier-doomed-97246>; "Russia's T-14 Armata Tank Is Amazing (But There Is a Big Problem)," *The National Interest*, April 6, 2019, available at <https://nationalinterest.org/blog/buzz/russias-t-14-armata-tank-amazing-there-big-problem-51022>; "Russia's Most Advanced SU-57 Fighter Jet Suffers First Crash," Reuters, December 24, 2019, available at <www.reuters.com/article/us-russia-airplane-crash/russias-most-advanced-su-57-fighter-jet-suffers-first-crash-idUSKBN1YS164>.

98. Kofman, "Emerging Russian Weapons-Part 1."

99. 俄羅斯2018年的軍事開支為440億美元(和法國相同，但其經濟規模僅相當於西班牙)，該數字僅為中共軍事支出的20%、美國的6%，請參閱 Richard Connolly, *Russian Military Expenditure in Comparative Perspective: A Purchasing Power Parity Estimate*, CNA Occasional Paper (Alexandria, VA: CNA, October 2019), 7-8.

100. Richard Connolly and Michael Kofman, "Russian Defense Expenditure and Military Modernization: How Much Does the Military Spend?" video, CSIS Discussion Event, December 4, 2019, available at <www.csis.org/events/russian-defense-expenditure-and-military-modernization>.

101. David Oliver, "Russia's Rapid UAV Expansion," *Armada International*, March 22, 2019, available at <https://armadainternational.com/2019/03/russias-rapid-uav-expansion/>; Nikolai Novichkov, "Russia Develops Multilayered C-UAS Systems," *Janes*, November 29, 2019, available at <www.janes.com/article/92922/russia-develops-multilayered-c-uas-system>.

102. 最著名的俄羅斯雇傭兵為瓦格納集團(Wagner Group)，但近年來競爭對手如雨後春筍般出現，包括「愛國者」(Patriot)和「盾牌」(Shield)的部隊。研究分析發現，這些公司不是完整的準軍事實體，而是高度個人化和派系主義分裂的實體，並屈從於其領導人與普丁的個人關係和交易暗盤，請參閱Neil Hauer, "The Rise and Fall of a Russian Mercenary Army," *Foreign Policy*, October 6, 2019, available at <https://foreignpolicy.

com/2019/10/06/rise-fall-russian-private-army-wagner-syrian-civil-war/>; Nathaniel Reynolds, *Putin's Not-So-Secret Mercenaries: Patronage, Geopolitics, and the Wagner Group* (Washington, DC: Carnegie Endowment for International Peace, July 8, 2019), available at <https://carnegieendowment.org/2019/07/08/putin-s-not-so-secret-mercenaries-patronage-geopolitics-and-wagner-group-pub-79442>.

103. Nikiolai Sokov, *Russia's New Conventional Capability: Implications for Eurasia and Beyond*, PONARS Eurasia Policy Memorandum No. 472 (Washington, DC: Elliott School of International Affairs, May 2017), available at <www.ponarseurasia.org/memo/russias-new-conventional-capability-implications-eurasia-and-beyond>.

104. "Russia," *OEC World Profile*, 2018, available at <https://oec.world/en/profile/country/rus/>.

105. 請參閱 Daniel Workman, "Russia's Top Trading Partners," *World's Top Exports*, November 30, 2019, available at <www.worldstopexports.com/russias-top-import-partners/>.

106. The World Bank, "High-Technology Exports (% of Manufactured Exports)－United States, Russian Federation," available at <https://data.worldbank.org/indicator/TX.VAL.TECH.MF.ZS?locations=US-RU>.

107. Joseph S. Nye, Jr., "How to Deal with a Declining Russia," *The Strategist*, November 6, 2019, available at <www.aspistrategist.org.au/how-to-deal-with-a-declining-russia/>.

108. 除非另有註明，否則本段所引用的經濟數字皆來自線上數據，請參閱<https://ndupress.ndu.edu/Contemporary-GPC-Dynamics-Matrix/>.

109. Clark Letterman, "Image of Putin, Russia Suffers Internationally," Pew Research Center, December 6, 2018, available at <www.pewresearch.org/global/2018/12/06/image-of-putin-russia-suffers-internationally/>.

110. Ibid.

111. Angela Dewan, "Russia vs. U.S.: Where Is Life Better?" CNN, March 14, 2018, available at <www.cnn.com/2018/03/14/europe/russia-us-election-compare-intl/index.html>.

112. "Diplomatic Dashboard."

113. "Russia Wants IAEA to Recognize Crimea's Legal Status," *World Nuclear News*, June 10, 2015, available at <www.world-nuclear-news.org/NP-Russia-wants-IAEA-to-recognise-Crimeas-legal-status-10061501.html>.

114. Ann M. Simmons, "Russian Is Nominated to Lead Interpol, Alarming Western Officials,"

Wall Street Journal, November 20, 2018, available at <www.wsj.com/articles/russian-is-nominated-to-lead-interpol-alarming-western-officials-1542723109>.

115. Elizabeth Flock, "After a Week of Russian Propaganda, I Was Questioning Everything," PBS, May 2, 2018, available at <www.pbs.org/newshour/arts/after-a-week-of-russian-propaganda-i-was-questioning-everything>.

116. Robert Elliott, "How Russia Spreads Disinformation via RT Is More Nuanced Than We Realize," *The Guardian*, July 26, 2019, available at <www.theguardian.com/commentisfree/2019/jul/26/russia-disinformation-rt-nuanced-online-ofcom-fine>.

117. Alina Polyakova, "What the Mueller Report Tells Us About Russian Influence Operations," *Lawfare*, April 19, 2019, available at <www.lawfareblog.com/what-mueller-report-tells-us-about-russian-influence-operations>; Robert S. Mueller III, *Report on the Investigation into Russian Interference in the 2016 Presidential Election—Volume I* (Washington, DC: Department of Justice, March 2019), available at <www.justice.gov/storage/report.pdf>.

118. Patrick Tucker, "Russia Will Test Its Ability to Disconnect from the Internet," *Defense One*, October 24, 2019, available at <www.defenseone.com/technology/2019/10/russia-will-test-its-ability-disconnect-internet/160861/>.

119. Isabel Togoh, "From Russia with Love? Putin's Medical Supplies Gift to Coronavirus-Hit Italy Raises Questions," *Forbes*, March 26, 2020, available at <https://www.forbes.com/sites/isabeltogoh/2020/03/26/from-russia-with-love-putins-medical-supplies-gift-to-coronavirus-hit-italy-raises-questions/#313feeed4a47>.

120. 「國家能力綜合指數」(Composite Index of National Capability, CINC)是美國密西根大學在1963年起進行的「戰爭相關」(Correlates of War, COW)計畫所運用的總國力(不是淨國力)統計方法。該指數使用六個不同的平均百分比，分別代表經濟、人口和軍事實力來計算相對權力的「國家能力綜合指數」數值。這六個組成數值係國家總人口比例、國家城市人口比例、國家鐵鋼產量比例、主要能源消耗比例、軍事支出比例，以及軍事人員比例。有關「戰爭相關」計畫，請參閱<http://www.correlatesofwar.org/data-sets/national-material-capabilities>.

121. 有關歷史比較數值，請參閱Beckley, "The Power of Nations," 22-25.

122. 此結論與懷特(Thomas J. Wright)於《未達戰爭程度之一切手段》(*All Measures Short of War*)，頁166所述一致。然而，懷特的結論內容係側重於美國在「延長」軍事衝突中的優勢,這是俄羅斯和中共今日皆不願與美國對抗的形式。本章第三項重點則指出,中共或俄羅斯今日可能在其領土附近的軍事衝突中占上風,在此美國的完整權力優勢可能無法得到發揮。

123. 此處的「無法接受」指涉本書對大國競爭歷史回顧的第五項重點「不可改變和無法抵禦的」:「衝突(戰爭)爆發最可信的指標,係一方或雙方都認識到經濟和軍事權力相對一致的轉變,而這種轉變被認為是不可改變和無法抵禦的。」

124. Anthony H. Cordesman, *China and the U.S.: Cooperation and/or Conflict: An Experimental Assessment－Part Two: China's Emerging Economic Power*, with Max Molog (Washington, DC: CSIS, October 2019), 3, available at <https://csis-prod.s3.amazonaws.com/s3fs-public/publication/191001_China_Grand_Strategy_Part%202_.pdf>

第三章

新興資訊科技與大國競爭

安德烈斯(Richard Andres)

在過去幾十年裡,大國競爭的基礎發生了變化。曾經,掌控工業資源係地緣政治權力的關鍵,如今掌控資訊才是最重要的。中共目前正大力投資三項關鍵性新興資訊科技:5G無線通訊、量子運算和人工智慧,這些科技作為其資訊戰略的一部分,將大幅提高對全球資訊流的控制能力。中共在這方面因國家主導而進展快速,且在更廣泛的領域中有超越美國的基本條件,因此美國的時間相當緊迫。如果美國放任中共主導全球資訊流,那麼中共崛起將有明顯優勢,進而取代美國成為世界領導大國。

以第四次工業革命為例,過去幾十年大國的財富和競爭優勢基礎,已經從工業時代技術澈底轉變為以資訊科技為主導,並成為地緣政治權力的主要來源。美國企業很快就認知到這種變化並採取行動。如今,美國三大資訊科技公司的市值是三大汽車製造商的70倍,單憑蘋果公司(Apple Inc.)就可以用手頭現金買下美國五大國防承包商。與美國民營企業一樣,中共政府也看見新興資訊科技趨勢並採取行動,投入數十億美元於關鍵資訊科技,並資助(其所宣稱的)民營企業「華為」密謀主導全球資訊基礎設施。中共投入龐大的軍事和商業資源竊取對手的智慧財產權、植入惡意軟體於關鍵基礎設施,並在國內外以社群媒體執行影響力行動。不幸的是，不同於美國企業逐利和中共政府的狀況，美國政府的國防政策對全球權力根基變動的反應慢半拍。今日，美國的國防資源還是投注於工業時代的能力，而其戰略仍故步自封於贏得工業時代的戰爭。

本章置重點於資訊科技在現今地緣政治中的關鍵作用，主張地緣政治權力的基礎已從工業輸出轉向資訊控制。十多年來，此變化一直影響全球權力平衡朝向利於中共的方向發展，而隨著中共將國家資源投入新興科技(其中以5G無線通訊、量子運算和人工智慧最為重要)，不斷加強對全球資訊流的控制，現在即將進入一個戲劇性的新階段。同時，儘管美國對該議題已有諸多論述，但其國防政策仍執著於冷戰時期不切實際的想法，誤以為美國的創業精神和科技終將戰勝中共侵略性的資訊政策，但只要中共竊取技術的速度跟得上美國企業和實驗室發展的速度，這就不可能發生。

美國的決策者必須認清新的現實並採取行動。資訊並非有形資源，其目前係地緣政治權力的基礎。正如資訊科技在過去十年中翻轉了實體公司和資訊化企業的相對價值，未來十年資訊科技將顛覆實體和資訊大國政策政治的有效性。美國已幾乎沒有時間採取行動掌握全球權力的新基礎，必須優先打擊中共目前竊取智慧財產權的能力，並且控制美國和其他已開發國家境內的資訊流，同時將資源優先投入關鍵科技和能力發展，使其能增加在未來可與中共於網路空間競爭的權力。

本章分為六個部分。第一部分闡述科技與地緣政治權力之間的關係。第二部分說明工業和資訊時代中，科技影響全球權力方式的差異。第三部分指出目前專制國家運用資訊科技打擊美國及其盟邦的方式。第四部分討論三項資訊科技的競賽，而這將決定哪個國家會在新興地緣政治競爭中拔得頭籌而控制全球的資訊流。第五部分闡述美國現行國防政策的問題，重點說明當中共能夠迅速竊取技術時，競相發展技術是徒勞的。本章最後呼籲應更重視資訊衝突而非實體對抗，方為大國競爭的成功關鍵。

科技與地緣政治權力

縱觀歷史，所有國家都會利用各種權力工具追求政治利益。國家間的競爭方式各不相同，20世紀下半葉，美國和蘇聯兩大超強在全球競奪區域控制權，以及爭論弱國究竟係由共產主義或資本主義經濟體系統治的問題。今日國際舞臺的要角則是美國和中共，爭論議題集中於美國所主導的自由主義全球秩序是否能維持，還是會被中共專制制度和偏好的秩序所取代。雖然美國在工業時代的軍力上仍具優勢，但是中共已經積極運用資訊權力(information-based power)。因此，中共的制度正開始對某些亞洲國家的重大議題產生影響，對愈來愈多的歐洲國家亦然。在某些關鍵議題上，諸如任意竊取智慧財產權而不受罰，或者強迫外國企業如NBA屈從共黨的命令，這樣的制度竟然在美國國內也占了上風。[1]

在目前的國際體系中，地緣政治權力往往取決於主要國家在境外投射經濟與軍力的能力，而這些能力又是由每個時代的主導科技所決定。在15到19世紀之間，經濟和軍事權力主要由海上貿易和海權所構成，期間最能控制世界海洋商業流動的國家就可以制定世界規則。在20世紀，最能夠駕馭工業的主要國家就能主導全球政治，掌握最多人力和物力的國家往往可以制定規則。在現今的時代，資訊科技是經濟和軍事權力的關鍵，最能控制全球資訊流的國家就掌握體系規則的制定權。[2]

工業vs.資訊與全球權力

瞭解國家如何利用資訊科技形塑地緣政治，以及未來十年如何運用新興資訊科技，有助於思考資訊科技相關的動態和動力與傳統工業大國有何不同。

在上個世紀，一國的權力與其工業能力息息相關。為了增加權力，主要國家會努力加強國內製造業基礎，並經常企圖藉由軍事行動來奪取他國的資源。兩次世界大戰都是由於各國認為可以透過奪取領土來增加權力而引發。在整個冷戰期間，美國和西歐的國防政策大多是基於對蘇聯入侵西歐奪取工業資源的恐懼。

冷戰期間為了對抗工業時代的侵略動機，各國建立聯盟壯大軍事能力、擴張傳統軍力，並發展常一觸即發的大規模核武。冷戰結束時，地球被互相對抗的軍事聯盟所包圍，四處都是軍事基地、轟炸機和航艦。工業能力最強的美國和蘇聯主導地緣政治，在各自的勢力範圍內制定規則，並利用經濟和軍事權力塑造世界政治。

然而，早在冷戰期間就有跡象顯示，工業權力在地緣政治中的地位開始被資訊權力所取代。眾所周知，蘇聯是最早認知到該變化的國家之一，在冷戰最激烈的時候，蘇聯的分析家即指出，雖然蘇聯可以比美國生產更多鋼鐵、動員更多軍隊(工業與軍事能力的兩個傳統指標)，但是西方的資訊經濟能運用其優越的軍事科技輕易克服其工業劣勢。[3] 從蘇聯的角度看來，更嚴重的是西方有能力利用心理資訊作戰來煽動東方集團內部的分裂。第一次由1990年波灣戰爭美國資訊時代武器的成功所驗證，第二次則是蘇聯共產主義垮臺導致內部叛亂。

雖然蘇聯在進入資訊時代後沒多久就解體了，但是中共卻存活了下來。許和震少將等中國大陸地緣政治戰略家於21世紀初撰文，以蘇聯解體為例談到了美國對中共的威脅。[4] 為了回應此一議題，中共提出了以資訊為基礎的國家戰略，而不走工業時代的老路。據此一論點，在本世紀取得地緣政治權力最有效的途徑就是資訊。中共因此制定出總體戰略，企圖控制知識、祕密和思想的流動，而不僅是原料和工業的產出。[5] 這包括如其「三戰」理論，以及旨在控制關鍵製造業的工業政策，這些製造業除了製造其他產品之外，還生產軟體、海底電纜、晶片和電信設備，不僅僅是控制實際領土而已。[6]

事後諸葛的美國戰略家可能會解讀成中共嘗試以虛擬網絡包圍世界，而不欲直接與美國以基地、轟炸機和艦艇等構築成的實體網絡硬碰硬。新的資訊時代方法並沒有使傳統和核子戰爭過時，就像核子力量並沒有讓工業時代技術變成無用，或者鐵路並沒有使海軍變得不重要一樣。相反地，資訊科技是貫穿並堆疊於舊系統之上。這種整體哲學在過去20年逐步融入於中共的地緣政治戰略。[7]

專制國家的地緣政治目標

中共的戰略是有效的。為了從新興的資訊科技中獲得經濟利益，美國和其他已開發國家幾乎將境內一切都連上電腦網路，包括企業、關鍵基礎設施和社群媒體。一旦連接，任何與全球電信網相連的人都有可能濫用或破壞這些制度。[8] 同時,作為專制國家,中共政府已經能藉由防護自己的資訊漏洞不受外部滲透,來掌控國內的資訊。[9]

經過20年的實驗,各國以資訊作為地緣政治工具的目標主要有三類。第一種是經濟目標:在傳統工業時代經濟體中,財富以實體資產的方式生產和儲存,該模式續存於許多低度發展國家,包括中共和俄羅斯。但過去幾十年中,已發展國家的企業逐漸以非實體資產方式來創造和儲存財富。據估計早在2010年,美國的企業價值就有約八成存在易遭網路盜取的智慧財產權和商業機密中。[10] 此一比例在今日肯定要高得多。除此之外,美國高比例的財富(其中大部分可能遭竊)存在於國家所資助大學的知識財產和研究當中。

在工業時代,如果野心勃勃的大國希望掠奪美國或歐洲最寶貴的資源,就不得不打敗實體的北約武裝部隊。但是今日要竊取西方的資產,只須侵入公司和非營利組織儲存財富的電腦網路。據獨立的美國智慧財產權委員會(U.S. Intellectual Property Commission)表示,中共每年利用這些手段從美國和歐洲企業竊取數千億美元的智慧財產權。[11] 其整體效果係阻礙被掠奪國的經濟,同時大幅加快中國大陸經濟成長。過去20年裡,這種作法確實促進了其經濟的快速成長。資訊盜竊不是中共創造經濟奇蹟的唯一原因,卻是必要條件。若停止盜竊,其快速經濟發展將大幅放緩,然而未來十年若持續使用這些手段,一切順利的話將很可能超越美國的經濟。史上沒有任何國家支持有形竊盜行為能和中共近乎剽竊行動所造成的地緣政治影響相比。由於占領他國的成本很高,中共即使以蘇聯模式征服周邊小國,也很難從中獲利。

資訊作戰的第二種主要目標,係民用和軍用關鍵基礎設施。早在2010年，當伊朗納坦茲(Natanz)核設施的離心機中發現「震網」(Stuxnet)惡意軟體時，世界各地的公司就開始意識到他們的硬體設施很容易受到軟體的攻擊。此外，經調查有數千家提供關鍵基礎設施的公司電腦遭植入惡意軟體，更多的公司察覺到，不知名組織已開發出入侵其設備的方法。2015年，美國網路司令部司令告知參議院，中共和其他國家已經具備癱瘓美國關鍵基礎設施的能力。[12] 一方面，此類惡意軟體可以用來引發個別民用或軍用系統暫時停止運作；另一方面也能造成全國範圍、長達數月的基礎設施故障，可能導致數百萬人死亡。[13] 當中共致力於強化攻擊民用基礎設施的能力之際，同時也把資訊作戰整合至其軍事能力和態勢的各項層面中。[14]

利用資訊科技破壞對手關鍵基礎設施和軍事系統的方法，一般而言不如使用傳統或核子武器來的可靠。但至少在兩方面優於工業時代的技術。首先成本較低，投射全球軍力所需的基地、海軍和空軍耗費數兆美元，至少目前唯有美國才能夠實現。惡意軟體的成本不高，窮國也能運用。其次，針對關鍵基礎設施的資訊攻擊可以以低強度進行。對於畏懼以傳統或核子武器攻擊美國的國家，或許會願意對關鍵基礎設施進行網路攻擊，因為這種攻擊不會超過美國以武力反擊的門檻。這種能力似可合理地被用來脅迫或嚇阻美國。[15] 美國國土安全部一再提出警告，中共和俄羅斯可能已經將惡意軟體植入美國的關鍵基礎設施中。[16]

資訊作戰的第三種目標涉及人群。近幾十年來，企業(透過社群媒體)已經獲得多數國家民眾的個資，並發展人工智慧來操縱目標客群的購買行為。最近，各國也開始使用類似方法操縱特定族群的政治傾向與政治熱情，愈來愈多的文獻指出，人類很容易受這些手段影響。

目前，中共在國家操縱政治行為技術上遙遙領先，其利用與中國大陸網際網路服務供應商的緊密關係，開發在境內操縱資訊、思想和政治活動的方法，並逐步向外影響他國。[17] 與中共一樣，俄羅斯也在國內外試驗了這些方法。隨著時間推移，兩國的科技與技術都可能與時俱進。雖然目前還不清楚，這些技術手段針對西方民眾進行政治控制的長期效果為何，但是中共成功以電腦對自身人民進行政治心理行動，以及俄羅斯在歐洲和北美行動的成果皆反映明顯的危險信號。20世紀蘇聯的資訊作戰儘管是運用較低階的技術，但導致共產主義全球崛起仍值得借鏡。正如蘇聯曾經說服全球半數以上人口放棄當代最主要政治制度，轉而支持共產主義一樣，今日的專制國家資訊作戰也可能對目前自由主義世界秩序造成巨大傷害。

三項資訊科技競賽

鑑於資訊科技在地緣政治競賽的運用，如果一個專制大國完全取得網路空間的控制權，最終就將獲得財富和軍事權力，得以像現在的美國一樣制定國際體系的規則。同樣的，一個大國今日得以不受限地進入全球電腦網路，就好比冷戰時的蘇聯控制了西歐的工業能力一樣。

迄今為止，中共和俄羅斯儘管費盡心思，還是無法完全進入西方的電腦網路。這主要是由於政府和民營企業在電腦防護上投入龐大的資源。每當網路又加入新軟體或硬體時，都會持續上演控制該領域的爭奪戰，亦即試圖在作業系統、商業軟體、手機應用程式、硬體，以及幾乎連上物聯網的所有事物中尋找漏洞。為了贏得些許的優勢，每天舉全國之力在個人、企業和機構之間進行數百萬次的爭鬥，往往今日贏了而明天又輸了，這不由得讓人想起在一戰期間打壕溝戰時也是如此。

雖然網路空間的戰鬥通常是為了微小而短暫的優勢，但是今日幾次爭奪可能會產生巨大而深遠的影響，而這將決定哪個大國將主宰未來數十年的網路空間。

第一項競賽：5G

掌控網路空間的第一項主要競逐係支援蜂巢式數據網路的第五代行動通訊技術，通常稱作5G。[18] 至少在十年內，這將是未來手機通訊和物聯網的基礎，[19] 包括應用於自動駕駛汽車、監督管制和資料獲得基礎設施，以及軍事系統網路。一個能夠主導5G系統的國家，將有機會存取和控制在網路空間中多數的資訊流。[20]

5G提供幾乎不受限的使用者資訊存取權利，遠超過單純的資料蒐集。擁有這種存取權利的國家，能夠看透敵人境內的重要設施，並獲得所有個人與系統的實體和網路位置的即時情報。[21] 此外，其也可以拒絕或篡改人類和機器使用者所接收到的資訊，不論平民或軍方(一旦全國性安裝該系統，軍方將很難不去使用)皆然。這些功能將大幅提升優勢國家的能力，包括進行間諜活動、破壞連接數位網路的機器，以及實施各種針對敵國人民的社會心理行動。

在傳統上，美國能夠從專制敵對國購入資訊科技設備，而不必擔心它們能夠利用硬體的漏洞，因為終端使用者保留了多數軟硬體的實際控制權。但是5G不同，因為有更多的功能會從使用者轉到供應商上，例如在5G環境下，行動電話上的應用程式可能完全安裝在北京的伺服器中。此外，以往供應商要運用專有軟體啟動早期無線通訊技術的控制行動，但現在供應商已經能直接控制經過其系統的資訊存取。在中國大陸某些已完全建置5G之處，客戶甚至不再需要手機。遍及旅館大廳或人行道上的攝影機和麥克風，可以識別使用者並直接回應指令，完全排除了使用者保護自己或擁有控制權的可能性。一般而言，頻寬愈大，服務供應商就能從使用者手中取得更多控制權。[22]

過去20年，中共為尋求成為全球通信技術的領導者(特別在5G領域)而制定了一項國家產業政策，旨在藉由支持國家標竿企業(尤其是華為公司)成為5G的世界領航者。手段包括國家直接資助(主要是補貼貸款)，以及竊取西方企業的尖端電信技術後免費提供予重點扶植公司。其整體效果使華為的生產成本遠低於競爭對手，進而可以和西方勁敵削價競爭。因此，華為能夠以遠低於他國的價格銷售5G技術(在某些情況下，比市場行情低60%)。[23] 除了美國等國出於對國家安全疑慮而避開華為的高品質/低成本服務外，世界上多數安裝5G的國家都採用華為系統。

華為在全球網路中的5G優勢不會使中共立即能控制網路空間。如果華為過份維護中共的利益，那麼各國可能寧願多花錢購買他國製造的硬體來取代華為系統。更重要的是，儘管中共目前在境內使用5G來控制資訊流，但是開發和調整在國外使用的軟體、手法、技術和程序仍需要時間。然而隨著時間過去，當各國愈來愈依賴華為的產品和服務時，中共將會變得更咄咄逼人。在某種程度上，中共能在各國的5G系統上闖關成功，主要是因為汰換網路的成本太高了。2018年時，美國國會幾乎很難強迫少數小型電信公司換掉華為的硬體設備。未來，中共將能夠從依賴其系統的國家獲取重要的地緣政治資訊。[24]

第二項競賽：量子運算

掌控網路空間第二項主要競逐涉及量子科技。[25] 由於量子電腦能夠以遠超過原有處理技術的速度執行各種作業，因此能夠破解現有的加密技術。[26] 這不僅會使當前的加密技術被淘汰，而且很有可能解開數十年前的加密訊息。由於加密通常是所有電腦化防護中的「單點故障」，因此擁有該功能將大幅增強持有者的能力。[27]

數十年來，量子運算一直為電腦科技領域所夢寐以求。然而，在過去兩年裡有幾家公司推出具備有限量子運算能力的電腦。[28] 雖然到目前為止這些公司都尚未宣布有破譯代碼的能力，但是這項技術是可以實現的。儘管量子科技看來似乎同樣能加密和解密，然而實際上並非如此。以實用價值來看，該技術在解密上的應用將比加密方面多更多，而且在生產和運用此技術競賽中勝出的國家，很可能將在控制網路領域上獲得重大優勢。[29] 此外，雖然中共和西方皆有國家機密，但是西方的機密遠比中共更多，西方的產業和軍隊都依賴加密，而中共則不然。

在過去的幾年裡，美國在量子科技方面投入了大量資金，但是最近中共開始投入更多。雖然美國在這場競賽中可能領先(至少在產業面是如此，IBM和谷歌皆具備有限量子能力)，可是這種優勢不太可能持續太久。[30] 依據經費支出趨勢預估，中共很可能利用量子科技達成國家安全目標，進而在這場競賽中超前。[31] 當中共這樣做時，其竊取產業機密並影響與破壞關鍵民用和軍事系統的能力將大幅提升。

第三項競賽：人工智慧

掌控網路空間的第三項主要競逐係人工智慧，這在國家安全方面有兩個重要意涵。[32] 首先是人工智慧在電腦防護中的應用潛力。近年來，人工智慧透過發現、利用或填補防護漏洞，已經證明能夠大幅提高網路攻擊和防護的能力。其次則是關於社會心理應用，目前企業正在開發可建立個人心理檔案的人工智慧，能針對顧客需求推銷其商品和服務。[33] 人工智慧應用能夠處理大量有關個人的資訊，並針對大規模群眾進行心理實驗，以獲得預測和操縱其行動與觀點的方式。實驗證明，該類型的人工智慧往往比受試者的朋友和配偶更善於預測個別受試者的決定。[34]

過去五年裡，俄羅斯和中共都利用人工智慧來達到政治目的。這些行動的全貌並未公開，但一般咸信中共投入龐大的資源進行人工智慧實驗以監督和控制國內人民，而俄羅斯則是充分利用臉書和其他公司所提供的人工智慧行銷，針對性操控外國民眾的政治信仰和政治熱情。隨著人工智慧的發展，這種社會政治操縱的潛力應該會大幅增加。[35]

目前，美國和中共都在人工智慧研究上進行大量投資。然而，從國家安全的角度來看，中共擁有兩大優勢。首先，中共的政治和經濟體制使政府和企業可以取得遠比美國更多的數據。[36] 這些數據是創建人工智慧實際應用的關鍵資產。其次在國家安全方面，美國政府在該科技的投資上遠低於中共。[37] 因此，儘管美國和中國大陸企業某種程度上能夠在相同基礎上競爭，但是中共當局在地緣政治資訊運用人工智慧方面，幾乎毫無疑問地領先美國政府。[38]

「紅皇后」：美國當前國防政策問題

三項科技的競逐結果將會影響更廣泛的網路空間競賽。個別看來，每一項科技都無法完整呈現中共控制資訊網路的總體戰略，或者將如何運用於地緣政治。然而，中共頒布了一項廣泛的製造業政策「中國製造2025」，置重點於政府對這些關鍵科技的具體支持以取得未來的優勢，但是實際目標遠不止於此。[39]

關於中共取得網路空間控制權和主導未來資訊競賽的總體計畫，可由這三項科技窺見一斑。根據許多蘇聯和中國大陸地緣政治戰略家所提出的概念，以及美國「第三次抵銷戰略」的意涵，美國在冷戰中擊敗蘇聯是因為能夠以科學和技術優勢彌補人力和產能的不足。[40]

為了在上述三項科技上保持領先，中共必須在科學、技術、工程和數學的教育上投入大量資源。該政策包含國內與國外兩部分。在國內，中國大陸培養的理工科畢業生是美國的八倍左右。在國外，2016年美國的科學與工程類科大學生有43%是中國人。美國大學的電腦相關課程中，只有21%的學生是美國人。[41]

這些學生帶回國的技能，加上中共企業與情報機構從美國和其盟邦竊取的技術，為美國科技發展帶來「紅皇后」(red queen)難題：[42] 美國跑得愈快，欲保持領先的速度就必須更快。由於美國的新科技很快就在課堂上傳授給中國大陸學生，以及被中國大陸駭客竊取，因此美國的技術獨創性和投資不太可能像30年前戰勝蘇聯那樣，克服中共在人力和產能上的優勢。因為中共在掌控全球資訊流上投入大量資金，所以能輕易從美國公共和私人的科技投資中獲益。因此，中共可以專注於投資在5G、量子能力、人工智慧和其他科技上，而這些科技能進一步擴大其掌控全球資訊流的能力。[43] 因此，美國不能只靠增加研究經費來贏得地緣政治資訊時代的競賽。冷戰模式已經行不通。

資訊競爭比實體衝突更重要

本章所描述的科技問題已受到注意，美國國防部的「第三次抵銷戰略」試圖透過比中共更快的新科技投資來解決問題。[44]《國家安全戰略》界定了美國將繼續保持領先地位的特定科技，特別是資訊科技。[45]《國家網路戰略》則進一步置重點於美國在與俄羅斯和中共競爭時必須追求的關鍵資訊科技。

然而，這些作法的問題不在於其具體建議，而在其內容是以工業時代的觀點所撰擬，傾向將控制資訊和資訊科技的競爭，描繪成國家安全政策的其中一個面向，而不是當作未來地緣政治權力的新基石。誠然，在可預見的未來，傳統的工業權力投射將在小國競爭中扮演核心角色，但就中共和俄羅斯而言，資訊權力比工業權力更有可能決定長期地緣政治競爭的結果。[46]

上述美國安全政策文件之中，皆表達了一個基本理念(但大部分遭忽略)，美國不是藉由強化其動能軍事力量，而是能透過解決資訊上的問題來減少利益所受威脅，並增加地緣政治影響力。制止中共竊取智慧財產權的議題必須優先看待，因為在解決該問題之前，其他事情多做無益。這個問題已經存在很久了。[47] 保障美國的網路免受工業間諜的影響，將可大幅提振美國經濟，並使以剽竊為基礎的中共經濟成長減緩。進一步強化美國對俄「中」兩國的軍事領先地位。保護美國關鍵基礎設施不受來自俄羅斯、中共、伊朗和北韓的網路攻擊，將可顯著增強美國的防禦能力，並降低各國在危機中恐嚇或脅迫美國的能力。更多的動能武力充其量只會稍微提升防禦效果和危機談判實力。也許最重要的是，任何對工業時代科技的投資，都無法抵銷專制國家政治心理行動所造成的損害，或是有助於美國採取具自己特色的資訊作戰行動。

美國長期以來對從工業時代過渡至資訊時代的政策(主要還是將資源投入工業時代的技術和方法而已)只是口惠而實不至，當美國處於單極頂點，沒有大國競爭的對手，制定這樣的政策只是一時興起。如今美好時光結束了。今日的美國面臨兩個專制國家對手，他們正想方設法利用資訊時代的科技和戰略，破壞美國所領導的自由主義國際秩序。若美國想贏得這場競爭，就需要改弦易轍。例如重新思考保護公民、企業和軍隊的重要性，使其免於悄悄地被外國網軍所利用。這將須投入資源發展長期以來僅處於紙上談兵的關鍵科技，同時不惜一切代價防止對手竊取。針對如何阻止對手建立與控制全球資訊網路和供應鏈，美國必須下決斷。最重要的是，必須改變思維方式，以便理解有必要像目前防禦實體空間一樣捍衛虛擬財產和領土。工業時代已成過往雲煙，現在是美國國防政策重新面對現實的時候。

註釋

1. Jonah Blank, “China Bends Another American Institution to Its Will,” *The Atlantic*, October 10, 2019, available at <www.theatlantic.com/international/archive/2019/10/nba-victim-china-economic-might/599773/>.
2. Richard B. Andres, “Cyber Conflict and Geopolitics by Richard B. Andres,” *Great Decisions 2019*, Foreign Policy Association, 2019.
3. Andrew F. Krepinevich, *The Military-Technical Revolution: A Preliminary Assessment* (Washington, DC: Center for Strategic and Budgetary Assessments, 1992), 6.
4. Timothy L. Thomas, *Decoding the Virtual Dragon: Critical Evolutions in the Science and Philosophy of China's Information Operations and Military Strategy—The Art of War and IW* (Fort Leavenworth, KS: Foreign Military Studies Office, 2007).
5. 有關中國大陸早期對此一主題的論述，請參閱Timothy L. Thomas, “Nation-State Cyber Strategies: Examples from China and Russia,” in *Cyberpower and National Security*, ed. Franklin D. Kramer, Stuart H. Starr, and Larry K. Wentz (Washington, DC: NDU Press, 2009).
6. 關於三戰理論，請參閱 Sangkuk Lee, “China's ‘Three Warfares’: Origins, Applications, and Organizations,” *Journal of Strategic Studies* 37, no. 2 (2014), 198-221. 有關中共資訊產業政策的概述，請參閱 William C. Hannas, James Mulvenon, and Anna B. Puglisi, *Chinese Industrial Espionage: Technology Acquisition and Military Modernization* (Abingdon, UK: Routledge, 2013). 有關中共資訊和工業戰略基礎概述，請參閱Dean Cheng, *Cyber Dragon: Inside China's Information Warfare and Cyber Operations* (Santa Barbara, CA: Prager, 2016); Gregory C. Allen, *Understanding China's AI Strategy: Clues to Chinese Strategic Thinking on Artificial Intelligence and National Security* (Washington, DC: Center for New American Security, February 2019), available at <www.cnas.org/publications/reports/understanding-chinas-ai-strategy>.
7. Cheng, *Cyber Dragon*. See also Jacqueline Newmyer, “The Revolution in Military Affairs with Chinese Characteristics,” *Journal of Strategic Studies* 33, no. 4 (August 2010), 483-504.
8. Richard Andres, “Air Power and Cyber,” in *Routledge Handbook of Air Power*, ed. John Andreas Olsen (Abingdon, UK: Routledge, 2018), 203-214.

9. 此類防護措施包括審查制度、資料在地化(data localization)以及跨境資料傳輸限制，請參閱 "Digital Trade," Congressional Research Service, March 29, 2019, available at <https://crsreports.congress.gov/product/pdf/IF/IF10770>; Elsa Kania, "China: Active Defense in the Cyber Domain," *The Diplomat*, June 12, 2015, available at <https://thediplomat.com/2015/06/china-active-defense-in-the-cyber-domain/>.
10. IP Commission, *The IP Commission Report: The Report of the Commission on the Theft of American Intellectual Property* (Seattle: National Bureau of Asian Research, 2013), available at <http://ipcommission.org/report/IP_Commission_Report_052213.pdf>.
11. IP Commission, *Update to the IP Commission Report: The Theft of American Intellectual Property: Reassessments of the Challenge and United States Policy* (Seattle: National Bureau of Asian Research, 2017), available at <http://ipcommission.org/report/IP_Commission_Report_Update_2017.pdf>.
12. Jamie Crawford, "The U.S. Government Thinks China Could Take Down the Power Grid," CNN, November 21, 2014, available at <www.cnn.com/2014/11/20/politics/nsa-china-power-grid/index.html>.
13. "An Interview with Paul M. Nakasone," *Joint Force Quarterly* 92 (1st Quarter 2019), 4-9, available at <https://ndupress.ndu.edu/Portals/68/Documents/jfq/jfq-92/jfq-92_4-9_Nakasone-In-terview.pdf>.
14. Jeffrey Engstrom, *Systems Confrontation and System Destruction Warfare: How the Chinese People's Liberation Army Seeks to Wage Modern Warfare* (Santa Monica, CA: RAND, 2018), available at <https://www.rand.org/pubs/research_reports/RR1708.html>.
15. "An Interview with Paul M. Nakasone."
16. Richard A. Clarke and Robert K. Knake, *Cyber War: The Next Threat to National Security and What to Do About It* (New York: Penguin, 2010), 158.
17. Chris Buckley and Paul Mozur, "How China Uses High-Tech Surveillance to Subdue Minorities," *New York Times*, May 22, 2019, available at <www.nytimes.com/2019/05/22/world/asia/china-surveillance-xinjiang.html>.
18. *National Strategy to Secure 5G of the United States of America* (Washington, DC: The White House, March 2020), available at<www.whitehouse.gov/wp-content/uploads/2020/03/Nation-al-Strategy-5G-Final.pdf>.

19. 值得注意的是(摩爾定律的科技創新案例)，雖然全球多數消費者尚未升級使用5G服務，且其應用尚處於推廣階段，但是北京已宣布啟動發展6G技術計畫，請參閱Peter Suciu, "5G Is Old News: China Wants 6G for Its Military," *The National Interest*, April 28, 2020, available at <https://nationalinterest.org/blog/buzz/5g-old-news-china-wants-6g-its-military-148806>.
20. Tom Wheeler, "5G in Five Not So Easy Pieces," Brookings, July 9, 2019, available at <https://www.brookings.edu/research/5g-in-five-not-so-easy-pieces/>.
21. 華為公司聲稱不會與共黨共享資訊；然而，中共2014年的《反間諜法》和2017年的《國家情報法》明令企業遵守情報機構的要求，請參閱Daniel Harsha, "Huawei, a Self-Made World-Class Company or Agent of China's Global Strategy?" Ash Center for Democratic Governance and Innovation at Harvard University, available at <https://ash.harvard.edu/huawei-self-made-world-class-com-pany-or-agent-chinas-global-strategy>.
22. 有關中共在國內如何使用這些能力的討論，請參閱Kai-Fu Lee, *AI Superpowers: China, Silicon Valley, and the New World Order* (Boston: Houghton Mifflin Harcourt, 2018).
23. 關於國家資助，請參閱Henry Tugendhat, "Banning Huawei's 5G Won't Halt China's Tech Revolution," *The Guardian*, January 30, 2020, available at <www.theguardian.com/commentisfree/2020/jan/30/banning-huawei-5g-china-tech-revolution-free-market>.
    關於華為公司削價競爭，請參閱Alex Capri, "Beijing's Global 5G Ambitions Threaten to Disrupt Telecoms," *Nikkei Asian Review*, August 31, 2018, available at <https://asia.nikkei.com/Opinion/Beijing-s-global-5G-ambitions-threaten-to-disrupt-telecoms>.
24. 有關共黨過去利用經濟籌碼來審查美國公司和個人的言論，請參閱Jennifer Pan and Margaret Roberts, "These 3 Factors Explain Why the NBA and Other Companies Struggle to Push Back Against Chinese Censorship," *Washington Post*, October 16, 2019, available at <www.washingtonpost.com/politics/2019/10/16/these-factors-explain-why-nba-other-companies-struggle-push-back-against-chinese-censorship/>.
25. 量子科技除了與網路空間和資訊科技相關之外，還具有國家安全的涵義。
26. See Princeton University's Center for Information Technology Policy, *Implications of Quantum Computing for Encryption Policy*, Encryption Working Group Paper (Washington, DC: Carnegie Endowment for International Peace, April 25, 2019), available at <https://carnegieendowment.org/2019/04/25/implications-of-quantum-computing-for-encryption-

policy-pub-78985>. For a more detailed discussion, see Richard A. Clarke and Robert K. Knake, *The Fifth Domain: Defending Our Country, Our Companies, and Ourselves in the Age of Cyber Threats* (New York: Penguin Press, 2019), chapter 16.

27. E.B. Kania and J.K. Costello, "Quantum Technologies, U.S.-China Strategic Competition, and Future Dynamics of Cyber Stability," *2017 International Conference on Cyber Conflict* (Washington, DC: Institute of Electrical and Electronics Engineers, 2017), 89-96.
28. David Grossman, "Did Google Just Achieve Quantum Supremacy?" *Popular Mechanics*, September 23, 2019, available at <www.popularmechanics.com/technology/a29190975/google-quantum-supremacy/>.
29. 一般論點是加密的使用者有數十億，而解密只被少數情報機構使用。因此，小部分從事解密的情報機構比大眾更容易獲得昂貴的新型量子設備，取得使用量子電腦的權利。
30. Paul Smith-Goodson, "Quantum USA vs. Quantum China: The World's Most Important Technology Race," *Forbes*, October 11, 2019, available at <www.forbes.com/sites/moorinsights/2019/10/10/quantum-usa-vs-quantum-china-the-worlds-most-important-technology-race/>.
31. Tim Johnson, "China Speeds Ahead of U.S. as Quantum Race Escalates, Worrying Scientists," *McClatchy DC*, October 23, 2017, available at <www.mcclatchydc.com/news/nation-world/national/national-security/article179971861.html>; Smith-Goodson, "Quantum USA vs. Quantum China."
32. 有關人工智慧所構成的安全和威脅性討論，請參閱U.S. National Security Commission on Artificial Intelligence (NSCAI), *Interim Report* (Washington, DC: NSCAI, November 2019), 11-13.
33. 有關人工智慧對國家安全影響的概述，請參閱Clarke and Knake, *The Fifth Domain.*
34. Frank Luer weg, " The Internet Knows You Better than Your Spouse Does," *Scientific American*, March 14, 2019, available at <www.scientificamerican.com/article/the-internet-knows-you-better-than-your-spouse-does/>.
35. 關於中共投入的資源，請參閱Tiffany Lo, "Big Brother Is Watching You! China Installs 'The Worlds Most Advanced Video Surveillance System' with over 20 Million AI-Equipped Street Cameras," *Daily Mail*, September 25, 2017, available at

<www.dailymail.co.uk/news/article-4918342/China-installs-20-million-AI-equipped-street-cameras.html>. 關於俄羅斯使用臉書和其他商用人工智慧，請參閱Alina Polyakova, "Weapons of the Weak: Russia and AI-Driven Asymmetric Warfare," Brookings, November 15, 2018, available at <https://www.brookings.edu/research/weapons-of-the-weak-russia-and-ai-driven-asymmetric-warfare/>.

36. See NSCAI, *Interim Report*, 17-20.
37. See Martijn Rasser et al., *The American AI Century: A Blueprint for Action* (Washington, DC: Center for New American Security, December 2019), 9, available at <https://s3.amazonaws.com/files.cnas.org/documents/CNAS-Tech-American-AI-Century_updated.pdf?mtime=20200103081822>; NSCAI, Interim Report, 19.
38. NSCAI, *Interim Report*, 1, 17-20.
39. 「中國製造2025」於2015年公布，但隨後於2018和2019年引發國際爭議，中共政府不再大張旗鼓，其目標是全面提升中國大陸產業，增進效率和整合，進而占據全球生產鏈的最高端部分。該計畫確立了國內核心部件和材料含量的目標，於2020年提高到40%，2025年提高到70%。取得優勢的重點是十個優先領域：新一代信息技術產業、高檔數控機床和機器人、航空航天裝備、海洋工程裝備及高技術船舶、先進軌道交通裝備、節能與新能源汽車、電力裝備、農機裝備、新材料、生物醫藥與高性能醫療器械。很顯然，新資訊科技優勢是「首要目標」，但是涵蓋在更廣泛現代科技優勢的目標結構之內，請參閱Scott Kennedy, "Made in China 2025," Center for Strategic and International Studies, June 1, 2015, available at <https://www.csis.org/analysis/made-china-2025>; Melissa Cyrill, "What Is Made in China 2025 and Why Has It Made the World So Nervous?" *China Briefing*, December 28, 2018, available at <www.china-briefing.com/news/made-in-china-2025-explained/>.
40. Paul McLeary, "The Pentagon's Third Offset May Be Dead, But No One Knows What Comes Next," *Foreign Policy*, December 18, 2017, available at <foreignpolicy.com/2017/12/18/the-pentagons-third-offset-may-be-dead-but-no-one-knows-what-comes-next/>.
41. Arthur Herman, "America's High-Tech STEM Crisis," *Forbes*, September 10, 2018, available at <www.forbes.com/sites/arthurherman/2018/09/10/americas-high-tech-stem-crisis/#f6730d8f0a25>.

42. 該假說主要用於演化生物學，源自作家卡羅(Lewis Carroll)所著的《愛麗絲鏡中奇遇記》(*Through the Looking-Glass*)。「紅皇后」意指族群必須不停進化，否則將會滅絕。(譯註：紅皇后對愛麗絲說，妳必須盡力不停地跑，才能維持在原地)，請參閱Leigh Van Valen, "A New Evolutionary Law," University of Chicago, 1973, available at <https://www.mn.uio.no/cees/english/services/van-valen/evolutionary-theory/volume-1/vol-1-no-1-pages-1-30-l-van-valen-a-new-evolutionary-law.pdf>.
43. 中共在2006至2020年〈國家中長期科學和技術發展規劃綱要〉概述該戰略。此計畫倡導複製國外創新，並集中資源於特定戰略性領域的科技發展與基礎研究取得突破。有關該計畫的評估及成果，請參閱Hannas, Mulvenon, and Puglisi, *Chinese Industrial Espionage*. 具非官方消息來源估計，中共從美國竊取的智慧財產權每年約具2,250億至6,000億美元之價值，請參閱IP Commission, *The IP Commission Report*.
44. McLeary, "The Pentagon's Third Offset May Be Dead, But No One Knows What Comes Next."
45. *National Security Strategy of the United States of America* (Washington, DC: The White House, December 2017).
46. 類似的觀點，請參閱Michael C. Horowitz, "Artificial Intelligence, International Competition, and the Balance of Power," *Texas National Security Review* 1, no. 3 (May 2018).
47. 例如，請參閱James Andrew Lewis, *Intellectual Property Protection* (Washington, DC: Center for Strategic and International Studies, January 2008), available at <https://csis-prod.s3.amazonaws.com/s3fs-public/legacy_files/files/publication/080802_LewisIntellectualProperty_Web.pdf>.

第四章

社群媒體與影響力行動

赫爾穆斯(Todd C. Helmus)

民族國家日益頻繁在臉書和推特等社群媒體平臺上進行針對外國的宣傳行動。這種作法成本低廉又容易執行，相當具有吸引力；規劃人員因此能識別、標定和觸及特定閱聽眾，而匿名的特性也降低了相關政治和外交政策風險。俄羅斯、中共和伊斯蘭國是利用線上進行宣傳的三個美國主要對手。本章將探討它們線上宣傳的目標、能力與限制，並提供美國應採納反制對手線上宣傳行動的關鍵建議。

過去十年裡，隨著世界進入大國競爭新時代，民族國家愈來愈頻繁地在臉書和推特等社群媒體平臺上進行對外國的宣傳活動，實際上將這些平臺變成執行「影響力行動」(influence operations)的技術。[1] 牛津大學的一項研究顯示，全世界約有70個國家以操縱社群媒體為手段，以實現國內和外交政策的目的。這個數字高於2018年的48個與2017年的28個國家。值得注意的是，該研究證實了俄羅斯、中共、印度、伊朗、巴基斯坦、沙烏地阿拉伯和委內瑞拉對外國所進行的宣傳活動。[2]

為何各國愈來愈依賴社群媒體作為對外國宣傳工具？因為既便宜又容易執行，規劃人員因此能識別、標定和觸及特定閱聽眾，如個人、選民人口和種族群體。各國政府同時企圖以匿名方式從事此類活動，以降低相關政治及外交政策風險。這些活動也可以大規模進行，並輕易取得目標閱聽眾的大量數據。

各國從事線上宣傳活動有許多種方式，包括使用「機器人」(bot)和「酸民」(troll)帳號。機器人是自動化的社群媒體帳號，通常在推特上出現，利用程式碼複製人類活動來宣傳特定資訊。為了和其他使用者進行更複雜的互動，機器人會運用真人或網路酸民來操作假的社群媒體帳號。這些活動以各種方式運用不同帳號來執行，包括散布親政府內容、攻擊對手立場、分散或轉移某議題的討論或批評、引起分裂和兩極化，以及藉由攻擊或騷擾來壓制參與。[3]

本章探究當代三個美國對手之案例，討論它們過去與現在如何利用線上內容和平臺從事對外國的影響力活動，這三個焦點所在的對手國乃是俄羅斯、中共，以及(所謂的)伊斯蘭國(Islamic State, IS)。本書先前定義，俄羅斯與中共是美國的當代大國競爭對手。伊斯蘭國則如2018年美國《國防戰略》所述，儘管最近遭受重大挫折，仍是影響力持續遍及全球的現代暴力極端組織，將會對美國的大國競爭構成挑戰。本章針對每個案例逐一釐清其運用線上技術進行影響力行動和宣傳的目標與目的，以及使用線上宣傳的能力與限制。此外，由於線上平臺不是宣傳的唯一手段，所以本章亦概述相關離線的影響力機制。此外，由於能取得的公開資訊有限，本章並未明確列出美國政府使用社群媒體和線上科技進行外部宣傳的目標、目的、能力或限制，而是在最後一部分的建議當中對這些手段提出有限的評估。

俄羅斯

目標與目的

最近一份關於「敵對社會操縱」的報告中，蘭德公司的政治學家馬扎爾(Mike Mazarr)等人確認了俄羅斯線上行動的幾個關鍵戰略目標。首先，他們指出俄羅斯長期以來自認為是敵人資訊作戰的目標，而莫斯科可以利用社會操縱手段，來反制這些假訊息計畫；其次，俄羅斯也利用社會操縱來追求所謂的「分離政策目標」，影響特定政策辯論或外交政策以符合其利益。[4] 此外，分析家們觀察到這其中會有一種敵意，欲將外國社會推向「『後真相』環境，亦即事實與謊言之區別無關緊要、客觀無法實現，而事實是可以捏造的。」[5]

馬丁(Diego Martin)和夏皮羅(Jacob Shapiro)分析了2013至2018年間的影響力行動資料庫，可讓人一探俄羅斯的目標。這些活動由俄羅斯、中共、沙烏地阿拉伯和伊朗所發起，針對14個包括美國、英國、澳大利亞、德國、荷蘭和烏克蘭在內的國家。[6] 俄羅斯在已經識別的53項影響力活動中，就占了38項，這凸顯了其外交政策中該面向的重要性。

能力

首先，值得注意的是，俄羅斯受益於能影響外國政府和公眾的廣泛能力。博丁巴倫(Elizabeth Bodine-Baron)等人特別確立了四項關鍵類別的能力。[7] 第一類包括隸屬於俄羅斯政府的單位，諸如情報總局(Glavnoye razvedyvatel’noye upravleniye)，或是衛星社(Sputnik)與線上媒體。第二類是俄羅斯電視臺(RT)國際新聞網，此一非營利新聞組織明顯獲政府支持。第三類是那些眾所周知為俄羅斯政府工作，但是檯面上和官方無關聯的單位，包括「網路研究社」(Internet Research Agency, IRA，也被稱為聖彼德堡酸民工廠[St. Petersburg troll factory])，以及愛國的駭客和犯罪寡頭所經營的網路。最後，第四類則是各種代理人和潛在代理人，包括那些不論是否持有親俄觀點，但仍有動機散布和俄羅斯目標一致訊息的行為者。

這些來自不同組織的媒體和所製造的訊息似乎以系統性的方式運作。前俄羅斯間諜斯克里帕爾(Sergei Skripal)遭下毒後，即產生各種管道，結合官方新聞稿和俄羅斯機器人與酸民，製造了「大量謊言」企圖擾亂國際調查和輿論對俄羅斯暗殺事件的指責。[8]

俄羅斯宣傳手段最著名的例子就是針對美國 2016年大選進行系統性行動。其運用大量的社群媒體內容，包括1,040萬條推特推文、17個帳號發布的千則YouTube影片、133個帳號發布的11.6萬則Instagram貼文，以及出現在81個臉書粉絲專頁上的6萬1,500則貼文。這些貼文在臉書上產生了7,700萬次互動數，在Instagram上產生了1.87 億次互動數，而且在原始推特內容上產生了7,300萬次互動數。

這些內容企圖針對美國的不同族群挑起各式議題，包括針對非裔美國人社群宣揚黑人分離主義、煽動針對警方的輿論，並破壞對選舉制度的信心。影響選民的戰術包括宣傳支持第三方候選人、鼓勵選民在選舉日留在家中，以及混淆投票規則。從初選一直持續到選舉全程，這些內容皆是在助長川普陣營的聲勢，並打擊了希拉蕊。[9]

這些相互對立的議題似乎激化了美國選民間的分裂。相關行動企圖挑起「黑人的命也是命」(Black Lives Matter)及「警察的命也是命」(Blue Lives Matter)兩項爭議性運動以激發輿論對立。對社群媒體的熟練操縱甚至證明是成功的，因為這促成這兩項網路運動實際走上街頭抗議。[10] 其他行動則試圖藉由反移民條款、槍支管制、愛國主義、茶黨文化等議題造成德州的分化。[11]

俄羅斯還參與了其他一些網路影響力行動。例如，俄羅斯支持2016年的英國脫歐公投，並大力推動 2017 年加泰隆尼亞獨立公投，同時試圖破壞馬克宏(Emmanuel Macron)參選法國總統。馬丁和夏皮羅的統計數據顯示，俄羅斯在2017和2018年至少分別進行了28次和21次的影響力行動。[12]

總之，俄羅斯似乎對這些資訊作戰駕輕就熟。首先，我們應注意其為最早認識社群媒體於大國競爭中潛在利用價值的國家之一，而俄羅斯利用社群媒體進行資訊作戰的行為，很不幸地為伊朗和中共等其他國家的仿效起了示範作用。其次，根據一些說法，俄羅斯很有技巧的從事這些活動。例如「網路研究社」的工作人員訪美是為了進行「市場調查」，而其所經營的社群媒體帳號混跡在身分認同或議題取向的線上社群內，建立了龐大的閱聽眾，完全沒讓他們知道(至少到目前為止)這是源於俄羅斯的行動。政治人物和新聞媒體因而都轉發了這些帳號的推文。正如尤倫(Tom Uren)等人指出，「網路研究社」的行動顯示他們對閱聽眾區隔、口語化內容，以及線上社群如何框架身分認同和政治立場的方式都知之甚詳。[13]

為何俄羅斯如此善於運用社群媒體和其他線上的影響力手段？一些分析家指出，俄羅斯總參謀長陸軍上將格拉西莫夫(Valery Gerasimov)於2013年發表了一篇關於「模糊戰」(ambiguous warfare)的文章，導致學者認為俄羅斯的資訊行動是其規劃者「精心設計的戰略」所肇生的成果。[14] 普林斯頓大學資訊科技政策中心(Center for Information Technology Policy)研究員薩諾維奇(Sergey Sanovich)則認為，俄羅斯的線上宣傳工具在1990年代的自由經濟與政治環境中獲得「構思和完善」，但在1990年代之後，俄羅斯未能成功利用機器人與酸民來遏制國內線上言論，且政府也不願「澈底禁止這些平臺」，因此才轉於進行線上國際影響力行動。[15]

限制

俄羅斯的影響力活動可能很熟練，但是效果如何？顯然，閱聽眾已看到其內容並產生互動。然而，還是缺乏明確的科學證據證實這種社群媒體活動有助俄羅斯實現任何特定行動目標，或以規劃者的預期改變閱聽眾的態度、行為與信念。[16]

有趣的是，2017年末一項研究評估「網路研究社」對美國推特使用者政治態度和行為的影響。該研究找出在推特上與「網路研究社」貼文互動的使用者，並分析了六項不同的政治態度和行為是否在一個月內產生變化。研究並沒有發現改變的證據，並認為俄羅斯的酸民手法可能失敗了，他們只是直攻那些態度和信念原本就有強烈偏向的目標族群。[17]

儘管如此，行動的創意和範圍還是引起了政治人物、記者、研究員，以及美國公眾的極大關注。社群媒體行動加上俄羅斯其他更廣泛的干預活動(包括駭客攻擊美國民主黨全國委員會伺服器並洩露其電子郵件內容)，至少使部分閱聽眾對2016年選舉正當性產生質疑。[18] 這樣的結果很可能使俄羅斯的規劃者和政治人物認為行動是成功的。

對於俄羅斯和其他製造假訊息的行為者而言，目前存在一個關鍵的限制或挑戰，亦即臉書、推特和其他平臺已正密切監控俄羅斯的內容。網路機器人必須更加精良，以克服市場上現有的各種機器人探測器。俄羅斯將不再能夠直接以盧布支付廣告費用，或以「網路研究社」相關的電腦發布貼文。

資訊軍備競賽肯定會隨之而來。俄羅斯人很可能會適應西方政府或線上平臺所採取的任何反制措施。有證據顯示該情況已經在發生。俄羅斯已在非洲大陸測試新的假訊息戰術，不再從聖彼德堡的「網路研究社」辦公室創造假的臉書社團，而是租用或購買當地人已經建立和使用過的帳號。俄羅斯還在特定非洲國家成立當地媒體組織，為俄羅斯發布這些內容。這些看似真實的內容將使辨識工作更加困難。[19]

中共

目標與目的

透過記錄2017年以來共黨媒體影響力的擴大，分析家庫克(Sarah Cook)歸納了中共傳播和影響力戰略廣泛而總體的目標。首先，她指出中共政府試圖「強化對中國大陸和共黨威權政體的正面看法。」同時也尋求「邊緣化、妖魔化或完全壓制反對共黨的聲音」，以及其他可能對其政府或領導人產生負面影響的資訊。中共亦尋求助長海內外的民族主義情緒，宣揚兩岸統一，並鎮壓香港的抗議活動。[20]

能力

中共因有效扼殺和影響其境內的線上言論而聲名狼藉，並發展了一些看似可有效增加國際影響力的離線工具。然而，中共利用線上工具影響國際政策和輿論的能力仍處於起步階段。

國內審查制度和影響力

中共利用「防火長城」和「金盾」來壓制國內的異議。防火長城阻擋進入其所限制的外國網站，如果中國大陸用戶試圖連結這些網站，將無法載入並收到逾時的錯誤碼訊息。[21] 此外，中共還利用其「金盾」來監管國內網站的資訊。據牛津大學博爾索弗(Gillian Bolsover)表示，中國大陸的社群媒體網站主動監控使用者產製的內容(user-generated content)，以確保發布的資訊合乎國家法律，經常遭審查的內容包括政治醜聞、政治領導人和組織抗議活動資訊。[22]

中共亦積極尋求以社群媒體作為與人民對話和討論的管道。2011年開始，中共政府認為要做的不僅是審查線上的內容，還要加強政治溝通。包括黨中央、國家機關、國有媒體和個別黨員幹部皆很快建立了官方的社群媒體帳號。2014年為止，政府已經在微信上申請10萬個以上的官方社群媒體帳號，新浪微博上也有18萬筆政府帳號。[23]

國內資訊控制的潛在工具之一是「五毛黨」帳號。學者和政策專家描述這群志願網軍每貼一篇「攻擊批評者和支持國家」的文章，就能獲得五毛錢，而這些攻擊似乎都來自普通人。[24] 2017年哈佛大學的一篇論文研究與五毛黨帳號有關的洩露數據，作者群估計政府每年編造和發布約4.48億則社群媒體評論。這些假的使用者不會與懷疑政府的人直接交鋒，而是試圖改變話題並讚揚中國大陸與共黨。[25] 這項工作大部分是由政府人員完成，他們利用日常工作以外的時間執行。

國外影響力：「離線」能力

雖然本章置重點於線上影響力行動和宣傳技術，但是中共已經建立了一種強大且多模式的離線手段，來影響外國的民眾和政府。該手段在第二章已經討論過，但仍值得在此簡要重複。首先，中共已建立不斷擴大的全球媒體觸及能力，其最知名的國有媒體具有國際影響力。[26] 例如，《中國環球電視網》透過衛星和有線電視以英語、西語、法語、阿拉伯語和俄語向世界各地區播送。此外，中共官媒還在紐約的報攤及華盛頓的國會辦公室發送與《中國日報》和《華盛頓郵報》有關的內容。中共外交官和其他具有影響力的重要人士撰寫各種專欄文章，並努力與外國記者建立關係。中共也經常揚言威脅，如果各種商業利益代表不順從黨的路線，將被拒絕進入其市場。[27]

此外，中共國有媒體機構也利用社群媒體擴大影響範圍。據假訊息研究員迪瑞斯塔(Renee DiResta)表示，《中國日報》、《新華社》和《中國環球電視網》各自英文臉書粉絲專頁的追蹤數都超過7,500萬，是CNN或福斯新聞網的兩至三倍。迪瑞斯塔認為，中共係運用大量付費社群媒體廣告培養龐大粉絲數。[28]

國外影響力：線上能力

中共試圖利用包括假社群媒體帳號在內的線上工具，推進其統一臺灣的目標，以及壓制香港的抗議活動。利用社群媒體促臺統一上有多次小規模的行動。以下為令人關注的案例：颱風肆虐導致大阪關西國際機場橋樑中斷，臺灣電子布告欄「批踢踢實業坊」(PTT)出現誤導性的貼文指出，臺灣公民只要承認自己是中國大陸公民，中共領事館就會協助從大阪撤離。研究人員追蹤PTT上的訊息，發現係由中國大陸微博網站與當地媒體網站上內容農場的帳號所發出，該假訊息後來轉發至PTT上所致。[29] 該事件造成嚴重的後果，臺北駐大阪辦事處處長因受到巨大壓力自縊身亡。

在另一個案例中，發現大量PTT帳號(其中某些被認為「具影響力」)是由某個在臺灣和東南亞相當熱絡的拍賣網站上購得。其中許多帳號發出的內容從支持民主轉為「親中共」，且這些帳號會挑時間點貼文，好讓臺灣民眾一早起床就能看見。[30]

中共最近被發現用臉書和推特的假帳號壓制香港的抗議活動。2019年8月19日，推特和臉書都宣布發現中共的行動。其中推特確認有936個來自中共的帳號「蓄意和專門企圖在香港製造政治爭端，包括破壞街頭抗議運動的合法性和政治立場。」[31] 另外在臉書和YouTube上也都發現了假帳號。[32]

隨後，澳洲戰略政策研究所(Australian Strategic Policy Institute, ASPI)發布了遭停用推特帳號的檔案分析，發現940個假帳號共發布了360萬則推文，研究員歸納出三個關鍵主題如下：譴責抗議者、支持香港警方和「法治」，以及散布有關西方參與抗議的陰謀論。[33] 作者們形容這次的活動規模相對較小，像是「匆促成軍」缺乏完善的事先規劃。他們認為這些帳號是取自廉價的垃圾郵件或行銷用帳號，因為原帳號持有者曾以阿拉伯語、英語、韓語、日語和俄語推文，內容涵蓋英國足球到色情內容。[34]

研究人員還發現，中共「幾乎沒有企圖針對線上社群採取任何縝密規劃的心理手段。」[35] 相形之下，俄羅斯政府精心策劃的社群媒體長期影響力行動，通常與關鍵目標閱聽眾網路緊密相連運作，但在中國大陸資料庫分析中並沒有發現這樣的特徵。最後他們認為，一些推文裡出現的中文方言使作者徹底露出了馬腳。[36]

除了壓制香港抗議的活動之外，澳洲戰略政策研究所還發現針對中共政治對手進行的小規模行動證據。其中最大的行動是針對郭文貴，他目前居住於美國，係中國大陸商人和書商，曾公開指控中共政府高層貪汙。一共有618個帳號的3萬8,000多則推文惡意攻擊其人格。[37]另外兩個較小的行動目標係已遭中共逮捕的兩名異議人士。[38]

隨2019至2020年新冠病毒疫情的爆發，中共發起一場新的宣傳活動，部分目的是避免因病毒而受指責並欲推廣其抗疫成效。首先，中共在社群媒體上主張病毒可能並非源自中國大陸，例如，其駐南非大使館於2020年3月7日推文「雖然疫情是在中國爆發的，但這不一定就表示病毒源自於此，更遑論『中國製造』的言論。」[39] 該推文進一步推測該病毒源於美國。中國大陸媒體大肆報導陰謀論，指一名美軍單車選手可能從迪特里克堡(Fort Detrick)將疾病帶到武漢，該地為美陸軍首要生物實驗室所在。中共外交部發言人兼新聞司副司長也在推特上推測，美國將新冠病毒死者隱匿於流感的死亡人數中。[40]

其次，中共推動抗疫的大內宣和大外宣。2020年2月，中共官媒開始投放社群媒體廣告，歌頌習近平在遏制病毒上的領導能力。[41] 3月9日，中共外交部的官方帳號推文「中共抗擊疫情的努力為(國際)防範工作爭取了時間。」[42] 中共還努力宣傳其國際援助作為，由官媒大肆報導義大利和塞爾維亞感謝中共提供醫療物資的新聞。[43] 支持中共的網路機器人以兩個主題標籤(hashtag)在推特宣揚中共在義大利的醫療救援工作：#forzaCinaeItalia(中國和義大利加油！)，以及#grazieCina(謝謝中國)。中共官方外交推特帳號也使用了這些標籤。[44]

限制

從已知針對臺灣和香港抗議人士的線上宣傳活動看來，中共一直奮力將社群媒體武器化，以影響海外閱聽眾。中共顯然能成功在國內有效審查網路非法內容，並形塑線上輿論，但如此對國內網際網路的控制並不容易在國外如法炮製，因為在國外必須應付無法被壓制的異議。[45]

中共也從失敗中獲取經驗教訓。2019年8月推特宣布將中國大陸境內大量帳號停權的同一天，中共的網際網路監管機構公告了一份有關協助其在臉書等社群媒體海外帳號「運作與發展」的合約。該計畫徵求一個專家團隊，能夠「從各種角度訴說中國的故事，表達中國的聲音，並獲得海外閱聽眾對習近平思想的認同與支持。」國有新聞機構《中國新聞社》也宣布已啟動新計畫用以建立海外社群媒體的影響力，特別是在六個月內將其兩個推特帳號的追蹤者增加至58萬，並希望這些帳號至少有8%來自北美、澳洲和紐西蘭。總之，中共在這兩個帳號上花了超過100萬美元。[46]

投資人工智慧領域將進一步提升中共能力，如果能有效結合大規模的社群媒體行動，就可能會在該領域構成嚴重威脅。[47] 中共與快速竄升的社群媒體TikTok關係密切，也可能有助於其進一步傳播其訊息。關於中共利用該應用程式來強化審查與操縱的手段已引起懷疑，不斷擴大接觸群眾可能會是中共的資訊優勢，並為其提供一個新的影響力平臺。

伊斯蘭國和社群媒體

目標與目的

根據一份遭洩露的戰略文件，伊斯蘭國的資訊作戰有三個主要目標：招募、治理和媒體。[48] 首先，伊斯蘭國企圖增加招募當地和外國戰士投入其組織。其次，伊斯蘭國制定了一項計畫，包括複雜的資訊和情報機制，目的是協助其擴張和控制領土。最後，其精心打造的媒體系統致力於推動招募和治理工作，同時鞏固其對殘暴行為的信仰，旨在嚇阻敵人並營造最大的心理效果以激勵支持者。

其他研究試圖透過檢視伊斯蘭國宣傳活動的內容，來瞭解其資訊目標和目的。蘭德公司的研究員在推特上分別追蹤了一群激進的伊斯蘭國成員和其支持者，並分析了這些內容的詞彙。他們發現伊斯蘭國似乎比任何其他團體都展現「更有自覺的社群媒體戰略」，其極度頻繁使用專屬社群媒體的詞彙如spread、link、breaking news、now released。[49] 此外，宗教和歸屬感的主題可引起強烈的共鳴。用戶在提到暴力的伊斯蘭國活動時，運用推崇式的措詞如「伊斯蘭國之獅」(譯註：獅子在伊斯蘭教文化中代表英勇與力量，在現代聖戰士宣傳中係榮譽的重要象徵)和「聖戰士」，而為了模擬真實國家，「哈里發國家的軍隊和士兵」等詞亦經常出現。[50]

能力

要瞭解伊斯蘭國在激進化和招募上運用線上工具的能力，必須先分析極端主義激進化和招募的演進。蓋達組織(Al Qaeda)以及其他在波士尼亞、車臣和巴勒斯坦的激進分子以往運用DVD和錄影帶來發布宣傳。其中許多影片內容皆描繪殘暴行為，這是為了煽動宗教領袖的意見和布道，因為這些領袖的行為係恐怖主義行動論述和精神的基礎。招募激進團體通常透過小型社會團體進行，例如在私人寓所或清真寺集會招募沙烏地阿拉伯新兵前往伊拉克，並將這些場所從討論「無害的伊斯蘭教義」變成撻伐美國發動伊拉克戰爭和其所犯下的暴行。[51]

隨著蓋達組織轉向網際網路進行招募工作，極端主義的宣傳和招募手法逐漸進化。最初賓拉登(Osama bin Laden)及其副手札瓦希里(Ayman al-Zawahiri)在半島電視臺發布演講後，即開始在網路上發表冗長而枯燥的文章。後來蓋達組織重要理論家奧拉基(Anwar al-Awlaki)藉由YouTube上的布道影片聲名大噪，宣傳上的成功使他成為駐葉門美軍的目標。[52] 伊拉克戰爭期間，蓋達組織因發布以應急爆炸裝置襲擊美軍的影片而惡名昭彰。[53] 在整個過程中，蓋達組織和其他團體主要利用網際網路做為廣播工具，但較少運用社群媒體平臺或關注線上活動的社會面向。

伊斯蘭國澈底顛覆了極端團體利用網際網路及社群媒體平臺的方法。其將宣傳的製作和散布去中心化，運用多層次媒體中心產製其官方媒體刊物，然後利用支持者的網路來發布訊息。同時，伊斯蘭國也學會使用私訊功能來接觸潛在新兵。伊斯蘭國運用各種途徑推展官方宣傳工作，自有媒體「Al-Furqan Media」和「Al-Hayat Media」製作和發布來自高層的訊息，如巴格達迪(Abu Bakr al-Baghdadi)的布道，以及精美的英語雜誌《達比克》(*Dabiq*)。另外，各「省」媒體也自製各種內容和宣傳影片。

伊斯蘭國不但試圖在各網站上散布這些內容，也透過不同社群網路應用程式傳播，包括臉書、Instagram、Tumblr、Ask.fm以及最著名的推特。這些管道使伊斯蘭國能夠在宣傳製作和散布上招募到來自全球的大量支持者。除了在網際網路發布其內容之外，伊斯蘭國也樂見支持者和成員主動發起各自的非官方宣傳。克勞森(Jytte Klausen)於2014年研究西方伊斯蘭國戰士的2萬9,000個帳號發布的推文發現，衝突地區以外的發布者(包括少數有影響力的女性)在這項工作上扮演關鍵角色，他們「藉由貼文與轉貼素材製造超量訊息，這些網軍帳號通常由位於敘利亞的組織和戰士持有。」[54]

伊斯蘭國還與個別戰士合作，協調整合他們以私人帳號在推特、Instagram或Tumblr的貼文。這些描述戰場生活和戰果的故事獲得了廣泛的關注。[55] 此外，「國際激進主義暨政治暴力研究中心」(International Centre for the Study of Radicalisation and Political Violence)的一份報告強調西方傳布者的角色，認為許多外國的戰士是藉由關注非官方帳號來瞭解衝突情況，而非透過伊斯蘭國的官方媒體。[56]

伊斯蘭國也利用社群媒體來強化其招募工作，其召集「專門招募小組，夜以繼日在伊拉克和敘利亞的網咖，以一對一的形式與潛在新兵互動。」[57] 對伊斯蘭國社群媒體帳號按讚、轉推或留下正面留言的個人即為潛在招募對象，招募人員可以進一步利用推特和臉書的私訊聯繫。雙向對話使招募人員能培養目標對象並督促行動(無論是在西方發動襲擊，還是移民到伊斯蘭國領土)。正如貝格爾(J.M. Berger)所指出，隨著伊斯蘭國企圖在伊拉克和敘利亞以外的地方招募，這種招募方式變得日益重要。[58]

總之，這些努力似乎很成功。伊斯蘭國因社群媒體行動而獲得大量媒體曝光與負面名聲，最終招募了超過4萬人(3萬2,809名男性、4,761名女性和4,640名兒童)加入。有超過5,900名來自西歐的外國戰士加入，來自美洲的則有753名。[59] 伊斯蘭國的成員還發動了各種致命襲擊，其中最引人注目的是2016年3月22日造成32人罹難的布魯塞爾機場和地鐵爆炸事件，以及2015年11月13日造成130人罹難的巴黎恐攻事件。美國、加拿大、澳洲、突尼西亞、土耳其和埃及也都發生了受伊斯蘭國啟發的攻擊事件。[60]

限制

伊斯蘭國在社群媒體上的成功並沒有延續。2015年，推特和其他社群媒體公司開始以違反服務條款為由將其社群媒體帳號停權。伊斯蘭國後來想方設法克服這些停權措施，推特一取消某伊斯蘭國支持者帳號，該支持者就轉換至備用帳號。[61] 然而，即使是在最理想的情況下，這種補救措施也無法維持以往宣傳散播的驚人速度。[62] 因為這些平臺很快創造了新的人工智慧工具，幾乎可以即時偵測和終止帳號。2017年的前六個月，推特關閉了近30萬個恐怖分子帳號。[63] 因此，康威(Maura Conway)等人在針對推特關閉帳號的研究中表示，「多數支持伊斯蘭國的推特使用者在推特上活動的成本(包括在士氣低落下仍須不斷努力發布內容以維持能見度)遠超過了利益。這意味著在推特上的伊斯蘭國社群幾乎不復存在。」[64]

此後，伊斯蘭國一直在尋求新的線上領域來招募和宣揚激進主義。有一段時間，伊斯蘭國轉為運用Telegram即時通訊軟體，雖然其缺乏推特獨有的廣播功能，但是卻可以運用安全的方式「與世界各地志同道合的支持者溝通，散布官方和非官方的媒體資訊，並提供行動指南。」[65] 然而，Telegram最近與國際刑警組織合作，於2019年底進行的一系列帳號停權措施，使伊斯蘭國必須再度另闢蹊徑。

建議

隨著美國進入大國競爭的新時代，社群媒體日益頻繁地被當作戰略影響力行動和民族國家宣傳的工具，對美國利益構成了重大威脅。雖然俄羅斯的社群媒體行動可能並未對2016年的美國大選產生決定性影響，但是卻很可能對美國在大選中的信任度產生負面影響。此外，這種攻擊顯然將繼續針對美國、盟邦和其他國家的民主選舉。北京在2020年藉強勢的社群媒體行動形塑新冠病毒爆發的可疑原因，就是以美國及其盟邦為目標進行線上宣傳。無庸置疑，美國必須維護相關規範、價值與制度的權威性、合法性並得到尊重，避免遭受這些對手的威脅。

針對美國如何妥善因應此一威脅，許多文件和報告提出各種建議。[66] 然而，檢視這些大量建議超出了本章的範圍，但是針對如何減少威脅並簡要分析一些廣泛作法仍有助益。

追蹤、標示和封鎖對手散布的內容

以美國為首抵制伊斯蘭國的宣傳行動證實是成功的，主要因為社群媒體平臺能夠並願意識別伊斯蘭國的內容，並終止其帳號。總之，這些平臺似乎可以找出並標定此類內容，部分原因是極端分子為了招募活動，明確地標註其行動。美國政府應該持續與推特、臉書和其他平臺合作，以確保能將極端分子帳號停權。以民族國家的行動而言，美國面臨的挑戰則更為嚴峻，因為這些國家利用假帳號進行隱密宣傳並帶有一連串的目的。在負責規劃與執行線上宣傳者與偵測並移除這種行動威脅者之間，軍備競賽已經展開。美國政府需要與科技公司和學術界密切合作，支持這場軍備競賽，並為偵測這些行動提供新的方法。

建立高風險人群的韌性

協助閱聽眾成為更謹慎的社群媒體使用者至關重要。這代表要給予閱聽眾技巧和能力來辨別假新聞、思考社群媒體內容來源的可信度，並認知到他們在反制這些內容或限制這樣宣傳上的角色。培養媒體素養的行動便是建立此一韌性的潛在途徑，美國和其他地區目前正著手制定和實施相關教育課程。另外，當政府發現或懷疑對手正針對其民眾進行線上影響力行動時，應該提出警告。

支持遭對手攻擊的盟邦

美國應該協助盟邦對抗線上宣傳。例如，俄羅斯一直對烏克蘭政府及其他東歐國家進行近乎未間斷的宣傳行動。美國應與被當成目標的國家合作，賦予其必要的能力來抵禦和反擊這些活動。具體的政策內容或有所不同，作法可能包括訓練當地政府發展更佳的溝通戰略、改善記者的培訓課程、資助揭發對手的宣傳，以及建立媒體素養培力行動。

強化組織打擊對手宣傳

美國政府必須確保適當動員以打擊線上假訊息。美國情報體系需要取得必要的能力和資金，在外國影響力行動發生前(或發生時)能即時偵獲。跨部會間的協調至關重要，因為國土安全部、國務院和國防部將有各自負責打擊對手的領域。[67] 協調工作應該向下延伸至州的層級，幫助各州為選舉做好準備以回應針對地區的行動。值得提醒的是，美國和社群媒體公司必須在資訊共享上密切合作，確保針對威脅和對手行動情資充分溝通，並同心協調反宣傳活動。

註釋

1. 本章使用「宣傳」(propaganda)和「假訊息」(disinformation)兩個名詞。韋氏(Merriam-Webster)辭典將「宣傳」定義為「蓄意散布想法、事實或指控，以達到本身的企圖或是破壞對方的企圖。」「假訊息」則被視為是一種宣傳的形式。內姆爾(Christina Nemr)和甘瓦雷(William Gangware)則將「假訊息」描述為「將真實的資訊素材安插於刻意製造的錯誤背景，製造兩者間不正確的連結；還有假新聞網站、以操縱為目標的網站，或者以圖形、圖像和影片形式散布的虛假資訊。」請參閱Christina Nemr and William Gangware, *Weapons of Mass Distraction: Foreign State-Sponsored Disinformation in the Digital Age* (Washington, DC: Park Advisors, 2019).
2. Samantha Bradshaw and Philip N. Howard, *The Global Disinformation Order: 2019 Global Inventory of Organized Social Media Manipulation,* Working Paper No. 2019.3 (Oxford, UK: Project on Computational Propaganda, 2019).
3. Ibid., 1, 13.
4. Michael J. Mazarr et al., *Hostile Social Manipulation: Present Realities and Emerging Trends* (Santa Monica, CA: RAND, 2019).
5. Ibid., 61.
6. Diego A. Martin and Jacob N. Shapiro, *Trends in Online Foreign Influence Efforts*, Working Paper Version 1.2 (Princeton: ESOC Publications, 2019).
7. Elizabeth Bodine-Baron et al., *Countering Russian Social Media Influence* (Santa Monica, CA: RAND, 2018).
8. Joby Warrick and Anton Troianovski, "Agents of Doubt: How a Powerful Russian Propaganda Machine Chips Away at Western Notions of Truth," *Washington Post*, December 10, 2019, available at <www.washingtonpost.com/graphics/2018/world/national-security/russian-propaganda-skripal-salisbury/>.
9. Robert S. Mueller III, *Report on the Investigation into Russian Interference in the 2016 Presidential Election*, vols. 1 and 2 (Washington, DC: Department of Justice, 2019).
10. Claire Allbright, "A Russian Facebook Page Organized a Protest in Texas. A Different Russian Page Launched the Counterprotest," *Texas Tribute* (Austin), November 1, 2017, available at <www.texastribune.org/2017/11/01/russian-facebook-page-organized-protest-texas-different-russian-page-l/>.

11. Renee DiResta et al., *The Tactics and Tropes of the Internet Research Agency* (New York: New Knowledge, 2018), available at <https://digitalcommons.unl.edu/cgi/viewcontent.cgi?article=1003&context=senatedocs>.
12. Martin and Shapiro, *Trends in Online Foreign Influence Efforts.*
13. Tom Uren, Elise Thomas, and Jacob Wallis, *Tweeting Through the Great Firewall: Preliminary Analysis of PRC-Linked Information Operations Against the Hong Kong Protests*, Issues Paper Report No. 25/2019 (Canberra: Australian Strategic Policy Institute, 2019), 5, available at <https://www.aspi.org.au/report/tweeting-through-great-firewall>.
14. Sergey Sanovich, *Computational Propaganda in Russia: The Origins of Digital Misinformation*, Working Paper No. 2017.3 (Oxford, UK: Computational Propaganda Research Project, 2017), available at <http://comprop.oii.ox.ac.uk/wp-content/uploads/sites/89/2017/06/Comprop-Russia.pdf>.
15. Ibid., 15.
16. 縱觀俄羅斯針對美國2016年總統大選的行動，其投放廣告的目標似乎沒有集中在對總統選舉最關鍵的州。俄羅斯在威斯康辛州、賓州和密西根州的廣告花費不到2,000美元，顯示這些活動在改變選舉人團的投票上不具決定性的作用，請參閱Nemr and Gangware, *Weapons of Mass Distraction.*
17. Christopher A. Bail et al., “Assessing the Russian Internet Research Agency’s Impact on the Political Attitudes and Behaviors of American Twitter Users in Late 2017,” *Proceedings of the National Academy of Sciences* 117, no. 1 (January 2020), 243-250.
18. Matthew Nussbaum, “Worries About Trump’s Legitimacy Resurface with Russia Indictment,” *Politico*, February 16, 2018, available at <www.politico.com/story/2018/02/16/muller-indictment-trump-election-legitimacy-416163>.
19. Davey Alba and Sheera Frenkel, “Russia Tests New Disinformation Tactics in Africa to Expand Influence,” *New York Times*, October 30, 2019, available at <www.nytimes.com/2019/10/30/technology/russia-facebook-disinformation-africa.html>.
20. Sarah Cook, *Beijing’s Global Megaphone: The Expansion of Chinese Communist Party Media Influence Since 2017*, Special Report (Washington, DC: Freedom House, 2020), available at <https://freedomhouse.org/sites/default/files/2020-02/01152020_SR_China_Global_Megaphone_with_Recommendations_PDF.pdf>.

21. Gillian Bolsover, *Computational Propaganda in China: An Alternative Model of a Widespread Practice*, Working Paper No. 2017.4 (Oxford, UK: Computational Propaganda Research Project, 2017), available at <https://blogs.oii.ox.ac.uk/politicalbots/wp-content/uploads/sites/89/2017/06/Comprop-China.pdf>.
22. Ibid.
23. Hauke Gierow, Karsten Luc, and Kristin Shi-Kupfer, "Governance Through Information Control: China's Leadership Struggles with Credibility in Social Media Staged Propaganda, Everyday Tips, Lack of Interactivity," *China Monitor* 26 (January 19, 2016), available at <https://www.merics.org/sites/default/files/2019-08/China_Monitor_No_26_Social_Media_EN.pdf>.
24. Bolsover, *Computational Propaganda in China.*
25. Gary King, Jennifer Pan, and Margaret E. Roberts, "How the Chinese Government Fabricates Social Media Posts for Strategic Distraction, not Engaged Argument," *American Political Science Review* 111, no. 3 (2017), 484-501.
26. Cook, *Beijing's Global Megaphone.* 中共也藉由同意部分電影進入中國大陸市場，對好萊塢產生重要的影響力。電影《絕地救援》(*Martian*)和《地心引力》(*Gravity*) 在中國大陸市場受到高度好評，主要是因為片中其太空人拯救了有難的美國太空人，請參閱Gus Lubin, "18 Hollywood Films That Pandered to China's Giant Box Office," *Business Insider*, October 14, 2016, available at <www.businessinsider.com/hollywood-movies-in-china-2016-10#cloud-atlas-removed-nearly-30-minutes-from-its-chinese-cut-largely-plotlines-and- scenes-with-controversial-sexual-relations-3>.
27. 著名案例如美國NBA休斯頓火箭隊總經理莫雷(Daryl Morey)發布其推文：「爭取自由，與香港同在。」他很快刪除推文並道歉，而NBA則努力彌補錯誤，避免失去高利潤的中國大陸籃球市場，請參閱Theodore Yu, "One Tweet, a Week of Turmoil: NBA Steps Out of Bounds with China and Pays the Price," *Sacramento Bee*, October 13, 2019, available at <www.sac-bee.com/sports/nba/sacramento-kings/article235933242.html>.
28. Renee DiResta, "For China, the 'USA Virus' Is a Geopolitical Ploy," *The Atlantic*, April 11, 2020, available at <www.theatlantic.com/ideas/archive/2020/04/chinas-covid-19-conspiracy-theories/609772/>.
29. Gary Schmitt and Michael Mazza, *Blinding the Enemy: CCP Interference in Taiwan's*

Democracy (Washington, DC: Global Taiwan Institute, October 2019).

30. Ibid., 8-9.
31. Twitter Safety, "Information Operations Directed at Hong Kong," *Twitter*, August 19, 2019, available at <https://blog.twitter.com/en_us/topics/company/2019/information_operations_directed_at_Hong_Kong.html>.
32. Nathaniel Gleicher, "Removing Coordinated Inauthentic Behavior from China," *Facebook*, August 19, 2019, available at <https://about.fb.com/news/2019/08/removing-cib-china/>; Chris Welch, "YouTube Disabled 210 Accounts for Spreading Disinformation About Hong Kong Protests," *The Verge*, August 22, 2019, available at <www.theverge.com/2019/8/22/20828808/youtube-hong-kong-protests-china-disabled-accounts-suspension-disinformation>.
33. Uren, Thomas, and Wallis, *Tweeting Through the Great Firewall.*
34. Ibid., 4.
35. Ibid.
36. Ibid., 11.
37. Ibid., 14.
38. Ibid., 22.
39. Bethany Allen-Ebrahimian, "Beijing's Coronavirus Propaganda Blitz Goes Global," *Axios*, March 11, 2020, available at <www.axios.com/beijings-coronavirus-propaganda-blitz-goes-glob-al-f2bc610c-e83f-4890-9ff8-f49521ad6a14.html>.
40. DiResta, "For China, the 'USA Virus' Is a Geopolitical Ploy."
41. Ibid.
42. Allen-Ebrahimian, "Beijing's Coronavirus Propaganda Blitz Goes Global."
43. DiResta, "For China, the 'USA Virus' Is a Geopolitical Ploy."
44. Bethany Allen-Ebrahimian, "Bots Boost Chinese Propaganda Hashtags in Italy," *Axios*, April 1, 2020, available at <www.axios.com/bots-chinese-propaganda-hashtags-italy-cf92c5a3-cdcb-4a08-b8c1-2061ca4254e2.html>.
45. Echo Huang, "No Little Red Guidebook: Why China Isn't as Skillful at Disinformation as Russia," *Quartz*, September 19, 2019, available at <https://qz.com/1699144/why-chinas-social-media-propaganda-isnt-as-good-as-russias/>.

46. "China's Propaganda Machine Is Spending Over $1 Million to Buy Influence on Foreign Social Media," *Quartz*, August 21, 2019, available at <https://finance.yahoo.com/news/china-propaganda-machine-spending-over-150453611.html>.
47. Christopher Paul and Marek Posard, "Artificial Intelligence and the Manufacturing of Reality," *RAND Blog*, January 20, 2020, available at <www.rand.org/blog/2020/01/artificial-intelligence-and-the-manufacturing-of-reality.html>.
48. See Linda Robinson et al., *Modern Political Warfare: Current Practices and Possible Responses* (Santa Monica, CA: RAND, 2018); Shiv Malik, "IS Papers: Leaked Documents Show How IS Is Building Its State," *Guardian*, December 7, 2015, available at <www.theguardian.com/world/2015/dec/07/leaked-isis-document-reveals-plan-building-state-syria>.
49. Elizabeth Bodine-Baron et al., *Examining IS Support and Opposition Networks on Twitter* (Santa Monica, CA: RAND, 2016), available at <https://www.rand.org/content/dam/rand/pubs/research_reports/RR1300/RR1328/RAND_RR1328.pdf>.
50. 另一項研究分析伊斯蘭國的宣傳雜誌《達比克》(*Dabiq*)和《盧米亞》(*Rumiyah*)的內容。雜誌內容的共同主題包括：伊斯蘭國對暴力所建構的神學正當性和論述；社群、歸屬感的意義與敘述；個人生長的經驗或英雄主義故事；建立共同的敵人，即西方和穆斯林「叛教者」；以及鼓勵個人暴力行為的教育性與激勵性文章，請參閱Tyler Welch, "Theology, Heroism, Justice, and Fear: An Analysis of IS Propaganda Magazines *Dabiq* and *Rumiyah*," *Dynamics of Asymmetric Conflict* 11, no. 3 (2018), 186-198.
51. Thomas Hegghammer, *Saudi Militants in Iraq: Backgrounds and Recruitment Patterns* (Kjeller: Norwegian Defence Research Establishment, February 5, 2007), available at <https://www.ffi.no/en/publications-archive/saudi-militants-in-iraq-backgrounds-and-recruitment-patterns>; Alexandria Zavis, "Foreign Fighters in Iraq Seek Recognition, U.S. Says," *Los Angeles Times*, March 17, 2008, available at <www.latimes.com/world/la-fg-iraq17mar17-story.html>.
52. "The Propaganda Wars Since 9/11," Washington Post, May 8, 2015, available at <www.washingtonpost.com/graphics/national/propaganda/>; Scott Shane, "The Lessons of Anwar al-Awlaki," *New York Times*, August 27, 2015, available at <www.nytimes.com/2015/08/30/magazine/the-lessons-of-anwar-al-awlaki.html>.

53. Edward Wyatt, "Anti-U.S. Attack Videos Spread on Web," *New York Times*, October 6, 2006, available at <www.nytimes.com/2006/10/06/technology/06tube.html>.
54. Jytte Klausen, "Tweeting the Jihad: Social Media Networks of Western Foreign Fighters in Syria and Iraq," *Studies in Conflict & Terrorism* 38, no. 1 (October 2014), 1-22.
55. Ibid.
56. Joseph Carter, Shiraz Maher, and Peter Neumann, *#Greenbirds: Measuring Importance and Influence in Syrian Foreign Fighter Networks* (London: International Centre for the Study of Radicalisation and Political Violence, 2014), 5.
57. Landon Shroder, "The Islamic State's Propaganda War: Advertisers and Marketers Weigh in on the World's Angriest Ad Campaign," VICE News, July 14, 2015, available at <www.vice.com/en_us/article/8x3nnv/the-islamic-states-propaganda-war-advertisers-and-marketers-weigh-in-on-the-worlds-angriest-ad-campaign>.
58. J.M. Berger, "Tailored Online Interventions: The Islamic State's Recruitment Strategy," *Combating Terrorism Center Sentinel* 8, no. 10 (October 2015), available at <https://www.ctc.usma.edu/posts/tailored-online-interventions-the-islamic-states-recruitment-strategy>.
59. Joana Cook and Gina Vale, *From Daesh to Diaspora: Tracing the Women and Minors of the Islamic State* (London: International Centre for the Study of Radicalisation, 2018).
60. Karen Yourish, Derek Watkins, and Tom Giratikanon, "Where IS Has Directed and Inspired Attacks Around the World," *New York Times*, March 22, 2016, available at <www.nytimes.com/interactive/2015/06/17/world/middleeast/map-isis-attacks-around-the-world.html>.
61. 正如一位伊斯蘭國支持者在部落格中疾呼：「為了對抗停權，你們必須相互支援，別待兄弟姐妹們大聲求援。如果你的帳號被停權，主動告訴你的追蹤者們去追蹤其他人。」請參閱 "Blog Post Suggests Ways for IS Supporters to Boost Social Media Effectiveness," SITE Intelligence Group, July 17, 2015.
62. J.M. Berger and Heather Perez, *The Islamic State's Diminishing Returns on Twitter: How Suspensions Are Limiting the Social Networks of English-Speaking IS Supporters*, Occasional Paper (Washington, DC: Program on Extremism at George Washington University, 2016).
63. Madhumita Murgia, " Twitter Takes Down 300,000 Terror Accounts as AI Tools Improve

," *Financial Times*, September 19, 2017, available at <www.ft.com/content/198b5258-9d3e-11e7-8cd4-932067fbf946>.

64. Maura Conway et al., "Disrupting Daesh: Measuring Takedown of Online Terrorist Material and Its Impacts," *Studies in Conflict & Terrorism* 42, nos. 1-2 (2019), 141-160.

65. Bennett Clifford and Helen Powell, *Encrypted Extremism: Inside the English-Speaking Islamic State Ecosystem on Telegram* (Washington, DC: Program on Extremism at George Washington University, 2019), available at <https://extremism.gwu.edu/sites/g/files/zaxdzs2191/f/EncryptedExtremism.pdf>.

66. 例如，請參閱 Todd C. Helmus et al., *Russian Social Media Influence: Understanding Russian Propaganda in Eastern Europe* (Santa Monica, CA: RAND, 2018), available at <https://www.rand.org/pubs/research_reports/RR2237.html>; Bodine-Baron et al., *Countering Russian Social Media Influence*; Alina Polyakova and Daniel Fried, *Democratic Defense Against Disinformation 2.0* (Washington, DC: Atlantic Council, 2019), available at <https://www.atlanticcouncil.org/wp-content/uploads/2019/06/Democratic_Defense_Against_Disinformation_2.0.pdf>; Paul Barret, Tara Wadhwa, and Dorothée Baumann-Pauly, *Combating Russian Disinformation: The Case for Stepping Up the Fight Online* (New York: NYU Stern Center for Human Rights, 2018), available at <https://issuu.com/nyusterncenterforbusinessandhumanri/docs/nyu_stern_cbhr_combating_russian_di?e=31640827/63115656>.

67. 美國未有統一的機構或政府組織領導反制外國宣傳和影響力行動，請參閱 *Homeland Security Advisory Council Interim Report of the Countering Foreign Influence Subcommittee* (Washington, DC: Department of Homeland Security, June 2019), 10, available at <https://www.dhs.gov/sites/default/files/publications/ope/hsac/19_0521_final-interim-report-of-countering-foreign-influence-subcommittee.pdf>; Melissa Dalton et al., *By Other Means—Part II: U.S. Priorities in the Gray Zone* (Lanham, MD: Rowman & Littlefield, 2019), 6-11, available at <https://csis-prod.s3.amazonaws.com/s3fs-public/publication/Hicks_GrayZone_II_full_WEB_0.pdf>.

第五章

印太競爭空間：

中共願景與二戰後的美國秩序

林奇(Thomas F. Lynch III)、普利斯特(James Przystup)
孫飛(Phillip C. Saunders)

本章檢視華府和北京(兩個印太地區大國競爭者)的主要戰略目標、利益和政策。文中強調美國「自由開放印太」願景與中共「利益共同體」框架間的戰略利益分歧。該分歧及各國區域利益的戰略重要性，使印太地區成為2020年代初期競爭最激烈的地緣政治區域。本章藉由分析美國和中共追求戰略成果的關鍵權力工具，發現各種相對優勢。中共在該地區的經濟影響力具明顯優勢，並在軍事工具方面發展了某些實質優勢，足以在第一島鏈的衝突中得勝。另一方面，美國在聯盟外交、意識型態共鳴、資訊吸引力，以及廣泛的軍事能力上持續占上風。儘管區域緊張情勢嚴峻且加劇，但是只要雙方都接受相對的權力限制，大國競爭對手間就有相互協作的機會；而重獲區域領導地位的美國則向北京發出明確的信號：與其挑起衝突不如接受美國持續存在的事實。

本章秉持全書宗旨，賡續分析大國競爭的新興時代，並以三個當代大國為重點：美國、中共和俄羅斯。然而，在印太地區，俄羅斯的戰略利益與實力與「中」美比較可謂相形見絀。因此，儘管2020

年莫斯科表示有興趣在印太地區扮演更重要的角色，但其對該區域的影響力仍備受質疑。[1] 因此，本章在討論俄羅斯時，僅將其當作客體，而非主導區域大國競爭的主體。

本章著重於「中」美在印太地區的兩強對壘，首先總結冷戰後15年來亞太地區各國的關係，並檢視這些關係如何為2008年後重大戰略的改變創造條件；接續評估中共自2009年起在印太地區的戰略與利益，以及美國在2010年代戰略目標的演變；然後，依據本書確立的五大國家競爭領域，對「中」美在整個印太地區的相對權力競爭進行評估，包括政治與外交、意識型態、資訊、軍事和經濟。本章將檢視2020年和未來至少五年華府和北京在個別領域中的權力資源差異，並探討臺灣這個特殊案例對區域競爭的意義。

本章確認兩國所追求的戰略目標具有歷史性延續：美國尋求不受約束的區域經濟與外交權利，偏好開放的溝通和人類自由，相對地中共則追求國內穩定，並以國家主導的管理模式堅守長期存在爭議的地理空間主權。雖然兩國各自的主要目標始終如一，但是過去20年來華府和北京的權力差距發生了變化：在經濟影響力和傳統軍力的特定手段上已轉為對北京有利，尤其在中國大陸鄰近地區上。同時，美國在外交、意識型態、資訊領域，以及國防競爭政軍面向的相對權力上仍具優勢。美國現階段和近期內要在印太地區進行有效競爭，就必須善用其優勢加強現有聯盟和安全夥伴關係，同時積極推廣具有吸引力的區域發展替代願景。同時，其必須化解中共的經濟外交和軍事壓制，避免削弱美國聯盟的政治基礎及區域勢力。

美國的區域願景、聯盟和活動：1992至2008年

美國在立國之前就已與亞洲接觸。1784年2月「中國女皇號」(Empress of China)自紐約港啟航，同年8月抵達澳門。在20世紀間，華府在中國推行門戶開放政策，並與日本作戰以維護海上通行和通商權，然後根據美國一系列的國家利益，在該地區建立堅實的經濟和安全框架。美國對西太平洋和亞洲各項政策的普遍原則是「進入」的概念，即在經濟上有權進入區域市場以追求美國商業利益，在戰略上實際進入盟邦以確保對美國安全承諾的信心，以及在政治上進入去影響並促進民主和人權。

自二戰結束後，美國不僅支持戰後自由、開放、以規則為基礎的國際經濟秩序演進，使貿易和資本得以自由流動，而且還致力於維護國際穩定並以和平解決爭端。[2] 這些全球性承諾展現美國在冷戰後對印太地區的堅定支持，並為該地區的穩定與繁榮作出重大貢獻。為此，美國藉由非正式「軸輻」(hub and spoke)聯盟體系來維持軍事優勢，以華府作為軸心，美國與日本、南韓、澳大利亞、菲律賓和泰國簽訂安全條約作為互連的輪輻，來保護和促進其在亞洲與太平洋地區的安全利益。[3]

1992年冷戰結束時，美國準備進入許多專家所謂的「亞洲世紀」。儘管冷戰後美國迫切需要鞏固前蘇聯集團國家解放後所獲得的利益，並協助妥善處理數千枚蘇聯戰略武器的無核化，但是華府仍在蓬勃的遠東地區大力擴張其經濟競爭力和影響力。就全球而言，特別是在亞太地區，美國奉行交往(保持積極和全球聯繫)與擴大(擴張自由主義政經規則與規範的範圍及強度)戰略。[4] 柯林頓總統在1993年9月

的一次談話中解釋,「接替圍堵主義的戰略必須是……擴大世界自由市場民主社會。」[5] 而中共是該美國政策中的重要部分。

正如第一章所詳述,北京於1978年開始由控制經濟轉變為市場型經濟。改革中的中共是美國政策的主要受益者。美國各政治派別領袖們雖在1989年中共以部隊鎮壓人權與民主抗議者後一直保持戒慎,但是到了1990年代中期都一致認為將中共納入全球制度並支持中國大陸市場改革,可以為中共和平崛起提供絕佳機會,並使其在現有秩序中成為負責任的全球經濟大國和利益關係者。許多美國人樂觀地認為,中國大陸中產階級的成長將帶動直接要求參政的訴求,進而挑戰中共的威權統治。[6] 華府向中國大陸商品開放美國市場,鼓勵其進入區域供應鏈,允許先進民間技術的移轉,這為北京在2001年加入世界貿易組織鋪路,並促使北京在區域和全球外交場域中更加投入並具影響力。[7] 華府認為美國的支持幫助中國大陸對外貿易從1970年代末的200億美元,爆炸性成長至2000年的4,750億美元。[8]

1992至2008年間,美國公司轉向中國大陸,進入其快速成長的市場並利用其廉價的勞動力降低生產成本。[9] 1993年,世界銀行和國際貨幣基金發布預測,中共即將取代日本成為世界第二大經濟體。[10]

> 我認為,無論是國內動態,還是各國在中共崛起的背景下對他國真實意圖日益悲觀的評估,都有助於解釋當前的形勢。
>
> James B. Steinberg, "What Went Wrong," Texas National Security Review 3, no. 1 (Winter 2019/2020)

同時,華府與日本的聯盟演變成真正的戰略夥伴關係。1980年代困擾兩國的貿易失衡問題,隨著日本陷入長期經濟停滯、雙邊自願採取貿易限制措施,以及日本產品轉銷亞洲大陸而獲得緩解。儘管有一陣子東京仍有疑慮,但是許多共同利益和相似的民主價值鞏固了聯盟在政治和軍事上的凝聚力。日本提供的軍事基地和其他後勤支援強化了美國的區域軍事優勢，並有助於維護對美國戰略有利的區域穩定。共同的民主價值觀增強了美日關係，使得雙邊的承諾不僅止於戰略上的權宜之計。1990和2000年代的民意調查皆顯示，美日民眾一致認為兩國聯盟和共同價值觀對雙邊關係至關重要，而這也是兩國個別與中共關係中所欠缺之處。[11]

在後冷戰初期，美國試圖應付一個悶悶不樂、停滯不前的北韓(同時採取嚇阻和外交手段以嘗試消除其核計畫)；維護臺海兩岸緊張關係的穩定；促進亞太地區多邊經濟、政治和安全合作；以及將中共納入區域和全球的經濟與安全體制。然而，這些目標的進展斷斷續續。雖然中共的快速成長和對外投資開放促進了區域經濟整合，但是北京加入世貿組織並未實現其應盡義務和達到西方期望。柯林頓政府回應1995至1996年臺海安全危機的方式，是與中共建立夥伴關係，包括有限的軍事合作。接任的小布希政府對中共的軍事潛力抱持較懷疑的態度，一架中共海軍戰鬥機和美國偵察機於2001年4月1日意外相撞，導致「中」美關係緊張陷入外交僵局，並凍結雙方的軍事交往。

美國於2001年9月遭受恐怖攻擊，使其將注意力從「亞洲世紀」轉向中東地區將近十年。9/11事件之後，美國政府要求亞洲國家支持反恐戰爭，並改善中東地區與南亞的不穩定局勢。[12] 美國利用與日本和南韓的戰略關係，將裝備和物資轉移到阿富汗和伊拉克以支持美國領導的反恐行動。兩國都為反恐任務提供資金和人員。當美國於9/11事件後再度與中共接觸，是為了請求中共協助處理北韓核武計畫，並在美國主導的國際體系中擔任「負責任的利益關係者」。中共彼時的反應依舊不冷不熱。雖然中共在使用武力方面很節制，但其軍事現代化的速度加快，輔以國防預算大幅增加，引起了整個區域的擔憂。中共於2007年宣布增加18%軍費開支，引發美國副總統錢尼(Dick Cheney)聲明「中國的軍事建設與其『和平崛起』目標背道而馳。」[13]

在中共宣布增加軍費開支的前幾個月，美國主要的區域盟邦日本才公開表示憂心中共日益嚴峻的戰略挑戰。日本外相麻生太郎在以「自由與繁榮之弧」(The Arc of Freedom and Prosperity)為題的重要演說中確立了政策框架，建構以民主、自由、人權、法治和真正的市場經濟等「普世價值」為基礎的東亞「價值導向外交」。[14] 時任日本首相安倍晉三於2007年8月在印度國會發表演說，提出從日本到印度的「兩洋交匯」(Confluence of the Two Seas)概念，強調雙方皆重視的基本價值觀：自由、民主和基本人權。[15] 日本這些言論(以及交往印度的作為)對分心的美國和他國是一記警鐘，提醒中共崛起可能會削弱區域與國際範圍的自由主義價值觀。

中共的區域願景和活動：1992至2008年

對於中共而言，印太地區在經濟、安全和政治方面是世界最重要的區域。自冷戰以來，尤其當中共更積極深入與鄰國交往後更是如此。

在經濟方面，該區域是原物料的產地；是中國大陸生產網路的零組件、技術和管理專業的供應者；以及中國大陸成品的消費市場。在1990年代，中共在世貿日益重要的角色及對未來成長的預期，使其成為具吸引力的市場，並使北京在與鄰近亞太貿易夥伴打交道時具備影響力，有利於促成區域和雙邊自由貿易協定談判。中共努力說服亞洲國家能夠分一杯羹，同時透過商業外交促進自身利益。互利共贏成為中共經濟外交的口號。

從安全角度來看，地理位置使印太地區對中共至關重要。中國大陸與14個東亞、南亞和中亞國家接壤，領導人擔心鄰國可能成為顛覆或軍事包圍的基地，他們特別憂慮的是，中國大陸少數民族多數生活在新疆和西藏等人口稀少的邊境地區，可能成為分離主義威脅來源。中共對「恐怖主義、分離主義和宗教極端主義」威脅的擔憂，促使其加大與中亞和南亞鄰國的安全合作力道。

中共尚未解決的領土聲索全部在亞洲，包括南海的南沙群島和西沙群島、東海與日本海上爭議疆界釣魚臺列嶼、與印度長達1,600哩的陸地爭議邊界，以及其欲統一並自稱為「核心利益」的臺灣。中共也擔心其周邊傳統軍力可能形成的包圍和威脅。中國大陸戰略家對美國的區域聯盟和夥伴關係長期高度戒慎，擔心有朝一日會對自身不利。

北京認為亞洲在政治上相當重要，並偏好一個能使自身快速經濟成長得以持續的穩定環境，並藉此提升區域影響力。中共官員和分析家承認，美國在支持區域穩定和保護海上交通線的角色，對區域穩定貢獻極大並促進了中共的利益。北京原則上反對聯盟關係，但只要不是針對中共且有助圍堵日本軍事化，就予以容忍。美國與其聯盟敵對中共的可能性使中國大陸分析家感到不安，尤其是美日聯盟現在似乎轉變為強化而非限制日本的能力。中共否認任何主宰亞洲的企圖，並宣告永不稱霸，在平等、相互尊重和不干預內政的基礎上與他國合作。但是中國大陸的菁英分子似乎也有所期待，隨著中共日益強大，弱國將會順從其意願。[16]

中共於1994至1996年對臺灣和南海的侵犯行為引發了區域對「中國威脅」的警覺。1994年底，北京占領菲律賓聲稱擁有主權的美濟礁(Mischief Reef)並構築防禦工事。此一事件凸顯中共具爭議性的「九段線」主張，即聲稱對南海的陸地和大部分水域擁有主權，包括一些其他國家主張和占領的部分。

1995年底和1996年3月，中共利用軍事演習(包括向臺灣近海發射彈道飛彈)來表達對臺灣獨立運動的關切，以及對美國允許中華民國總統李登輝訪美的不滿。華府回應中共在總統大選前威嚇臺灣的企圖，在附近海域部署了兩個航艦打擊群。該行動催生大量的文章與著作，討論中共軍事現代化和日益高漲的民族主義，以及中共是否對亞太地區構成威脅。[17] 1997至2008年中共採取較為克制的行為和保證措施，以緩解區域性的擔憂。[18] 在此期間許多亞洲的觀點轉向，不再視中共為潛在威脅而是一個機會。[19] 然而如前所述，日本並不如此認為，並轉而在2006至2007年間針對亞洲的未來提出政策願景，挑戰中共企圖達成的目標。

中共軍事力量在2000年代中期的成長，部分來自於軍方希望將中共的經濟實力轉化為軍事力量，另一方面是因為共黨領導階層對美國強大軍力的擔憂。中共觀察並參加周邊國家的雙邊和多邊軍事演習，作為建立信心的手段，同時也創造共軍與亞洲各國軍隊互動的機會。正如第一章所述，2008年的全球金融危機(致使美國經濟陷入長期衰退，而中國大陸經濟卻回到快速成長軌道)使得許多中國大陸分析家認為，美國經濟相對衰退的加速是多極化的徵兆，這為中共創造了新的機遇。儘管中共領導人試圖避免與華府直接衝突，但是仍加速擴張其區域勢力範圍與影響力。中共對南海和東海海上領土的主張也益發強勢，這些事態發展導致區域緊張，並對美「中」區域關係產生負面影響。

中共和美國在印太地區的角力：2009年後

美國泥足深陷於中東和南亞的反恐戰爭，但這並未改變華府的基本觀點，亦即美國利益的重心在亞洲。隨著世界從2008至2009年的經濟海嘯緩慢復甦，歐巴馬政府首先發表了一系列關於印太地區的演講和政策倡議，以「維護國際規範和(尊重)普世人權」為前提，擴大與中共、印度和長期區域盟邦及夥伴的合作。[20] 如第一章所述，北京與日俱增的影響力和軍力使人確信，美國已經進入了加速衰退的時期，而這為中共開啟了設定美「中」關係和區域事務議題的機會。同時，中共領導人仍然擔心國內動盪(如2008年西藏和新疆的種族動亂和暴力事件)及潛在美國領導的顛覆活動，包括一系列推翻了中東獨裁者和烏克蘭與吉爾吉斯親俄威權領導人的「顏色革命」。中共集體領導階層制定了更強勢的區域政策，習近平是其中一員，此趨勢在他於2012年11月就任中央總書記後更加明顯。美「中」關係基調發生劇變的條件自此確立。

中共的地緣戰略目標與軌跡

自2009年開始，中共在一系列雙邊、區域和全球議題上展現了更自信的姿態。[21] 在18個月的時間裡，中共的外交霸凌、強勢的軍事和準軍事行動，以及無視他國的反應，使北京十年來在印太地區魅力攻勢的收益化為烏有。尤有甚者，中共在南海和東海的海上主權聲索(包括騷擾在國際水域或中國大陸專屬經濟區內合法航行的美國軍艦和飛機)，嚴重破壞北京說服他國相信中共將和平崛起的努力。[22]

中共政策基調和實質內容的轉變同時具有國際及國內因素。如第一章所述，當中國大陸恢復成長，而美國和歐洲仍深陷2008至2009年的經濟衰退時，中共官員和分析家似乎誇大了金融問題對美國全球領導地位的負面影響，並錯誤結論全球權力平衡正在發生根本性的改變。中共官員似乎也曲解了歐巴馬政府加強雙邊合作、在全球制度中擴大中共角色的努力，認為這是美國軟弱的徵兆，與中共向華府施壓要求讓步的機會。[23] 此一評估在中國大陸引發民族主義情緒，許多評論者認為，一個更強大的「中國」應該對領土主張的挑戰採取強硬立場，並利用其經濟影響力懲罰美國對臺軍售。[24]

然而，中共官員和學者否認北京改變外交政策的目標、擴大領土主張，或對海上爭端採取更強勢的態度。他們認為其他國家在美國的鼓動下，加大了對中共長期領土主張的挑戰力道。《聯合國海洋法公約》締約國必須在2009年5月期限內提交200浬以外大陸礁層主張，促使許多亞洲國家(包括中共)加強對爭議島嶼和水域的主權聲索。中共官員和軍官認為，對挑釁行為的克制回應會被誤解為軟弱。[25] 北京在一些主權爭端中運用經濟脅迫的手段，包括在2010年中國大陸漁船船長被捕後，暫時禁止向日本出口稀土元素，以及在2012年限制進口菲律賓香蕉。同時中共也對其專屬經濟區內的軍事活動採取強硬立場，以行動干擾美國的船隻(包括2009年3月在海南島外海發生的事件，中共準軍事船隻試圖破壞美海軍無瑕號研究船[USNS *Impeccable*]的拖曳聲納陣列)。[26]

在此期間，中共決策者提及在維權和維穩這兩個互相競爭的目標之間，必須保持適當的平衡。但在習近平的領導之下，中共開始更加強調領土主張，而較不在乎這對鄰國和美國關係的負面影響。維護主權的戰術包括派遣海警和海軍執行巡邏任務、占領島礁、在爭議水域加強漁業執法、勘探石油和天然氣、騷擾在爭議地區作業的軍艦和飛機，以及利用法律手段形塑對中共有利的國際法解釋。

2013年，習近平掌權後的第二年，中共在南海幾個低潮高地(漲潮時沒入水中的自然陸地)開始填海造陸工程。該作為並非史無前例：馬來西亞、菲律賓、臺灣和越南自1980年代以來皆執行過類似計畫。2014年5月，中共在河內聲索的西沙群島附近海域設置石油鑽井平臺而升高緊張情勢，導致「中」越海警船相撞，並在越南引起激烈的反「中」示威活動。截至2015年6月，中共填海造陸工程總計「超過2,900英畝，在20個月內超過40年來其他聲索國所要求土地加總的17倍，約占南沙群島所有填海造陸土地的95%。」[27]

習近平於2015年9月保證，中共不會將其建造的人工島嶼「軍事化」，但是此項承諾含糊不清。[28] 中共很快就開始將機場和港口設施作為軍事和民用用途。中共從未根據國際法明確說明南海海域主權主張的確切性質或法律依據。北京的立場是，「中國對南沙群島及其附近海域擁有無可爭辯的主權」，而「……主權和相關權利是在長期的歷史過程中所形成，為歷代中國政府所堅持。」[29] 然而，2016年7月12日，就菲律賓抗議中共南海主張一案，常設仲裁法院裁定贊同馬尼拉，認定北京的大部分主張(包括「九段線」內的歷史水域)不符合《聯合國海洋法公約》。中共否認該法院擁有管轄權，未出席聽證並拒絕接受該裁決。

中共在受益於以美國權力和聯盟為基礎的穩定區域秩序的同

時，逐漸著手打造排除美國的新區域制度以促進自身利益。最初作為包括2005年的上海合作組織，以及中共想方設法拒絕美國參與東亞峰會初期計畫。自2013年以來，新的倡議包括「亞洲基礎設施投資銀行」、「一帶一路倡議」、「區域全面經濟夥伴協定」，以及重啟「亞洲相互協作與信任措施會議」(以下稱亞信會議)作為習近平推動「亞洲人的亞洲」安全概念的工具。習近平於2014年亞信峰會上宣布「亞洲人的亞洲」概念：

> 亞洲已進入安全合作的關鍵階段，我們需要……爭取新的進展……不能形體已進入21世紀，而腦袋還停留在冷戰思維、零和博弈的舊時代……創新安全理念，搭建地區安全和合作新架構……共建、共享、共贏的亞洲安全之路。[30]

一篇同時刊登的《新華社》文章將美國聯盟描述為「和平亞洲」的「致命弱點」以及主要障礙。[31] 指責「外部勢力」挑起該區域紛爭的主題已經成為中共宣傳和外交表態的主要內容。

美國的地緣戰略目標與軌跡

正如第一章所觀察，美國對於「中」美互動的敘事如下：2008起跌跌撞撞進入與中共建立合作關係的時代，隨著合作的努力逐步蹣跚而顯現競爭關係，於2014/2015年轉變為實質的戰略競爭，美國並於2017/2018年正式定調該競爭關係。

儘管美國在南亞和中東兩地有大規模駐軍，歐巴馬政府於2009年1月上任後仍宣布「重返亞洲」政策。2011年11月17日，歐巴馬總統於澳大利亞國會發表演說時正式宣布再平衡政策：「我們重新關注該區域反映出一個基本事實——美國一直是，且將永遠是一個太平洋國家……我們在這裡看到未來。」他指出亞洲是「世界上成長最快的地區，占全球經濟一半以上」，對於「為美國人民創造工作和機會」至關重要。他形容再平衡政策是「一項深思熟慮的戰略決定」，目的是增加亞洲在美國政策中的份量。[32] 時任國務卿希拉蕊闡述該政策的理由，認為「運用亞洲的成長和活力是美國經濟與戰略利益的核心」，而美國有機會建立「一個更成熟的安全經濟架構以促進穩定與繁榮。」[33]

雖然再平衡政策主要目標是使美國外交政策承諾符合其在全球各地的戰略利益，但是也回應了中共日益強勢的區域政策，特別是在海上領土爭端方面。亞太地區各國敦促華府在區域經濟、外交和安全事務方面發揮更積極的角色，以展現美國的承諾，並在面對更為強大而活躍的中共時，能協助維持區域穩定。美國曾於2010年5月的東協區域論壇回應，願意協助各國和平解決對中共強勢海洋政策的疑慮，並指出這些政策對航行自由構成威脅。中共則呼籲區域國家保持沉默，且當各方發言時換來中共外長楊潔篪離場抗議，隔天才返回提醒東協各國「中國是一個大國，其他國家是小國，這就是現實。」[34]

歐巴馬政府官員強調，再平衡政策包括外交、經濟和軍事元素，並致力於建立更加互助和穩定的「中」美關係。美國的大戰略仍尋求將中共充分融入現有全球秩序中，同時阻止任何以武力或脅迫方式改變此一秩序的作法。華府希望再平衡政策足以使美國的盟邦和夥伴消除疑慮，證明美國有能力也有意願長期維持在亞洲的勢力，同時也不會令中共領導人擔心，以致於放棄雙邊合作。[35] 然而，再平衡政策普遍被視為美「中」區域影響力競爭加劇的證明。

從2013至2015年，中共對海上領土爭議的強硬立場；國家加大干預力道，以犧牲外國企業對手利益為代價支持本土公司；習近平的中央集權及加緊政治與資訊控制，在在催化了美國的反應。2014和2015年，歐巴馬政府公開聲明《美日安保條約》第五條擴及東海釣魚臺列嶼，主張南海的航行自由權，並更頻繁地執行自由航行行動以挑戰中共非法的領海主張。美國公開譴責中共工業間諜活動和智慧財產權作法，並重新構思廣泛的新「跨太平洋夥伴協定」(Trans-Pacific Partnership, TPP)作為影響中共經濟政策的手段。在歐巴馬政府第二任期間，美國對中共與俄羅斯的政策有漸次冷淡的趨勢，其中公開強硬的態度在2014和2015年間最為明顯。[36] 這種逐漸升高的強硬並沒有導致美「中」關係的正式破裂，但卻為下一任美國政府創造了條件。川普總統於2016年當選，2017年1月就職，將雙方惡劣的關係帶到新的官方層面。

2017年12月發布的美國《國家安全戰略》指出「印太地區正上演自由和壓迫兩個世界秩序願景間的地緣政治競爭」，稱中共為「修正主義大國」。[37] 該報告特別批評中共利用「經濟的誘因與懲罰、影響力行動及軍事威脅」來改變區域秩序。[38] 主要規劃者麥克馬斯特(H.R. McMaster)後來寫道，仔細研究歷史和經驗，可以發現中共不會在國內推動自由化，在國外也不會照美國所領導的國際規則行動。相反地，中共的目標是以共黨所領導的國際秩序來取代目前的國際秩序，將持續進行「經濟侵略」，企圖全面控制「戰略地理位置，建立排他性的地區優勢。」換句話說，中共的目標是削弱，然後排除美國在印太地區的影響力。[39] 這種認為中共目標具有敵意的主張，與小布希和歐巴馬政府時代戰略文件中對中共崛起的模糊語氣形成鮮明對比。[40] 2018年5

月，美軍將其太平洋司令部更名為美國印太司令部(U.S. Indo-Pacific Command, USINDOPACOM)，象徵印度在日益激烈的美「中」競爭中愈來愈重要。[41] 2019年6月美國國防部的印太報告同樣指出，中共「發動低層次的強制行動來主張對該地區爭議空間的控制，特別是在海洋領域。」[42] 2019年2月首任印太司令部司令於參議院軍事委員會作證時，更直言不諱中共未來對美國及其印太地區夥伴的迫切威脅，他表示：

> 中國是對自由開放印太地區和對美國最大的長期戰略威脅……若是認為這反映了既有大國(美國)與崛起大國(中國)之間競爭日益激烈的人，並沒有看到全局……相反地，我認為吾人正面臨更嚴重的情勢，即價值觀的根本分歧導致兩種無法在未來和諧並存的願景……北京正運用恐懼與脅迫努力擴張其意識型態，以使現有國際秩序規範屈從，並破壞和取代之……就其立場而言，北京企圖建立一個由中國領導的「中國特色」國際新秩序，結果將取代印太地區70多年來的穩定與和平。[43]

2017年11月，當年《國家安全戰略》發布前不久，川普總統在越南峴港(Da Nang)舉行的亞太經濟合作會議(下稱APEC)企業領袖高峰會上宣布「自由開放印太」(free and open Indo-Pacific, FOIP)願景。[44] 時任美國國務卿龐佩奧(Mike Pompeo)於2018年7月解釋道，美國「自由開放印太」願景的核心原則是免於脅迫、善治、開放海域和空域，以及自由與公平貿易。[45] 2019年11月國務院針對「自由開放印太」願景的報告則指出，川普政府正在實施「政府一體戰略」以捍衛這些原則。該文件指出美國2019年在該區域的貿易總額超過1.9兆美元，提供超過300萬個美國就業機會。[46]

川普的新印太經濟政策明確強調雙邊自由貿易協定，這與歐巴馬政府尋求多邊的「跨太平洋夥伴協定」形成鮮明對比，後者因而很快被國內政治和新政府直接淘汰。2018年4月，美國國務院一位官員解釋，該轉變反映了一種觀點，即多邊協定為「美國工人和企業」帶來的好處將不如雙邊協定。[47] 另一個改變則是更加重視基礎設施發展，2018年10月《改善發展投資使用法》(Better Utilization of Investments Leading to Development Act, BUILD Act)就是例證，該法案將美國融資從 290億美元提高到600億美元。[48] 值得注意的是，這些資金雖然是由美國政府組織挹注，仍結合了部分政府資金與大量私人貸款擔保，不像中共「一帶一路倡議」和國有企業完全依靠國家貸款的支持，中共最大的海外投資者也是它們。

2017至2019年，川普政府成功強化印太地區日本和澳大利亞的重要聯盟。其擴大與澳大利亞、日本和南韓等傳統盟邦的軍事合作，同時利用演習和對話與印度、馬來西亞和越南等非傳統夥伴國家接觸。[49] 2019年6月發布的國防部《印太戰略報告》闡明獲得和部署先進能力、新型作戰概念，以及加強安全夥伴關係(強調臺灣、紐西蘭和蒙古)行動，將如何有助於維護「自由和開放」地區，並勸阻中共的冒險主義。[50] 該報告重點是計畫鞏固美國的五個條約聯盟；擴大與臺灣、紐西蘭和蒙古的夥伴關係，並建立與南亞至太平洋島嶼其他國家的新興夥伴關係。

美國戰略亦優先發展「四方安全對話」(Quad)安全夥伴關係框架，涵蓋美國、日本、澳大利亞和印度。美國鼓勵加深三邊區域安全夥伴關係、強化與東協區域論壇的接觸，支持亞洲內部夥伴關係(最重要的是澳日關係與日菲關係；澳日美的三邊合作；以及日韓美的合作)。該報告也優先將籌購第五代戰機、長程反艦飛彈、攻擊性網路能力，以及新作戰構想的發展列為目標，並強調美國對臺灣(100億美元)和印度(160億美元)的軍售、資助東南亞海上安全倡議(3.56億美元)、建立「環孟加拉灣多領域技術暨經濟合作倡議」(Bay of Bengal Initiative for Multi-Sectoral Technical and Economic Cooperation)、加強美國海岸防衛隊參與，以及越南爆裂物清除計畫(3.4億美元)。

因此，美國在印太地區的戰略規劃(其政策的相互作用)是尋求支持與擴大「自由開放印太」願景的夥伴。而中共的行為卻形成對比：美國認為其以脅迫手段在第一島鏈內聲索主權，並日益頻繁透過第二島鏈來維護軍事優勢(見圖5.1)。對華府而言，中共發展「命運共同體」的意圖就是要將美國排除在印太地區之外，並建立強調國家主權、集體秩序，以及有限人權自由價值觀的新區域秩序。

美「中」競爭權力工具與印太地區成功展望

正如第一章所述，幾項因素正促使美「中」關係進入大國競爭。雖然該競爭涵蓋全球和區域外的範圍，但是印太地區是最重要的場域，特別是在外交和軍事方面的競爭。這使得該區的國家陷入不安的處境，多數和美國一樣擔憂中共霸權的風險，並且不希望在中共的勢力範圍內落單，被迫犧牲自身利益屈從於北京。

同時，印太地區國家亦不希望華府將它們捲入與中共的對抗，因為這會對經濟造成損害(所有國家的經濟都重度依賴與中共貿易)、破

圖5.1：第一和第二島鏈

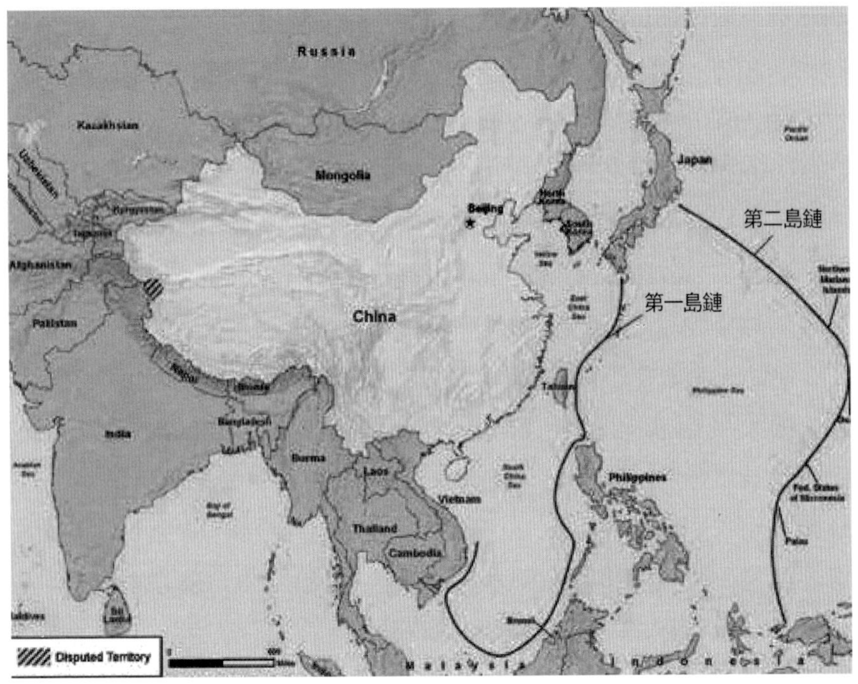

Source: Annual Report to Congress: Military Power of the People's Republic of China 2009(Washington, DC: Department of Defense, 2009), 18.

壞該區域穩定，並可能導致毀滅性的戰爭。這些國家試圖在其中維持平衡，使它們能在經濟合作上左右逢源，並降低北京害怕它們投入華府懷抱而進行脅迫的機會。隨著美「中」大國競爭的擴大加劇，維持這種平衡是區域領導人的嚴峻挑戰。

本章依據本書提出的五大領域來分析印太競爭場域：政治與外交、意識型態、資訊、軍事以及經濟。以下對美「中」在這些領域中的競爭優勢進行扼要的比較和評估，結果顯示儘管中共的權力工具在過去幾年中有所增長，但若美國能充分與區域盟邦和夥伴合作，仍然可保有強大的資產和能力。

政治與外交工具和展望

美國。美國長期在印太地區盟邦網絡上較中共擁有更多優勢。華府與日本、南韓、澳大利亞、菲律賓和泰國等區域盟邦的合作習慣已然制度化，亦與其他重要印太地區國家，如印度、新加坡、越南、印尼和馬來西亞建立了戰略夥伴關係。這些國家只要不被迫選邊站，皆會認為華府比起北京是更好的夥伴。

2016年總統大選之前，美國對該地區的外交態度正在發生變化，而選後變化甚至更大。2017年以來，華府對某些多邊區域論壇的重視程度有所下降，這些論壇是美國支持並在冷戰後加入的。[51] 相較於多邊論壇，川普總統似乎對與主要國家雙邊接觸更有興趣，儘管其內閣官員仍持續定期參加多邊會議，如東協區域論壇和東協區域論壇防長會議。[52] 川普政府推動了一系列包含經濟、安全與外交的雙邊倡議，這對其盟邦和夥伴國來說是一種測試，許多分析家對這種測試的方式感到憂慮。有趣的是，翻開2020年的外交成績單，美國的長期盟邦扛住了川普政府頻繁的質疑和考驗，以堅強和韌性度過難關。其中，美國與日本及澳大利亞的聯盟得到進展且更加鞏固。[53] 即使是有異議的長期盟邦如南韓和菲律賓仍就美軍基地和費用分攤公

> 近年來改變的不是中國的目標，而是實現這些目標可用的手段，以及北京願意為此去運用自身益增的權力。1990年代中期以來，中國經濟的快速成長使其能資助軍隊廣泛且持續的現代化。
>
> Aaron L. Friedberg, "Getting the China Challenge Right," The American Interest 14, no. 4 (January 2019)

開齟齬，彼此關係還是得以延續。

2019年11月美國國務院發布《自由開放的印太：推進共同願景》(*A Free and Open Indo-Pacific: Advancing a Shared Vision*)，承諾開展廣泛外交、經濟和安全計畫，以參與並維持美國在整個印太地區的利益和夥伴關係。[54] 該文件強調美國將繼續與區域夥伴和制度進行外交合作，透過包括「太平洋承諾」(Pacific Pledge，1億美元)和「湄公河下游倡議」(Lower Mekong Initiative，38億美元)等計畫；同時以「透明度倡議」(Transparency Initiative，6億美元)和「緬甸人道主義援助方案」(Myanmar Humanitarian Assistance Program，6.69億美元)等計畫支持持續善治。美國還透過一些方案投資區域人力資源發展，包括增加「傅爾布萊特獎助金計畫」、「東南亞青年領袖倡議」和「糧食和平計畫」。這些和其他美國外交專案都是在許多不同的名目下執行，可能會削弱計畫的集體影響。美國領導人應考慮整合這些相關經濟和安全援助計畫，統一建立品牌以利推廣。

與此同時，若美國外交欲在印太地區發揮關鍵作用，所投入的資源仍然不足。截至2019年，中共在全世界外交人員的數量超過美國，在印太地區的使領館編制人數也超過華府。[55] 美國外交勢力相對衰退可能會破壞其為擴大政治影響力而制定的計畫，並可能使美國長期的區域外交優勢轉弱。[56]

中共。中共在印太地區的政治和外交活動框架，是建立在與主要區域鄰國間較為放鬆但更加複雜的關係上，並定期參加APEC、東亞峰會、東協加三(中共、日本和南韓)，以及中國─東協論壇等多邊區域論壇。其區域政策往往企圖服務於多個目標，同時避免其國內利益和公眾形象遭受難堪的挫敗。[57] 北京政府優先考慮國內事務及其與印度、日本、印尼、越南和馬來西亞的領土爭端，可能使其陷於孤立和尷尬的處境，將優勢讓給長期建立聯盟戰略關係的美國。[58] 中共偏好不具約束力的戰略夥伴關係，這使其能夠選擇性與區域多數國家進行合作，但是不會輕易轉化為深入的戰略目標聯盟。中共與巴基斯坦長期的「莫逆之交」明顯是北京在印太地區缺乏聯盟、夥伴關係和友邦的例外。

中共在區域外交上的競爭以三管齊下為框架。首先，中共將「和平共處五項原則」、以互利合作為核心的國際關係新模式，以及「命運共同體」概念所體現的模糊集體安全，與華府所謂的「冷戰思維」和以聯盟為基礎的區域安全方針形成對比。[59] 北京不斷將美國的聯盟和軍事勢力形容成地區的麻煩製造者，企圖不公地阻撓中共的合法崛起。其次，中共試圖利用其市場進入及「一帶一路倡議」基礎設施和其他投資計畫的優惠利益，來增加其在該地區的影響力並勸阻各國進行損害其利益的行為。中共至多只會混用經濟制裁和施壓來改變夥伴國行為，雖然往往會遭到該等國家的回擊，但這仍是其外交影響力的潛在來源。最後，中共試圖透過戰略性高層互訪，及改善與美國傳統盟邦和潛在夥伴國的關係來削弱美國的外交行動。習近平於2019年10月訪問新德里，及其原規劃於2020年訪問東京都證明了這一點。[60] 中共公開回應川普政府的「自由開放印太」願景，抨擊美國建立夥伴關係的行為與區域現實需求脫節，並抱怨美國之目的意在包圍中共，並批評這些行為所投入的資源少得可憐。中國大陸分析家和戰略家尤其關注涉及美國、日本、澳大利亞和印度的「四方安全對話」，質疑其重點和效果的侷限性，特別是印度，該國為最令人擔憂的戰略夥伴和結構中的最弱一環。[61]

2019年和2020年初，中共明顯在全球採取更強勢的外交方針，尤其是在印太地區。批評人士抱怨，中共變得更加尖銳和好鬥，包括積極轉移中共在處理新冠疫情爆發錯誤的責任，威脅針對要求調查病毒起源的國家進行經濟報復，並以中共最終成功克服病毒證明其政治制度的優越性。[62] 例如，澳大利亞於2020年4月明確拒絕了中共經濟脅迫，當時中共駐澳大使表示，如果該國繼續堅持對新冠病毒在中國大陸的起源和早期防疫措施進行獨立調查，中國大陸民眾可能會避免選擇澳洲的產品和大學。[63] 中共官員指出，這些更積極的外交活動只是反映了北京在世界中心舞臺上更突出的角色，以及西方的相對衰落。[64]

儘管中共的外交勢力和活動持續成長，但是與美國相比在整個地區的總體政治影響力仍然偏低，尤其是在動員各國採取代價高昂行動的能力方面。然而美國的優勢亦是脆弱的，如果放棄在區域組織中發揮領導角色，在其外交勢力範圍內未投入足夠的人力和資源，或者將其區域盟邦和夥伴國視為理所當然，則美國在印太地區外交競爭的明顯優勢可能會大幅衰退。

意識型態工具和展望

美國。「自由開放印太」願景掌握了美國在印太地區的歷史目標和利益的關鍵要素。該願景是以美國自由民主和自由貿易制度的理想為基石：尊重法治；個人權利；航行和飛越自由，包括開放的航道；和平解決爭端；以及資訊自由流動的透明性。有些人認為，這些目標和價值觀是「西方的」，而不是「亞洲」固有的，他們主張亞洲的文化和歷史係將強而有力的中央政府、集體責任和社會和諧置於經濟自由和政治權利之上。然而，自1980年代末期以來，亞洲歷史對任何形式的「亞洲例外論」都提出了挑戰。儘管進展程度各有不一，但日本和南韓等國的民主制度令人印象深刻，而泰國和菲律賓等國近年則局勢不安。另外臺灣也是一個成功的例子。[65] 同時，美國一直務實地在印太地區推廣其偏好的自由民主和個人權利價值觀。新加坡披著民主外衣的威權統治，華府是可以接受的，而泰國粗暴而不自由的民主並未造成兩國盟約終止。

「自由開放印太」願景的主題具有廣泛區域訴求，出現在雙邊協定和重要區域雙邊和多邊文件中。甚至在川普政府之前，這些想法就已經是兩個主要區域願景文件的基礎：包括2015年1月發布的《美印戰略願景》(U.S.-India Strategic Vision)及2015年12月簽署的《2025年印日願景》(India-Japan Vision 2025)。[66] 自 2017 年來，「自由開放印太」的意識型態基礎已經被納入其他主要區域的宣言中，包括美國與日澳的「二加二聯合聲明」，以及其他重要夥伴關係外交文件。

美國在印太地區仍具有強大的文化和社會吸引力。儘管2017年以來有些減弱，但是在該區域所追求的研究所和高等教育上，美國是一個極具魅力的地點。2018年中國大陸有超過三分之一的海外學生在美國留學(32萬1,625人)，日本則有一半的高等教育留學生(1萬4,787人)、澳洲有近三分之一留學生(4,286人)，以及印度近半數留學生(14萬2, 618人)在美留學。[67] 2019年，約有73萬名來自印太地區的學生在美國學院和大學念研究所或參加獎學金課程，占美國高等教育課程所有外國學生的三分之二以上。[68]

美國人仍然是印太地區最主要和消費最高的遊客，且(在新冠疫情前)預期2020年會消費2,570億美元(占市場的28%)，相對地中國大陸觀光客預期僅消費600億美元(占8%)。[69] 英語是印太地區的商業語言,澳大利亞、紐西蘭、新加坡、菲律賓、印度、巴基斯坦和尼泊爾等國不是說英語,就是以英語為官方語言。[70] 美國人和美國精神在該地區四處擴散,使美國在宣傳其意識型態觀點和思想上具有決定性的優勢。

這也表現在印太地區的流行文化上,包括在中國大陸境內亦然。自美國進口的娛樂節目提供具吸引力的替代方案,取代受嚴格控制的國有電視臺歷史劇和抗日戰爭電影。例如,當好萊塢演員錫克(Alan Thicke)於2016年12月去世時,該世代的中國人在社群媒體上宣洩悼念之情,他們曾在1980和1990年代收看錫克演出的電視劇《成長的煩惱》(*Growing Pains*),其為最早在中國大陸播出的美國節目之一。2013年底,中共成立了中央國家安全委員會,關注於中國大陸青年思想的「非傳統安全威脅」,包括好萊塢電影。到了2015年,據報導當時的教育部長袁貴仁命令大學官員禁止使用「散播西方價值觀」的教材。[71]

中共。習近平在2017年10月中共第十九次全國代表大會的工作報告提出一些印太地區的特殊新議題。[72] 習近平要求共黨黨員關注治理、政治和意識型態,強調「意識型態決定文化前進方向和發展道路。」他呼籲中國大陸作家和藝術家創作發人深省的作品,還要「謳歌黨、謳歌祖國、謳歌人民、謳歌英雄。」中共國有媒體公開宣稱,其社會主義制度是發展中國家的替代意識型態模式,而且顯然是西方自由民主的競爭對手。[73] 對中共來說,意識型態競爭現在最重要的工作是爭取印太地區的支持,特別是對該區域不自由的政權。[74]

如本書第二章所述,北京的能力已有所提升,能就其所偏好的意識型態製作並散布引起正面共鳴的訊息,但其仍有重大不利條件和缺點。中共「命運共同體」意識型態框架是一個模糊的口號,掩蓋了國與國之間的利益衝突，包括其與許多鄰國的領土爭端。[75] 中共以犧牲人權和自由為代價強調國家主權，這在本質上吸引力就有限，儘管能使專制菁英人士產生共鳴，但是即使是在印太地區也不太能吸引普羅大眾。[76] 此外，該地區的領導人和人民認為中共在成長放緩時日益威權化的現實違反其自稱的崇高原則，而且日益頻繁地使用脅迫手段與小國交往。

中共持續加大培養軟實力的力道，以說服該地區其他國家遵循其目標與價值觀，或者效仿其行為。中共與其他亞洲國家之間往來的觀光客和學生數量持續創下新高，2018年約有4,780萬中國大陸民眾前往其他東亞國家旅遊。[77] 2018年，中共接待超過29萬5,000名來自印太地區的學生，其中以南韓、泰國、巴基斯坦和印度的學生最多。[78] 中共透過在國外設立孔子學院來加強學生交流，教授漢語並弘揚中華文化。截至2020年，在19個印太地區國家共有約97所孔子學院，其中南韓、日本和泰國至少各有10所。[79]

若要與境內有重要華裔少數民族的國家打交道，訴諸於文化和語言上的親近性非常重要。馬來西亞和印尼向來對華裔人口心存疑慮，現在卻視其為與中共建立經濟關係的資產。然而，北京最近致力於加強與亞洲華裔族群的連結則再度引起擔憂。1990年代北京於訴諸「亞洲價值」，在東南亞引起了一些共鳴，但日本、南韓、臺灣和東南亞一些不斷深化民主的國家卻無動於衷。亞洲在文化和語言上的多元性，可能會限制中共利用所謂的共同「儒家價值」作為外交工具的能力。[80]

在文化領域，一些中國大陸作品反映中華傳統文化，在亞洲引起共鳴，但因為內容主要關注其國內問題、欠缺原創性、政治上的限制和語言隔閡等因素，吸引力仍相當有限。電影可說是中國大陸最成功的文化輸出。隨著中共變得更加富裕，國內限制可能會放鬆，但是其他亞洲國家也正在產製更具區域影響力的作品。值得注意的是，許多最成功的中國大陸藝術家都是靠在境外完成的作品成名，包括諾貝爾獎得主、小說家高行健。[81]

美國「自由開放印太」願景和中共命運共同體正在複雜多樣的印太地區展開競爭。截至2019年，區域觀點顯示美國及其全球願景仍最具吸引力，儘管最近有相對下降的趨勢。2019年12月皮尤中心報告顯示，中共在該地區得到所有國家(巴基斯坦除外)的負面評價。日本有85%的人對中共持負面看法，南韓有63%、澳大利亞有57%，而菲律賓則有54%。2018至2019年間，印尼對中共的好感驟降17%，是過去十年來區域國家中下降最多的。[82] 今日，美國的思想和意識型態及其前景，持續在印太地區獲得共鳴。目前還不清楚中共將如何縮小此一差距，但是美國的自滿仍可能使北京有可乘之機。

資訊工具和展望

美國。正如討論意識型態的章節所述，美國在印太地區的公共外交和資訊散布仍仰賴冷戰後私部門的新聞媒體和娛樂產業。在未如中共一樣完全封鎖的國家，美國亦大幅憑藉社群媒體上的影像與人際互動滲透。印太地區占全球社群媒體使用者的一半以上，擁有4.26億活躍的臉書使用者和三分之一的推特使用者。臺灣、香港、新加坡、澳大利亞、紐西蘭及馬來西亞的社群媒體滲透率均超過50%，並能夠存取全球的內容。中國大陸的滲透率只有46%，且無法連結全球所有的網站。[83] 以上數字在廣泛而深入的訊息傳播領域中，為美國的文化、社會和意識型態取得高度共鳴(無論好與壞)。

冷戰期間重要的美國公共資訊活動已消失，但是國務院仍下轄教育文化局(Bureau of Educational and Cultural Affairs)和全球公共事務局(Bureau of Global Public Affairs)從事網際網路和社群媒體活動。2016年該院成立跨部會的「全球參與中心」(Global Engagement Center)協調美國政府的工作，以揭發與打擊其他國家和非國家宣傳與假訊息活動。[84] 自由亞洲電臺(Radio Free Asia)是位於美國的民間非營利機構，由美國國際媒體署(U.S. Agency for Global Media)資助，主要是對缺乏新聞自由的亞洲國家播送新聞和資訊。[85]

中共。中共在資訊領域的優勢之一是完善的宣傳與影響力機構，透過各種官方和半官方管道傳遞一致和協調的訊息。2018年，中共大規模改組共黨和國家機關，在黨的控制下整合國際宣傳和投射影響力的機構。[86] 如第二章所述，中共所監管的《新華社》是一家國有全球媒體服務機構，以多語製作有利於中共的報導於全球播送，並擁有1,150萬推特追蹤帳號(儘管中國大陸禁止使用推特)。阿里巴巴集團(電子商務)執行長於2015年獲北京同意收購香港《南華早報》，並在其中安插一個管理團隊，承諾提供對中共的正面觀點。中共透過國有《中國國際廣播電臺》產製內容供挪威、土耳其和澳洲的聯播網絡使用，並大手筆資助成立全球定位的《中國環球電視網》(2016年由央視外語頻道改組而來)，以優渥的薪資和播出時段招募全世界的在地記者製作令中共宣傳機構滿意的報導。這些內容旨在執行習近平「講好中國故事」的指示，強調中國大陸人民的慷慨和政府的良善本質，同時誇大西方政治和自由民主的混亂與不可預測性。然而，中共宣傳機構的一致與協調性，實際上反而可能阻礙了外國閱聽眾接收資訊的有效性。整體印太地區的輿論對中共的評價並不佳，而且認為其相當難以信賴。[87]

此外，中共在國內實行的大規模媒體和網際網路審查及訊息控制，削弱了北京在海外樹立正面形象的可信度。

新冠病毒疫情爆發可以充分說明中共在國內外發布其論述的能力。面對被指病毒爆發源頭的負面形象，中共開始齊心協力扭轉其作為威權大國卻疏於提出警告、不願分享資訊的負評，轉而宣稱身為全球領導者之一，在他國未採取行動時，就率先挺身而出。有趣的是，中共有時會與伊朗和俄羅斯合作達成目標，中共政府會先讓俄羅斯在中國大陸社群媒體上製造假訊息，稱美國是病毒擴散的源頭，接著在國有媒體提出病毒來源的質疑，接著宣傳美國才是病毒源頭的假訊息。[88] 同時，其精心安排媒體大量報導中共向全球供應快篩試劑和口罩，並透過外交官恫嚇接收國發布讚揚該慷慨行動的正面聲明。這些作為的成果仍有待觀察，但是初步的反應並不樂觀。關於快篩試劑有瑕疵、口罩有缺陷與中共態度傲慢的報導，以及對北京的負面輿論充斥整個印太地區，尤其是在澳大利亞、印度和菲律賓等國。[89] 中共議題專家季北慈(Bates Gill)指出，儘管中共的宣傳機構試圖推動大外宣，但其實最重要的目標還是國內閱聽眾。[90]

雖然美國的官方資訊管道存在顯著的混亂和萎縮，但是在印太地區的資訊工具仍有價值，並從多元觀點的表達上獲得可信度。中共的大外宣效果受到其統一的宣傳方式及對批評過度敏感的阻礙，這導致中共外交官抱怨所有未美化中共的外國政府聲明或媒體報導。政府發言機構的品質很重要，美國政府須在公共外交和資訊工具上投注更多資源和精力。最終訊息的內容(無論是在治理模式的效能上，還是在他國欲追隨的區域願景上)才是資訊工具有效與否的關鍵。

軍事工具和展望以及臺灣的「難題」

自二戰結束以來，美國一直在亞洲擁有支配海上和空中的權力。如前所述，美國一直依賴聯盟網絡及印太地區盟友的協議，來支持海空領域的自由出入與機動。區域軍事平衡對美「中」兩國相對能力而言非常重要，但是美國真正的戰略重心是鞏固其聯盟的政軍關係，及聯盟所支持的前進軍事部署。過去20年來，隨著共軍實力的增強，某些美國的軍事優勢已經削弱，但是美軍在該地區是受歡迎的，而共軍卻不是。

2020年，美軍在質量上都遠勝共軍，尤其是在可以投入所有兵力的長期衝突上。美國印太司令部管轄的太平洋艦隊約有50艘主力艦、二到三艘航艦，以及大約30艘先進潛艦在該地區執行任務。該司令部尚下轄三個編號航空軍，擁有約2,000架所向披靡的戰鬥機、轟炸機和運輸機；另外管制駐地遍及整個地區的8萬名美陸軍和陸戰隊，若需要還能從美國本土調動另外10萬名部隊。同時，美國在運用太空情報、監視、偵察和網路能力來支援陸海空兵力上也具有實質優勢。[91]

相反地，中共海軍擁有三個艦隊約140艘主力艦，但是缺乏長程、遠洋作戰能力。其兩艘航艦採用滑跳式甲板設計，限制了飛機的酬載數量；在2023年之前中共海軍都不會推出現代化航艦。中共空軍規模龐大，主要由多用途戰鬥機組成，加入戰鬥序列的匿蹤戰鬥機數量有限。現役的轟炸機配備現代發動機並能夠發射攻陸與反艦巡弋飛彈，惟仍以1950年代末蘇聯的設計為主。中共陸軍和海軍陸戰隊已經重組為集團軍—旅—營架構，以提升與其他軍種遂行聯合兵種和聯合作戰的能力。中共陸軍和海軍陸戰隊的兩棲部隊數量有限，且缺乏海上運輸能力，無法遠離中國大陸進行部署和持續作戰。共軍已經提升在邊境衝突中執行傳統陸上作戰的能力，但是在過去15年間，其現代化作為強調必須發展海軍、空軍和飛彈部隊以發展共軍遂行聯合作戰的全般能力。[92] 這些努力大幅提升共軍在第一島鏈內外投射軍力的能力(見圖5.1)。[93]

美「中」在印太地區軍事競爭的其中一個面向，涉及中共試圖利用漸增的軍事和準軍事勢力與強制手段，加強有效控制其所聲索的南海和東海海上領土主權；以及美國在這些爭議水域執行任務以維護航行自由和國際法原則。美國對各國聲索主權的陸上地貌性質並無特定立場，但是堅持以和平解決爭端並遵守國際法原則。[94] 中共為捍衛主張而採取的侵犯性戰術(美國認為並不符合《聯合國海洋法公約》)係有創意地在前線運用民用漁船和海警船，輔以海軍艦艇為後盾。[95] 中共採取灰色地帶戰術，試圖避免使用致命武力，同時運用各種軍事、準軍事、經濟、外交、法律，以及資訊手段來強化其海上主張。

這些行動提高了該地區各國花費更多在軍事上的意願，也增加它們與美國及其他國家加強安全合作的興趣。若無美國的干預，中共現在有能力奪取和控制南海具爭議的陸上地貌，但是這將嚴重損害中共與聲索國和非聲索國的關係，引起腥風血雨並刺激與中共間的軍事競賽。迄今為止，北京一直認為軍事解決方案的成本太高。這場公海上的低層次心理戰很可能在短時間內尚無解方。

除了繼續執行自由航行行動等軍力展示任務外，美國仍盡力幫助區域國家軍隊(以臺灣、日本、越南和菲律賓為優先)建構挑戰中共權力投射的能力。[96] 雖然美國既有的正式聯盟和夥伴關係最近受到某些脅迫，但是仍維持堅實和壯大。2017至2019年，川普政府成功加強與澳大利亞、日本和南韓等傳統盟邦的關係並擴大軍事合作，同時利用演習和對話與印度、馬來西亞和越南等非傳統夥伴國進行接觸。[97] 2019年6月美國國防部發布的《印太戰略報告》闡明美國籌獲和部署先進能力、新型作戰概念，以及加強安全夥伴關係行動的成果。[98] 美國也可以支持印度為中共製造軍事困境的行動，這是一種相對低成本的手段，迫使共軍將注意力和資源集中於美國在東亞和西太平洋的前沿位置，進而陷入更複雜的處境。[99]

美「中」在印太地區的戰略競爭也將具有高層次傳統軍事面向，美國在軍事硬體、全球投射能力和有效遂行聯合作戰能力上擁有質的優勢，在中國大陸領土作戰時，可以部分抵銷中共的地理優勢。1990年代中期以來，共軍典型的計畫作為和現代化想定一直是為了回應臺灣宣布法理獨立而犯臺，同時美國會以保護臺北之名介入。該想定需要空中和海上的運輸能力才能讓共軍侵略部隊登島，由於距離不到100哩，所需軍力投射的範圍相對有限。

共軍已投資各種反介入/區域拒止(A2/AD)能力，目的是提高美軍在中國大陸附近作戰的成本和風險，以嚇阻或遲滯美國的干預行動，其中包括先進柴油潛艦，可攻擊部署於西太平洋的美海軍部隊；面對空飛彈如俄羅斯S-300，可打擊美國戰鬥機和轟炸機；以及可有效攻擊美國航艦戰鬥群的反艦巡弋飛彈和反艦彈道飛彈。中共尚投資一系列精準的傳統飛彈，可以攻擊美軍在衝突期間所使用的基地和港口；並發展各種反衛星能力，試圖利用美軍對太空系統依賴的漏洞，試圖弱化、干擾或直接攻擊美國的衛星及相關地面站臺；此外亦投資發展蒐集情報的網路能力，以削弱美軍在危機或衝突中使用電腦網絡的能力。在衝突中，共軍將試圖利用多領域攻擊並癱瘓美國的情報、通信和指管系統，並迫使個別部隊陷入孤立而處於極其不利的境地。[100] 這將使得美國在第一島鏈內保衛盟邦和自身利益時困難重重。

美「中」在臺灣問題上的潛在衝突是一個「難題」，中共可能希望發動一次成功的突襲，在美軍趕到之前迫使臺灣投降。這可能對美國造成難以逆轉的事實。中共視臺灣為歷史領土的一部分，致力於兩岸最終統一，實現「中華民族的偉大復興」。美國於1979年廢除與中華民國的安全條約，並同意只與其維持非官方關係，作為與中華人民共和國關係正常化進程的一部分。美國對臺灣沒有正式的安全承諾，但是1979年的《臺灣關係法》要求向臺灣提供防禦性武器，並聲明美方政策是維持能力以抵抗訴諸武力或使用其他強制手段危及臺灣安全的行動。[101]

然而，共軍現代化的成果使美國任務更加艱鉅。2015年蘭德公司對美「中」軍力趨勢評估發現，1996年的美國在臺灣局勢想定中，於十項關鍵能力領域有七項具「重大優勢」，但是到了2017年僅剩三項具明顯「優勢」，而共軍則在二項領域享有優勢：攻擊美空軍基地及攻擊美國航艦的能力。中共在彈道飛彈、巡弋飛彈和現代柴油攻擊潛艦方面的進步，賦予了當前共軍在1990年代與臺灣對峙時所缺乏的優勢。[102] 2020年4月底美空軍結束在關島長達16年的轟炸機前進部署，這是因為其認知到中共已增強飛彈能力，特別是東風-26「關島殺手」。[103] 在南海情勢想定中，共軍在軍力投射上的弱點更大，蘭德公司評估美軍將在2017年保有優勢，但共軍也會在南海積極填海造陸以彌補弱勢。[104]

在印太地區美「中」大國競爭的背景下，美國保衛臺灣的能力會產生重大的影響。正如第二章及本章所述，雖然中共在軍事綜合能力(質與量)上和美國仍有差距，但是中共不須與其勢均力敵便能在周邊地區的短期衝突中阻止美國干預。儘管美國正努力發展新的軍事能力和作戰構想於反介入/區域拒止環境遂行作戰，然而中共能力已大幅提升，可在中國大陸沿海的對抗想定中(如與臺灣)取得決定性軍事優勢。這些新的現實顯示，美國和臺灣軍隊應考慮採取積極的拒止戰略，以降低遭受先制攻擊的風險，並穩固臺灣的防禦能力。本書論及某些臺灣和美國可能應考慮的小型、智慧和廉價的替代方案。華府和其他西方政府應該繼續嚴詞警告中共，侵略臺灣將帶來巨大代價和風險，且必須更謹慎預判任何自認在武裝衝突中的絕對優勢。臺灣的盟邦應該同時就戰略穩定和情勢升高議題共同磋商，以減少誤判的可能性。[105]

經濟權力與影響力展望

美國。幾乎每個印太地區國家的政府都注重經濟成長和人民的生活水準，這使得經濟的權力工具特別重要。美國領導和支持開放全球經濟秩序造就了亞洲經濟奇蹟，首先是日本，接著是四小龍(南韓、新加坡、臺灣和香港)，最後輪到中國大陸的快速發展。對他國來說，取得美國的市場和技術在維持區域成長上持續發揮重要角色，同樣地對美國的成長與繁榮來說，取得不斷成長的印太地區市場和技術亦至關重要。當自由貿易產生互利，每個政府都企圖獲取高附加值產品和快速成長的市場以最大化國家與企業利益。

聯合國的貿易數據顯示，2017年的中共是印太地區國家的首要出口市場，總額達4,130億美元(另包括透過香港出口的820億美元)，當時的美國則為3,430億美元。[106] 目前中國大陸亦為印太地區多數國家的頭號出口市場，其中包括多數美國盟邦。然而，這些數字卻嚴重低估了

> 美國對臺灣國防模棱兩可的承諾，使得實際保衛臺灣更為困難。20年前，美國派遣一艘航艦穿越臺灣海峽，便足以嚇阻中共入侵的威脅，兩國之間僅憑象徵性的軍事關係便能維持和平。但現在不再如此。共軍已經足夠強大，而臺灣和美國都負擔不起讓臺灣軍方再花十年購買次佳的武器。若美國欲增強臺灣軍隊的防禦力量，華府就必須想辦法讓臺灣領導人取得其所想要的武器，而這對臺灣就是象徵性的勝利。
>
> Tanner Greer, "Taiwan's Defense Strategy Doesn't Make Military Sense," Foreign Affairs, September 17, 2019

美國在區域經濟中的作用，因為許多出口到中國大陸的是原料或零組件，經過加工或組裝成為最終產品，然後出口到美國或其他已開發國家市場。這些商品在數據中顯示為中國大陸對美國出口的一部分，2017年總額為5,260億美元。[107] 美國企業在這些區域生產網絡(包括在中國大陸擁有和經營工廠)中扮演要角，而美國市場是許多該類產品的目的地。整個印太地區已經進行了大規模的貿易整合，各國希望被納入區域生產網絡，並進入美國和中國大陸市場。

歐巴馬政府的印太地區經濟政策核心是「跨太平洋夥伴協定」，係「雄心勃勃的次世代亞太貿易協定」，包括12個區域國家及全般環境、勞工和智慧財產權標準。[108] 該協定並未納入中共，但是倡議者希望最終整體會員結構將刺激中共改變經濟上的作法，轉而遵守此一協定的規則。「跨太平洋夥伴協定」於2016年2月4日簽署，但是歐巴馬政府因為兩黨的反對，並沒有將該協定送交國會批准。而接著川普政府的首要行動就是退出該協定。

2017 年以來，川普政府一直想方設法改變美國與外國合作夥伴的貿易條件，包括美國在印太地區的盟邦，內容涵蓋課徵鋼鐵業關稅；以國家安全為由威脅調整汽車和汽車零組件關稅；重新談判韓美自由貿易協定；以及促進美國農產品進入日本市場的雙邊協定。這些雙邊協定延續了美國長期的貿易方針，但是放棄「跨太平洋夥伴協定」卻是美國區域經濟戰略的重大失誤，這使其自外於後來的「跨太平洋夥伴全面進步協定」(Comprehensive Progressive Agreement for Trans-Pacific Partnership, CPTPP)之規則制定者角色，該新協定於2018年由原「跨太平洋夥伴協定」另外11個成員國簽署完成。[109] 川普政府更偏好通過雙邊談判解決貿易爭端，並阻擋了世貿組織上訴機構法官的任命，使這個多邊制度無法就貿易爭端作出裁決。[110]

在欠缺多邊貿易議程的情況下，美國的「自由開放印太」願景側重於發展區域基礎設施援助的替代形式，來與中共的「一帶一路倡議」區域基礎設施投資計畫競爭。2018年7月，時任美國國務卿龐佩奧宣布美國將在該地區數位經濟、能源和基礎設施領域「初步投資」1.13億美元。[111] 同年10月川普簽署了《改善發展投資使用法》，將美國全球開發融資上限提高到600億美元。11月則與日本和澳大利亞簽署一項備忘錄，為「遵守國際標準和發展原則」的計畫提供資金，並暗批中共的計畫不符這些標準。[112] 其他措施則包括為「千禧挑戰機構」(Millennium Challenge Corporation)提供資金(23億美元)，以及建立「藍點網絡」(Blue Dot Network)計畫，為基礎設施發展制定財務上的永續標準。

2018年中期，美國對中共開始發動貿易戰，針對其大部分對美出口的產品課徵一系列關稅。中共也以徵收關稅回擊，包括對美國選舉政治非常重要的農業州農產品出口。該貿易戰係對二戰後的全球商業最嚴重之破壞。[113] 截至2019年9月的分析顯示，貿易戰是一把雙面刃。中國大陸所損失的出口收入是美國的三倍(分別為530億與145億美元),但美國在企圖改變中共的經濟行為上,沒有取得任何實質性進展。美國經濟關鍵領域(礦物和礦石、林業產品、農業綜合企業和運輸系統出口商)不僅損失慘重,還受到中共找到替代供應商的衝擊,這意味著出口收入可能受到持久傷害。[114] 2020年1月美國宣布的「第一階段」貿易協議涉及中共同意取消部分報復性關稅,並大幅增加美國的進口,但在政府產業政策問題上沒作出重大讓步。[115] 許多經濟學家懷疑這些目標能否實現,而新冠疫情爆發導致的貿易中斷使得中共不太可能履行這些承諾。[116]

美「中」貿易關係的不確定性,尤其是美國政策考慮將經濟與中共「脫鉤」,正促使各盟邦考慮替代的貿易架構。[117] 其中包括「日本—歐盟自由貿易協定」;正在進行談判的「區域全面經濟夥伴協定」(Regional Comprehensive Economic Partnership,成員包括中共但不含美國);以及日本、中共和南韓就三邊自由貿易協定持續進行的談判。這種遍及全地區的避險措施可能會產生長期政治和戰略的負面後果。鑑於印太地區幾乎各國與中共的貿易和投資關係都很重要,美國利用關稅來破壞區域生產網絡,並迫使各國將生產線遷出中國大陸的作法可能會遭遇巨大阻力。

中共。其他印太地區國家對中國大陸市場漸增的經濟依賴,是中共領導人影響力的潛在來源,但要加以運用卻亟需技巧。印太地區國家欲維持進入市場的企圖而不願採取可能冒犯中共的行動,然而中共利用貿易和旅遊限制作為脅迫工具也不見得完全有效。[118] 在許多情況下,例如中共懲罰南韓同意美國部署「終端高空防禦飛彈」(Terminal High Altitude Area Defense,又稱薩德)系統的作為,雖已表達北京的不滿並要南韓付出代價，但是這仍未能迫使其屈從中共而改變政策。

中共在利用自由貿易協定、對外投資、外國援助和基礎設施貸款等經濟激勵措施方面已取得成功，這些回報為受援國提供實在的利益，並驗證了中共建立穩定、繁榮、經濟一體化的區域願景。中共正以現有的自由貿易協定為基礎，與東協、紐西蘭和新加坡進行「區域全面經濟夥伴協定」的談判，及日本、中共和南韓的三邊自由貿易協定，這兩個協定都將美國排除在外，並擴大中共進入區域市場的優惠。過去20年間，中共已經成為一個龐大的海外投資者。儘管印太地區國家僅占中共對外投資總額的20%左右，然而截至2019年該金額高達近2,500億美元，尚不包括中國大陸企業所投資的2,420億美元建設計畫。[119]

中共並未公布其對外援助計畫的詳細項目，但是東南亞和大洋洲較貧窮的國家是其開發援助的主要接受國，從2000至2016年至少獲得380億美元。[120] 這些援助大部分用於改善連接南亞與東南亞及中國大陸的交通基礎設施；其中許多計畫目前係「一帶一路倡議」之一部。這些基礎設施投資部分由中共於2016年成立的亞洲基礎設施投資銀行提供資金，不僅有助於經濟發展，且更緊密連結這些國家與中國大陸的經濟，並在未來製造更大貿易依存度。擴大「一帶一路倡議」融資是提升中共區域影響力的重要工具，但是中共在對外開發上耗費鉅資也日益引發疑慮。[121]

綜上所述，美「中」在印太地區的大國競爭上各自擁有不同優勢。在政治和外交工具方面，中共升高了外交博弈，但是不太可能在限制美國於此地區的勢力一事上獲得支持，因為印太地區多數國家都樂見美國在此平衡中共的權力。在意識型態工具方面，美國的區域願景能引起某些國家的共鳴,其吸引力應勝於中共「命運共同體」的模糊訴求。兩國的軟實力可能會因為治理不善或既定區域願景和實際政策間的脫節而受損。中共在表達和加強一致訊息的能力上具明顯資訊優勢,但是這類訊息通常只是重複共黨的談話要點,而這些內容和中共的行為並不一致,因而削弱了其資訊工具的有效性。美國的訊息會更有魅力,但其政府向印太地區國家傳達訊息的工具已萎縮,而需要投入更多的資源。

隨著中共軍事能力的提升,美國的軍事優勢地位已經削弱;但共軍被視為威脅,而美軍被當成合作夥伴的事實是一項重大的政治軍事優勢。美國須強化在反介入/區域拒止環境中的作戰能力,包括承平時期承擔任務風險的意願。雙方都不可能在該地區取得決定性的軍事優勢。重大戰爭的高昂代價和情勢升溫風險是否有助冷和平(cold peace)的維持乃是重點。在經濟工具方面,中共在動員和引導資源,以及為各國提供經濟成長的寶貴契機上具有顯著優勢。美國政府則主要須仰賴為私部門創造誘因和機會。美國缺乏多面向的區域貿易戰略,以及最近對盟邦和夥伴國的強制態度,都減損了美國在該地區的經濟影響力。如果美國試圖強迫各國參與將經濟與中共脫鉤的激進作為,華府似乎可能會遇到嚴重的區域阻力。

結論

美「中」兩國在印太地區的戰略利益不太一致,但該利益較世界其他任何地區都更重要,因而成為大國競爭核心場域。過去十年來,北京對美國軍事勢力和聯盟體系日益不滿,認為這反映了冷戰思維,並鼓勵美國盟邦挑戰中共的利益。美國的「自由開放印太」願景及利用「四方安全對話」等活動強化區域安全合作，都加劇了中共擔憂美國包圍或圍堵的行動。北京一直抗拒作出任何可能會限制其軍力或限制其利用軍力捍衛核心利益的約束性承諾。中共不斷提升的軍力及對海上領土爭端更強勢的立場，進一步升高區域國家對一個強大的中共將採取何種行為的擔憂，導致多數國家選擇改善與美國的安全關係。

為確保與促進國家利益，美國必須承認進入中國大陸優越市場的吸引力及北京其他經濟工具的份量，使得印太地區國家不太可能放棄與北京的經濟聯繫，即使華府試圖與中共經濟脫鉤。華府在經濟權力上的相對劣勢，使其不論是現在還是日後，都很難說服各國在經濟上站在同一陣線對抗中共。因此，美國必須制定靈活政策，使中共的鄰國避免在區域大國競爭中選邊站，除非它們是受迫於中共的行為。然而，華府仍須執行完整的戰略，不僅要促進美國具體的經濟利益，也要在世界上最生氣蓬勃的地區制定規則和規範。美國的印太戰略須與中共進行某種程度的接觸，並在北京周邊進行經濟與軍事權力平衡作為避險措施，才最符合美國的利益。依據這種精神，美國須找出與中共建立雙邊經濟關係的務實基礎，保護現行有效作法、調整無效的手段。貿易戰或全面經濟脫鉤不太可能達到這個目的。

前川普政府試圖透過關稅和其他行政措施單邊解決貿易和市場進入問題。事實上，美國應重新考慮參與「跨太平洋夥伴協定」以促進與印太地區經濟整合，進而形成真正能制衡中共的力量。無可否認，許多美國利益集團和民眾對自由貿易協定有愈來愈多疑慮，但是過去的缺點不應阻礙國家未來經濟和戰略的需要。類似「跨太平洋夥伴協定」的成功協商與措施(包括加入「跨太平洋夥伴全面進步協定」)可以成為強大的集體槓桿力量，以逐步改造中共令人反感的經濟作為，進一步引導北京的加入。

在安全領域，如果第一島鏈內爆發臺灣或其他主權議題衝突，因為中共可以全力運用其反介入/區域拒止能力，美國的軍力將處於相對劣勢。因此，華府應重新檢討這些地區的軍事部署並調整戰略、能力和作戰構想，著眼於善用新興科技與強化其軍事力量在戰區的韌性。在這些特殊情況下，中共的反介入/區域拒止能力必然會造成軍事計畫作為上的難題。美「中」軍事關係不太可能用來解決中共核心利益領域的競爭動態，但是在增強嚇阻力、提高透明度和消除對最壞情況的無端猜疑上仍具價值；並有助改善軍艦和飛機互相遭遇時的行為溝通機制與理解，這將可避免肇生事端，並提供更有效的危機管理工具。[122]

與此同時，美國應該利用相對的政治軍事優勢，來維持和強化其區域安全地位。如加強現有聯盟、建立軍事夥伴關係、擴大合作訓練，以及發展作業互通能力，都是區域國家能接受並可用來抵制中共單邊脅迫的手段。如果美國強調聯盟關係、擴大與其他夥伴的安全合作、積極參與區域多邊制度，就可以從有利的地位與中共談判區域安全倡議和行動，抵制中共削弱美國聯盟體系的作為。反之，如果華府置身事外，則無法與區域情勢緊密結合，也就較難形塑變化中的區域安全環境。

美國在聯盟外交、相對可信度、意識型態願景共鳴，以及(目前)倡議開放資訊與傳播交流的優勢應得到高度重視和提升。當前在習近平領導下，共黨正在加強威權控制、使國家扮演經濟上更重要的角色，並採取穩定勝於成長的政策。這些都很可能在中國大陸國內產生不良副作用，削弱中共模式的吸引力。[123] 如果華府能夠與中共一同制定其關心要務的優先順序，並與志同道合的盟邦和夥伴合作制定實際可行的議程，則中國大陸國內最終可能會再次支持過去因特殊利益集團抵制而擱置的改革建議。華府應該與區域內外的夥伴國合作，提供可能有助於振興這些改革的外部壓力。[124]

同時，藉由與印太地區夥伴的合作闡明和增進區域內對「自由開放印太」願景和價值的支持，將大幅提升美國利益。如果中共違反國際法和區域規範，美國應該立場一致直言告之。只要美國社會建立促進開放、透明和民主制度，其就有可能成為中共領導人在意識型態上甚至是實質上的威脅。[125] 然而，與盟邦和夥伴國堅定一致的訊息可以向中國大陸人民發出積極信號，傳達良好、代議治理的價值，並向該地區的其他國家提供與中共威權模式對比鮮明的正面替代框架。

換言之，鑑於華府在意識型態、資訊開放和外交等競爭領域中具相對權力優勢，所以今日我們能合理看到各國在印太地區對人權和民主的支持。公開支持中國大陸的人權和政治改革，可能是美國在大國競爭戰略的關鍵成分，該價值觀就如相對經濟或軍事權力一樣重要。[126] 今日，凝聚這種支持需要美國官員務實應對挑戰的本質，並認真探究需要滿足什麼要求。同時，美國須闡明如何應對中共的挑戰，這點對於維護過去70年來相對穩定、開放和民主的印太地區非常重要。接下來，華府需要

> 中共肯定有較長的時間，(但是)其影響力理論實際上違反其傾向於取得立即強制的結果、而不注重共同價值觀和擴大合作的短期作法。在互利的共同制度下，權力的行使與強化可能更能持久……美國在戰後協助建立的就是這種基於規則的體系，這種秩序一直是美國深層的競爭優勢。
>
> Michael J. Mazarr and Ali Wyne, "The Real U.S.-China Competition," The Interpreter, January 29, 2020

高度清醒而堅定的政治領導。中共在整個印太地區經濟勢力的規模和範圍，意味著美國將需要一個廣泛和持久的戰略以對抗該強大威脅。[127] 第六章將接續分析美國的戰略，並評估哪些最有可能勝出。

作者群感謝伍斯諾博士(Joel Wuthnow)對本章先期版本深入的觀察與批評。

註釋

1. 俄羅斯處於劣勢主要有三個原因：首先，普丁的俄羅斯堅定不移地將戰略聚焦在與西方的緊張關係；其次，俄羅斯在遠東地區能力不足，即使下定決心建立能力也非一蹴可幾；第三，「中」俄關係極度不均衡，儘管雙方都認為這在抗美的特定合作中具有戰術價值。北京對太平洋地區有願景、資源和戰略，而俄羅斯的亞洲政策則缺少完整論述也未投入資源。因此，儘管存在值得注意的短期共同利益和關注，但是莫斯科和北京的優先事項仍有重大分歧。莫斯科希望破壞目前由美國/西方主導的國際體系，但中共卻認為只要其能擴大影響力，並努力提出對主要缺失的觀點，目前的國際架構仍具許多剩餘價值。今日，俄羅斯和中共同意抑制美國的霸權和自由干涉主義，但卻沒有共同的戰略願景，也不太可能在全球或印太地區就二戰後西方國際規則、規範與制度的大戰略或框架進行合作。詳細資訊請參閱第一章對俄羅斯戰略的檢視，另請參閱Bobo Lo, *Once More with Feeling: Russia and the Asia-Pacific* (Sydney, Australia: Lowy Institute, 2019), available at <https://www.lowyinstitute.org/publications/once-more-feeling-russia-and-asia-pacific>; Malin Ostevik and Natasha Kuhrt, "The Russian Far East and Russian Security Policy in the Asia-Pacific Region," in *Russia's Turn to the East*, ed. Helge Blakkisrud and Elana Wilson Rowe (London: Springer, 2017), 75-94; Nivedita Kapoor, "The Long Road Ahead: Russia and Its Ambitions in the Far East," Observer Research Foundation, September 11, 2019, available at <https://www.orfonline.org/expert-speak/the-long-road-ahead-russia-and-its-ambitions-in-the-far-east-55378/>; Liz Bagot and Josh Wilson, "The Russian Far East, Gateway to Asia," *GeoHistory Today*, October 1, 2011, available at <https://geohistory.today/russian-far-east/>; James Brown, "Japanese Investment in Russia Floundering Despite Arctic Energy Deal," *The Moscow Times*, October 16, 2019, available at <www.themoscowtimes.com/2019/10/16/japanese-investment-floundering-despite-arctic-energy-deal-a67754>.
2. 這些經濟規範與原則是由美國所建立和支持的國際組織背書，包括布列敦森林體系的世界銀行、國際貨幣基金組織、關稅暨貿易總協定，以及之後的世界貿易組織。
3. 東南亞公約組織(The Southeast Asia Treaty Organization, SEATO)是1954年為抵制共產主義在東南亞的擴張而建立的多邊條約，不屬於「軸輻」聯盟結構。該組織於1977年解散。
4. 欲回顧1993至1998年美國《國家安全戰略》中說明「交往與擴大」的目標，請參閱

"National Security Strategy Archive," available at <http://nssarchive.us/>.

5. William J. Clinton, "Address by President Bill Clinton to the UN General Assembly," September 27, 1993, available at <https://2009-2017.state.gov/p/io/potusunga/207375.htm>; Anthony Lake, "From Containment to Enlargement," speech at The Johns Hopkins University School of Advanced International Studies, Washington, DC, September 21, 1993, available at <https://www.mtholyoke.edu/acad/intrel/lakedoc.html>. Also see Richard N. Haass, "Fatal Distraction: Bill Clinton's Foreign Policy," *Foreign Affairs* No. 108 (Autumn 1997), 113.

6. 正如本書第二章所指出，此一主張是有爭議的。相關不同論點，請參閱Kurt M. Campbell and Ely Ratner, "The China Reckoning: How Beijing Defied American Expectations," *Foreign Affairs*, March/April 2018, available at <www.foreignaffairs.com/articles/china/2018-02-13/china-reckoning>; Aaron Friedberg, "Getting the China Challenge Right," *The American Interest*, January 10, 2019, available at <www.the-american-interest.com/2019/01/10/getting-the-china-challenge-right/>; Alastair Iain Johnston, "The Failures of the'Failure of Engagement' with China," *Washington Quarterly* 42, no. 2 (Summer 2019), 99-114, available at <https://doi.org/10.1080/0163660X.2019.1626688>.

7. Jim Mann, "Clinton's Asia Policy Puts China First," *The Los Angeles Times*, March 18, 1998, available at <www.latimes.com/archives/la-xpm-1998-mar-18-mn-30092-story.html>.

8. Nicholas R. Lardy, "Issues in China's WTO Accession," Brookings Institution, May 9, 2001, available at <https://www.brookings.edu/testimonies/issues-in-chinas-wto-accession/>.

9. 自1970年代末以來，美國跨國公司就是美「中」關係正常化的主要支持者，他們在中國大陸的業務一直是兩國關係的核心。過去25年來，這些企業轉移技術創造就業機會，並協助改造中國大陸的經濟，請參閱*Two-Way Street: 25 Years of U.S-China Direct Investment* (New York: National Committee on U.S.-China Relations, 2016), 1, available at <https://www.ncuscr.org/sites/default/files/page_attachments/Two-Way-Street-2016_Exec-Summary.pdf>.

10. *World Development Report 1995: Workers in an Integrating World* (London: Oxford University Press, 1995); *World Economic Outlook* (Washington, DC: International Monetary Fund, 1995).

11. Neil E. Silver, *The United States, Japan, and China: Setting the Course* (New York:

Council on Foreign Relations, 1999).

12. Kurt M. Campbell, *The Pivot: The Future of American Statecraft* (New York: Hatchett Book Group, 2016), 3.

13. "Cheney Concerned About China and North Korea," *New York Times*, February 23, 2007, available at <www.nytimes.com/2007/02/23/world/asia/23iht-cheney.4698458.html>.

14. Taro Aso, "Arc of Freedom and Prosperity: Japan's Expanding Diplomatic Horizons," November 30, 2006, available at <https://www.mofa.go.jp/announce/fm/aso/speech0611.html>.

15. Shinzo Abe, "Confluence of the Two Seas," Ministry of Foreign Affairs-Japan, August 22, 2007, available at <http://www.mofa.go.jp/region/asia-paci/pmv0708/speech-2.html>.

16. Denny Roy, *More Security for Rising China, Less for Others?* AsiaPacific Analysis No. 106 (Honolulu: East-West Center, January 2013); Odd Arne Westad, "Legacies of the Past," in *China and the World*, ed. David Shambaugh (New York: Oxford University Press, 2020), 25-36.

17. Denny Roy, "Hegemon on the Horizon? China's Threat to East Asian Security," *International Security* 19, no. 1 (Summer 1994), 149-168; Richard Bernstein and Ross H. Munro, *The Coming Conflict with China* (New York: Knopf, 1997). 有關區域觀點和戰略的調查，請參閱Alastair Iain Johnston and Robert S. Ross, eds., *Engaging China: The Management of an Emerging Power* (New York: Routledge, 1999).

18. David M. Finkelstein, "China's New Security Concept: Reading Between the Lines," *Washington Journal of Modern China* 5, no. 1 (1999), 37-50.

19. David Shambaugh, ed., *Power Shift: China and Asia's New Dynamics* (Berkeley: University of California Press, 2006); Evelyn Goh and Sheldon W. Simon, eds., *China, the United States, and Southeast Asia: Contending Perspectives on Politics, Security, and Economics* (New York: Routledge, 2008).

20. Barack Obama, "Remarks by President Obama to the Australian Parliament," Canberra, November 17, 2011, available at <https://obamawhitehouse.archives.gov/the-press-office/2011/11/17/remarks-president-obama-australian-parliament>.

21. 請參閱Jeffrey A. Bader, *Obama and China's Rise: An Insider's Account of America's Asia Strategy* (Washington, DC: Brookings Institution Press, 2012), chapter 7. Also see the discussion in Michael D. Swaine, "Perceptions of an Assertive China," *China Leadership*

Monitor 32 (2010).

22. Michael D. Swaine and M. Taylor Fravel, "China's Assertive Behavior—Part Two: The Maritime Periphery," *China Leadership Monitor* 35 (2011).
23. 有關歐巴馬政府與中共建立夥伴關係思維的內部人士看法，請參閱Bader, *Obama and China's Rise*, chapter 1. Chinese overconfidence in Western decline and the increasing power of the developing world is evident in the shifting language used to describe the trend toward a multipolar world in the 2008, 2011, and 2013 Chinese defense white papers. Also see Andrew Scobell and Scott W. Harold, "An'Assertive' China? Insights from Interviews," *Asian Security* 9, no. 2 (2013), 111-131.
24. Suisheng Zhao, "Foreign Policy Implications of Chinese Nationalism Revisited: The Strident Turn," *Journal of Contemporary China* 22, no. 82 (2013), 535-553.
25. 這是2009至2013年筆者與中共官員、軍官和學者互動的資訊。
26. Mark E. Redden and Phillip C. Saunders, *Managing Sino-U.S. Air and Naval Interactions: Cold War Lessons and New Avenues of Approach*, China Strategic Perspectives 5 (Washington, DC: NDU Press, 2012).
27. Ibid.
28. Jeremy Page, Carol E. Lee, and Gordon Lubold, "China's President Pledges No Militarization in Disputed Islands," *Wall Street Journal*, September 25, 2015, available at <www.wsj.com/articles/china-completes-runway-on-artificial-island-in-south-china-sea-1443184818>.
29. "Foreign Ministry Spokesperson Lu Kang's Regular Press Conference on October 27, 2015," Ministry of Foreign Affairs of the People's Republic of China, October 27, 2015, available at <www.fmprc.gov.cn/mfa_eng/xwfw_665399/s2510_665401/t1309625.shtml>.
30. Xi Jinping, "New Asian Security Concept for Progress in Security Cooperation," remarks at the Fourth Summit of the Conference on Interaction and Confidence Building Measures in Asia, delivered at the Shanghai Expo Center, May 21, 2014, available at <https://www.fmprc.gov.cn/mfa_eng/zxxx_662805/t1159951.shtml>.
31. Adam P. Liff, "China and the U.S. Alliance System," *China Quarterly* No. 233 (March 2018), available at <https://www.cambridge.org/core/journals/china-quarterly/article/china-and-the-us-alliance-system/1FF369905B4A8110DC8693A3C8A7857B/core-reader>.

32. Obama, "Remarks by President Obama to the Australian Parliament."
33. Hillary Clinton, "America's Pacific Century," Foreign Policy No. 189 (November-December 2011), 56-63.
34. Ian Storey, "China's Missteps in Southeast Asia: Less Charm, More Offensive," *Jamestown China Brief* 10, no. 25 (December 17, 2010), available at <https://jamestown.org/program/chinas-missteps-in-southeast-asia-less-charm-more-offensive/>.
35. 中共也致力於穩定雙邊關係，提議美「中」建立「新型大國關係」。歐巴馬政府一度準備考慮接受該框架，但並不欲接受中共自己所定義的「核心利益」(包括其對臺灣的主張)，也不願引發華府會以犧牲區域盟邦為代價與北京協議的聯想，請參閱Jane Perlez, "China's 'New Type' of Ties Fails to Sway Obama," *New York Times*, November 9, 2014, available at <www.nytimes.com/2014/11/10/world/asia/chinas-new-type-of-ties-fails-to-sway-obama.html>.
36. 2014和2015年有一些引人注目的事件，預示了美「中」關係將進入實質的大國競爭。首先，2014年5月美國司法部首次公開起訴中共軍事駭客對美國企業進行的網路間諜活動，請參閱Department of Justice, Office of Public Affairs, "U.S. Charges Five Chinese Military Hackers for Cyber Espionage Against U.S. Corporations and a Labor Organization for Commercial Advantage," May 19, 2014, available at <https://www.justice.gov/opa/pr/us-charges-five-chinese-military-hackers-cyber-espionage-against-us-corporations-and-labor>. 其次，美國國務院發表一份文件，正式質疑中共對南海「段線」內島嶼和水域的主權主張，該文件為美國軍艦自2015年起在南海執行自由航行行動設定法律前提，請參閱Bureau of Oceans and International Environmental and Scientific Affairs, U.S. Department of State, "Maritime Claims in the South China Sea," Limits in the Seas No. 143 (December 5, 2014), available at <http://www.documentcloud.org/documents/1376464-us-limits-in-the-seas-dos-no143-china-in-scs-12.html>. 最後， 2014年11月歐巴馬總統於中國大陸的峰會期間，確實完成了兩國同意簽署《巴黎氣候協定》，但是美政府並未就中共網路間諜和海上爭端這兩項關鍵棘手議題正式妥協，請參閱Perlez, "China's 'New Type' of Ties Fails to Sway Obama."
37. *The National Security Strategy of the United States of America* (Washington, DC: The White House, December 2017), 45.
38. Ibid., 46.

39. H.R. McMaster, "How China Sees the World: And How We Should See China," *The Atlantic*, May 2020, available at <www.theatlantic.com/magazine/archive/2020/05/mcmaster-china-strategy/609088/>.
40. 有關美「中」合作的評論，請參閱*The National Security Strategy of the United States of America*, 27; *National Security Strategy* (Washington, DC: The White House, February 2015), 24.
41. Idress Ali, "In Symbolic Nod to India, U.S. Pacific Command Changes Name," Reuters, May 30, 2018, available at <www.reuters.com/article/us-usa-defense-india/in-symbolic-nod-to-india-us-pacific-command-changes-name-idUSKCN1IV2Q2>.
42. *Indo-Pacific Strategy Report: Preparedness, Partnerships, and Promoting a Networked Region* (Washington, DC: Department of Defense, June 1, 2019), 8.
43. Admiral Phil Davidson, Testimony Before the Senate Armed Services Committee: Opening Remarks, February 12, 2019, available at <https://www.pacom.mil/Media/Speeches-Testimony/Article/1755445/ senate-armed-services-committee-sasc-opening-statement/>.
44. "Remarks by President Trump at APEC CEO Summit," Da Nang, Vietnam, November 10, 2017, available at <https://vn.usembassy.gov/20171110-remarks-president-trump-apec-ceo-summit/>. 本章後續將使用「自由開放印太」願景來描述川普總統在2017年APEC企業領袖高峰會首次闡述的「自由開放」印太框架。該願景更像是一個概念而不是願景，且肯定不是戰略，因為其缺乏明確之目的、方法和手段。正如2019年6月美國國防部《印太戰略報告》所描述，「我們國家的願景......承諾建立一個益於所有國家的安全、穩固、繁榮和自由的地區⋯⋯[並]源於支持目前國際秩序的共同原則⋯⋯我們有責任一起來維護這些原則。」請參閱*Indo-Pacific Strategy Report*, 3. Also see reference to FOIP vision in Ely Ratner et al., *Rising to the China Challenge: Renewing American Competitiveness in the Indo-Pacific* (Washington, DC: Center for New American Security, December 2019), available at <https://s3.amazonaws.com/files.cnas.org/documents/CNAS-Report-NDAA-final-6.pdf?mtime=20200116130752>; *Assessing the Global Environment*: Asia (Washington, DC: Heritage Foundation, October 30, 2019). 本章三位作者承認2019年11月的國務院文件在附函和內文中談及「FOIP Strategy」一詞，但是和「FOIP Vision」交替使用，而文件實際副標題使用的是「願景」(Vision)一詞，請參閱*A Free and Open Indo-Pacific: Advancing a Shared Vision* (Washington, DC: Department of State,

November 4, 2019), available at <https://www.state.gov/wp-content/uploads/2019/11/Free-and-Open-Indo-Pacific-4Nov2019.pdf>.

45. See "Sec. Pompeo Remarks on 'America's Indo-Pacific Economic Vision,'" Inaugural Indo-Pacific Business Forum, U.S. Chamber of Commerce, Washington, DC, July 30, 2018, available at <https://asean.usmission.gov/sec-pompeo-remarks-on-americas-indo-pacific-economic-vision/>.

46. *A Free and Open Indo-Pacific*, 6.

47. "Briefing on the Indo-Pacific Strategy," Department of State, April 2, 2018, available at <https://www.state.gov/briefing-on-the-indo-pacific-strategy/>.

48. 相關細節，請參閱Shayerah Ilias Akhtar and Marian L. Lawson, *BUILD Act: Frequently Asked Questions About the New U.S. International Development Finance Corporation*, R45461 (Washington, DC: Congressional Research Service, January 15, 2019).

49. 關於這些活動的新近概述，請參閱Admiral Harry B. Harris, Jr., *Statement Before the Senate Armed Services Committee Hearing on U.S. Pacific Command Posture*, February 23, 2016, available at <www.armed-services.senate.gov/imo/media/doc/Harris_02-23-16.pdf>.

50. *Indo-Pacific Strategy Report.*

51. 有關美國參與這些多邊印太組織的情況，包括APEC、東亞峰會、美國—東協峰會、東協區域論壇等，請參閱*U.S.-East Asia Relations: A Strategy for Multilateral Engagement* (New York: Asia Society Task Force Report, November 2011), 9-20. Also see James Steinberg, "By Abandoning Asia's Multilateral Organizations, U.S. Empowers China," *Nikkei Asian Review*, November 21, 2019, available at <https://asia.nikkei.com/Opinion/By-abandoning-Asia-s-multilateral-organizations-US-empowers-China>.

52. 川普曾在印度、中國大陸和日本舉行過雙邊峰會，但是任內在六次東亞峰會、APEC和美國—東協峰會中僅參加過兩次，請參閱Jonah Langan-Marmur and Phillip C. Saunders, "Absent Without Leave? Gauging U.S. Commitment to the Indo-Pacific," *The Diplomat*, May 6, 2020, available at <https://thediplomat.com/2020/05/absent-without-leave-gauging-us-commitment-to-the-indo-pacific/>.

53. *2017 Foreign Policy White Paper* (Canberra: Government of Australia, November 2017); "Trump Marks U.S.-Japan Security Pact with Call for Stranger, Deeper Alliance," Reuters,

January 19, 2020, available at <www.reuters.com/article/us-usa-japan-security/trump-marks-u-s-japan-security-pact-with-call-for-stronger-deeper-alliance-idUSKBN1ZI050>.

54. *A Free and Open Indo-Pacific.*

55. Bonnie Bley, "The New Geography of Global Diplomacy: China Advances as the United States Retreats," *Foreign Affairs*, November 27, 2019, available at <www.foreignaffairs.com/articles/china/2019-11-27/new-geography-global-diplomacy>.

56. Ivo H. Daalder and James M. Lindsay, *The Empty Throne: America's Abdication of Global Leadership* (New York: PublicAffairs, 2018), 164-170.

57. Douglas H. Paal, *America's Future in a Dynamic Asia* (Washington, DC: Carnegie Endowment for International Peace, January 31, 2019), available at <https://carnegieendowment.org/2019/01/31/america-s-future-in-dynamic-asia-pub-78222>.

58. Ibid.

59. 中共的「和平共處五項原則」是：相互尊重主權和領土完整、互不侵犯、互不干涉內政、平等互利，以及和平共處。這些原則60多年來一直是中共外交政策的基石，詳述於2017年1月中共國務院新聞辦公室發布的《中國的亞太安全合作政策》白皮書，請參閱<http://english.www.gov.cn/archive/white_paper/2017/01/11/content_281475539078636.htm>. Also see Ankit Panda, "Reflecting on China's Five Principles, 60 Years Later," *The Diplomat*, June 2014, available at <https://thediplomat.com/2014/06/reflecting-on-chinas-five-principles-60-years-later/>.

60. Feng Liu, "The Recalibration of Chinese Assertiveness: China's Responses to the Indo-Pacific Challenge," *International Affairs* 96, no. 1 (January 2020), 23-24.

61. Joel Wuthnow, *Just Another Paper Tiger? Chinese Perspectives on the U.S. Indo-Pacific Strategy*, INSS Strategic Forum 305 (Washington, DC: NDU Press, June 2020), 13-14.

62. See Lily Kuo, "Australia Called 'Gum Stuck to China's Shoe' by State Media in Coronavirus Investigation Stoush," *The Guardian*, April 28, 2020, available at <www.theguardian.com/world/2020/apr/28/australia-called-gum-stuck-to-chinas-shoe-by-state-media-in-coronavirus-investigation-stoush>.

63. Kristy Needham, "Australia Rejects Chinese 'Economic Coercion' Thread amid Planned Coronavirus Probe," Reuters, April 27, 2020, available at <www.reuters.com/article/us-health-coronavirus-australia-china-idUSKCN2290Z6>.

64. See "West Feels Challenged by China's New 'Wolf Warrior' Diplomacy," *Global Times* (Beijing), April 15, 2020, available at <https://www.globaltimes.cn/content/1185776.shtml>.
65. Ambassador Derek Mitchell, *American Leadership in the Asia Pacific, Part 3: Promoting Democracy, Human Rights, and the Rule of Law*, Testimony Before the Senate Foreign Relations Subcommittee on East Asia, the Pacific and International Cybersecurity Policy, July 12, 2017, available at <https://www.usip.org/publications/2017/07/american-leadership-asia-pacific-part-3-promoting-democracy-human-rights-and>.
66. Thomas F. Lynch III and James J. Przystup, *India-Japan Strategic Cooperation and Implications for U.S. Strategy in the Indo-Pacific Region*, INSS Strategic Perspectives 24 (Washington, DC: NDU Press, 2017).
67. "Global Flow of Tertiary-Level Students," United Nations Educational, Scientific and Cultural Organization, available at <http://uis.unesco.org/en/uis-student-flow>. 同時，美國也愈來愈擔心國內高等教育機構的中國大陸學生，遭受中共系統性從事間諜活動，這導致美方考慮減少該國交換生的數量。2019年7月，美國聯邦調查局局長瑞伊(Christopher Wray)在參議院司法委員會作證表示，中共竊取美國智慧財產權和經濟財產權的行為構成極大威脅，其中多數盜竊行為的方式是透過美國大學的中國大陸留學生，請參閱Ken Dilanian, "U.S. Universities Are a Soft Target for China's Spies, Say Officials," NBC News, February 2, 2020, available at <www.nbcnews.com/news/china/american-universities-are-soft-target-china-s-spies-say-u-n1104291>.
68. *A Free and Open Indo-Pacific.*
69. "U.S. Travelers Will Dominate Tourism Spending in Asia-Pacific Through 2020," *Skift*, May 18, 2016, available at <https://skift.com/2016/05/18/u-s-visitor-spending-in-asia-pacific/>.
70. Victor Kiprop, "English Speaking Countries in Asia," *World Atlas*, December 12, 2018, available at <www.worldatlas.com/articles/english-speaking-countries-in-asia.html>.
71. Eric Fish, "China's Youth Admire America Far More than We Knew," *Foreign Policy*, February 9, 2017, available at <https://foreignpolicy.com/2017/02/09/chinas-youth-admire-america-far-more-than-we-knew-surprising-survey-results-ideological-university-crackdown/>. 正如該文章所觀察到的重點，西方研究人員不相信中國大陸青年(或者一般中國大陸人)對美國和西方的喜好代表全盤接受西方的自由民主。相反地，數十

年的研究皆顯示，許多中國人嚮往西方治理中的某些要素，如新聞自由、個人自由，以及官方透明度和問責制。

72. Abraham Denmark, "Ideological Competition in the Indo-Pacific," Woodrow Wilson Center for Scholars, March 27, 2018, available at <https://www.wilsoncenter.org/blog-post/ideological-competition-the-indo-pacific>.
73. "Milestone Congress Points to a New Era for China, the World," Xinhua, October 24, 2017, available at <http://www.chinadaily.com.cn/china/19thcpcnationalcongress/2017-10/24/content_33648051.htm>.
74. Denmark, "Ideological Competition in the Indo-Pacific."
75. Denghua Zheng, "The Concept of 'Community of Common Destiny' in China's Diplomacy: Meaning, Motives and Implications," *Asia and the Pacific Policy Studies* 5, no. 2 (March 2018), 196-207.
76. 正如范亞倫所言，中共的意識型態訴求限於共黨在國內的行動。隨中共政權資源擴大，能運用一系列廣泛選項來消弭國內異議。例如加強「防火長城」封鎖不允許的網際網路內容；建立全國性「社會信用」系統，使用臉部辨識軟體和大數據分析來監控活動、追蹤移動，並評估國內幾乎每個人的政治可靠性。這是20世紀極權主義獨裁者夢想中的能力，請參閱Friedberg, "Getting the China Challenge Right."
77. 資料來自2018年「聯合國世界旅遊組織」之數據，請參閱"Country Profile- Outbound Tourism," UNWTO, available at <https://www.unwto.org/country-profile-outbound-tourism>. 另有4,500萬人次造訪香港和澳門。
78. 2010年中國大陸留學生數據來自「聯合國教科文組織統計所」，請參閱"Data for the Sustainable Development Goals," UNESCO, available at <http://www.uis.unesco.org/Education/Pages/international-student-flow-viz.aspx>. 印太地區國家在中國大陸的留學生人數則來自中共教育部〈2018年中國大陸國際學生統計報告〉，2019年4月17日，請參閱 <http://en.moe.gov.cn/documents/reports/201904/t20190418_378692.html>.
79. "Confucius Institutes: Asia," Office of Chinese Language Council International, available at <http://english.hanban.org/node_10971.htm>.
80. Jonathan Stromseth, *The Testing Ground: China's Rising Influence in Southeast Asia and Regional Responses* (Washington, DC: Brookings Institution, November 2019), available at <https://www.brookings.edu/research/the-testing-ground-chinas-rising-influence-in-

southeast-asia-and-regional-responses/>.

81. 請參閱Shaun Breslin, “China’s Global Cultural Interactions,” in *China and the World*, 137-155.
82. Laura Silver, Kat Devlin, and Christine Huang, “People Around the Globe Are Divided in Their Opinions of China,” Pew Research Center, December 5, 2019, available at <https://www.pewresearch.org/fact-tank/2019/12/05/people-around-the-globe-are-divided-in-their-opinions-of-china/>.
83. “Social Media Usage in the Asia Pacific,” *Pixium Digital*, available at <https://pixiumdigital.com/social-media-usage-asia-pacific/>.
84. “Global Engagement Center,” Department of State, available at < https://www.state.gov/bureaus-offices/ under-secretary-for-public-diplomacy-and-public-affairs/global-engagement-center/>.
85. “About Radio Free Asia,” RFA, available at <https://www.rfa.org/about>; “U.S. Agency for Global Media,” U.S. Broadcasting Board of Governors, available at <https://www.usagm.gov/>.
86. 請參閱Larry Diamond and Orville Schell, eds., *China’s Influence and American Interests: Promoting Constructive Vigilance* (Stanford: Hoover Institution Press, 2019), appendix 1.
87. Silver, Devlin, and Huang, “People Around the Globe Are Divided in Their Opinions of China.”
88. 此一說法來自美國國務院「全球參與中心」主任加布里埃爾(Lea Gabrielle)，請參閱Betsy Woodruff Swan, “State Report: Russia, Chinese, and Iranian Disinformation Narratives Echoing Each Other,” *Politico*, April 21, 2010, available at <www.politico.com/news/2020/04/21/russia-china-iran-disinformation-coronavirus-state-department-193107>.
89. Needham, “Australia Rejects Chinese ‘Economic Coercion’ Threat amid Planned Coronavirus Probe”; Yasmeen Serhan, “Indians Aren’t Buying China’s Narrative,” *The Atlantic*, April 21, 2020, available at <www.theatlantic.com/international/archive/2020/04/india-china-pandemic-coronavirus-distrust/610273>; Philip Citowicki, “COVID-19 Escalates the China-Australia Contest in the Pacific,” *The Diplomat*, April 10, 2020, available at <https://thediplomat.com/2020/04/covid-19-escalates-the-china-australia-contest-in-the-pacific/>.

90. Bates Gill, "China's Global Influence: Post-COVID Prospects for Soft Power," *The Washington Quarterly* 43, no. 2 (Summer 2020), 97-115, available at <https://twq.elliott.gwu.edu/files/2020/06/Gill_TWQ_43-2.pdf>.
91. 數據來自"Asian-Pacific Military Strength (2020)," *Global Firepower*, available at <www.globalfirepower.com/countries-listing-asia-pacific.asp>; "Asia," Heritage Foundation, October 30, 2019, available at <https://www.heritage.org/military-strength/assessing-the-global-operating-environment/asia>. 美國印太司令部在公開網站上公布的區域部隊數量更多，其聲稱擁有五個航艦支隊、200艘軍艦和超過30萬軍事人員。可以理解這些數字具嚇阻價值，但其實美國是藉發生重大增兵需求時的美軍整體兵力來誇大實際戰區的兵力，請參閱 "About USINDOPACOM," available at <https://www.pacom.mil/About-USINDOPACOM/>.
92. 請參閱Joel Wuthnow and Phillip C. Saunders, *Chinese Military Reforms in the Age of Xi Jinping: Drivers, Challenges, and Implications*, China Strategic Perspectives 10 (Washington, DC: NDU Press, March 2017); *China Military Power: Modernizing a Force to Fight and Win* (Washington, DC: Defense Intelligence Agency, 2019).
93. 雖然「島鏈」的概念是共軍借用於美國二戰軍事和外交對話的架構，且針對每一條島鏈皆未有權威的軍事定義；多數中文文獻將臺灣、日本/琉球群島和菲律賓稱作第一島鏈，並且都將北馬利安納群島納入第二島鏈，請參閱Andrew S. Erikson and Joel Wuthnow, "Barriers, Springboards, and Benchmarks: China Conceptualizes the Pacific 'Island Chains,'" The *China Quarterly* No. 225 (January 2016), 6-9.
94. 美國承認日本對釣魚臺列嶼的行政管轄權，因此視其為「美日安保條約」的範圍，但對其主權爭端不抱任何立場。
95. 請參閱Lyle J. Goldstein, *Five Dragons Stirring Up the Sea: Challenge and Opportunity in China's Improving Maritime Enforcement Capabilities* No. 5 (Newport, RI: U.S. Naval War College China Maritime Studies Institute, April 2010).
96. Ratner et al., *Rising to the China Challenge.*
97. 關於這些活動的新近概述，請參閱Harris, *Statement Before the Senate Armed Services Committee Hearing on U.S. Pacific Command Posture.*
98. *Indo-Pacific Strategy Report.*
99. Ratner et al., *Rising to the China Challenge.*

100. 共軍稱之為「系統攻擊」或「系統對抗」，請參閱Jeff Engstrom, *Systems Confrontation and System Destruction Warfare: How the Chinese People's Liberation Army Seeks to Wage Modern Warfare* (Arlington, VA: RAND, 2018).
101. 有關美國政策的簡要概述，請參閱Richard C. Bush, *A One-China Policy Primer*, East Asia Policy Paper, No. 10 (Washington, DC: Brookings Institution, March 2017), available at <https://www.brookings.edu/research/a-one-china-policy-primer/>.
102. "An Interactive Look at the U.S.-China Military Scorecard," RAND–Project Air Force, available at <https://www.rand.org/paf/projects/us-china-scorecard.html>. 蘭德公司將「優勢」定義為，一方能夠在作戰相關週期內達成其主要目標，相對地另一方則難以達成。
103. Stephen Bryen, "Why the U.S. Withdrew Its Bombers from Guam," *Asia Times* (Hong Kong), April 28, 2020, available at <https://asiatimes.com/2020/04/why-the-us-withdrew-its-bombers-from-guam/>; Lee Jeong-ho, "China Releases Footage of 'Guam Killer' DF-26 Ballistic Missile in 'Clear Message to the U.S.,'" *South China Morning Post* (Hong Kong), January 28, 2019, available at <www.scmp.com/news/china/military/article/2183972/china-releases-footage-guam-killer-df-26-ballistic-missile-clear>.
104. "An Interactive Look at the U.S.-China Military Scorecard."
105. 類似結論，請參閱Eric Heginbotham et al., *The U.S.-China Military Scorecard Forces, Geography, and the Evolving Balance of Power, 1996-2017* (Santa Monica, CA: RAND, 2015), available at <https://www.rand.org/pubs/research_reports/RR392.html>.
106. 2017年的數字來自「聯合國貿易統計數據庫」(United Nations Comtrade Database)，運用貿易圖表計算日本、北韓、南韓、澳大利亞、紐西蘭、印度、孟加拉、斯里蘭卡、不丹及尼泊爾的出口。2018年經香港轉口貿易至中國大陸占比則為55%。
107. 該數字是指由中國大陸輸出美國，包含經由香港出口到美國。
108. 「跨太平洋夥伴協定」的成員國包括澳大利亞、汶萊、加拿大、智利、日本、馬來西亞、墨西哥、紐西蘭、祕魯、新加坡、美國和越南。
109. 「跨太平洋夥伴全面進步協定」係涵蓋4.95億人口，合計國內生產總值達13.5兆美元的11國貿易集團。該協定著眼於未來的擴張。若美國選擇加入，將增加近3.3億人口，使該貿易集團成為世界上最大自由貿易單一市場，占全球貿易的四成，請參閱Keith Johnson, "The U.S. Wants Back in the TPP? Good Luck with That," *Foreign Policy*,

March 29, 2018, available at <https://foreignpolicy.com/2018/03/29/united-states-wants-back-in-tpp-good-luck-with-that-trans-pacific-partnership-asia/>; "Overview and Benefits of the CPTPP," Government of Canada, available at <https://www.international.gc.ca/trade-commerce/trade-agreements-accords-commerciaux/agr-acc/cptpp-ptpgp/overview-apercu.aspx?lang=eng>.

110. Keith Johnson, "How Trump May Finally Kill the WTO," *Foreign Policy*, December 9, 2019, available at <https://foreignpolicy.com/2019/12/09/trump-may-kill-wto-finally-appellate-body-world-trade-organization/>.

111. "Sec. Pompeo Remarks on America's Indo-Pacific Economic Vision."

112. "Joint Statement of the Governments of the United States of America, Australia, and Japan," The White House, November 17, 2018, available at <https://www.whitehouse.gov/briefings-statements/joint-statement-governments-united-states-america-australia-japan/>.

113. 隨後，新冠疫情爆發造成對經濟更大的影響，請參閱Ken Roberts, "China Trade War Losses at $84 Billion and Counting—Does New Data Suggest Tide Turning Toward U.S.?" *Forbes*, December 16, 2019, available at <www.forbes.com/sites/kenroberts/2019/12/16/china-trade-war-losses-at-84-billion-and-counting—does-new-data-suggest-tide-turning-toward-us/#35c3b543bd40>. 顯然，新冠病毒造成的全球經濟混亂將使這場貿易戰黯然失色。

114. Steve Liesman, "Trade War Losses for the U.S. and China Grow into the Tens of Billions of Dollars," CNBC, November 5, 2019, available at <www.cnbc.com/2019/11/05/trade-losses-for-the-us-china-mount-into-tens-of-billions-of-dollars.html>.

115. 請參閱*Economic and Trade Agreement Between the Government of the United States of America and the Government of the People's Republic of China* (Washington, DC: Office of the U.S. Trade Representative, 2020), available at <https://ustr.gov/sites/default/files/files/agreements/phase%20one%20agreement/Economic_And_Trade_Agreement_Between_The_United_States_And_China_Text.pdf>.

116. 請參閱Scott Kennedy, "China's Poor Purchasing Performance: How Should the United States Respond?" Center for Strategic and International Studies, May 8, 2020, available at <https://www.csis.org/analysis/chinas-poor-purchasing-performance-how-should-united-states-respond>.

117. 請參閱Sam Kim, "Korea Warns of Trade Pain That Will Shift Supply Chains," *Bloomberg*, May 10, 2020, available at <www.bloomberg.com/news/articles/2020-05-10/korea-warns-of-sharper-trade-pain-that-will-shift-supply-chains>; Carmen Reinicke, "These 8 Asian Countries Will Get the Biggest Boost If the Trade War Forces U.S. Companies to Leave China," *Markets Insider*, August 28, 2019, available at <https://markets.businessinsider.com/news/stocks/8-asian-countries-that-could-benefit-us-china-trade-war-2019-8-1028481289>.
118. Peter Harrell, Elizabeth Rosenberg, and Edoardo Saravalle, *China's Use of Coercive Economic Measures* (Washington, DC: Center for a New American Security, June 11, 2018), available at <https://www.cnas.org/publications/reports/chinas-use-of-coercive-economic-measures>.
119. "China Global Investment Tracker," American Enterprise Institute, April 30, 2020, available at <https://www.aei.org/china-global-investment-tracker/>. 該數字不包括中國大陸在香港或澳門的投資或建設項目。
120. 數字的來源為"China's Public Diplomacy Dashboard Dataset (Version 1.0)," *AidData*, December 9, 2019, available at <https://www.aiddata.org/china-public-diplomacy>; also see Cheng Cheng, *The Logic Behind China's Foreign Aid Agency* (Washington, DC: Carnegie Endowment for International Peace, May 2019), available at <https://carnegieendowment.org/2019/05/21/logic-behind-china-s-foreign-aid-agency-pub-79154>.
121. Wuthnow, Just Another Paper Tiger? 15.
122. 請參閱Joel Wuthnow, "Managing U.S.-China Military Relations in an Era of Strategic Competition," paper presented at a University of Pennsylvania colloquium on U.S.-China relations, June 4, 2020.
123. 有關這些挑戰的討論，請參閱Thomas Fingar and Jean C. Oi, "China's Challenges: Now It Gets Harder," *Washington Quarterly* 43, no. 1 (Spring 2020), 65-82.
124. Paal, *America's Future in a Dynamic Asia.*
125. Charles Edel and Hal Brands, "The Real Origins of the U.S.-China Cold War," *Foreign Policy*, June 2, 2019, available at <https://foreignpolicy.com/2019/06/02/the-real-origins-of-the-u-s-china-cold-war-big-think-communism/>.
126. Ibid.
127. Ibid.

第六章
美國抗「中」戰略

霍夫曼(Frank G. Hoffman)

本章汲取學術文獻和安全研究，提出一系列可能的戰略來闡述美國對付主要大國戰略對手—中共—之手段。本書定義戰略互動的五個不同戰略要素，針對這些戰略的適用性、可行性和可持續性進行總體評估。例子各有不同，取決於倡導者利用國家相對優勢和劣勢的方法，以及國際與國內支持會如何影響執行成效。作者認為，「強化平衡戰略」是合適的方法。

在21世紀初，華府在世界舞臺的地位似乎無可匹敵，分析家試圖維持並延長這種單極時刻。[1] 然而，由美國主導的時代被證明是短暫的。如同本書及第一章所述，冷戰後的國際秩序已經進入一個新的歷史周期，美國決策者認為該周期將以大國競爭為特徵。「大國競爭」遠非晦澀術語，而是國際關係中長期存在的現象。[2] 但是，美國在歷經近30年的單極優勢及反叛亂和反恐/反極端主義介入之後，需要重新調整心態和戰略機制，巧妙重拾失去的戰略競爭藝術。[3]

俄羅斯、中共和美國今日在大國競爭的新時代中展開全球競逐。正如第一、二章指出，俄羅斯對美國利益構成嚴重的短期威脅，但是缺乏長期持久抗衡的能力。此外第五章中也闡述在印太地區，中共與美國的關係明顯(且有點令人不安地)進入新的階段，其中競爭在國家互動的五大領域中持續進行，同時競爭可能存在轉變為對抗、衝突或武裝衝突的高度風險(見表1.1或1.2)。[4] 一些分析家相信，中共認為美國在印太地區的勢力範圍和影響力已衰落，並斷定美國的優勢地位不再。根據此學派人士的想法，北京的雄心壯志正隨著與口增長的實力擴張。[5] 從這個角度看來，中共企圖恢復數個世紀之前所擁有的大國地位，其經濟影響力既提供正當性，也提供投射權力和保護利益的手段。正如第一章所述，某種程度上北京的戰略利益將必然與美國的長期政策偏好和國家利益產生衝突。

本章毫無掩飾地以中共為探討中心。然而，就中共與全球穩定或未來美國安全戰略的關係而言，該中心是恰如其分。雖然以中共為中心的世界不太可能出現，但是北京日益提升的影響力著實令人擔憂。[6] 未來幾十年地緣政治的巨大轉變，以及對維持全球穩定的最大挑戰，將由美國和中共之間的關係來決定。正如前幾章所述，這不是美國面臨的唯一挑戰，但長期來看是最關鍵的挑戰。

美國2017和2018年的戰略文件正式承認(雖然慢了)此一現實。川普政府2017年的《國家安全戰略》結論道，「中共和俄羅斯希望塑造一個與美國價值觀和利益對立的世界。」[7] 該戰略指出，中共希望在印太地區取代美國、擴張其國家主導型經濟體系的影響力、重塑其於地區的優勢，並散布其威權制度與貪腐。五角大廈補充文件、2018年《國防戰略》則置重點於調整美國國防部的優先事項和改革措施，以因應競爭激烈的大國對抗環境。該戰略同樣將中共定義為戰略競爭對手，並指其正在追求軍事現代化、企圖在短期內成為區域霸權，以及嘗試逐步取代美國成為全球大國。[8] 某些學者補充道：「中共希望有完全主導地位；迫使美國退出，並在該地區成為不受政治、經濟和軍事挑戰的霸權。」[9]

美國戰略家和國際關係學界正努力應付該迫切的影響。有些人完全不同意《國家安全戰略》和《國防戰略》中有關大國競爭和中共野心的結論。[10] 然而，強調競爭並不代表將導致更緊張的情勢或災難發生。[11] 我們不應怕稱中共為競爭者，因為目前中共遠稱不上是敵對大國或對抗性敵手。[12] 分別在十年前和五年多前，某些學者和「美國外交關係協會」(Council on Foreign Relations)即提出與中共競爭的預測。[13] 即使是過去致力於倡導與俄羅斯和中共深入交往的人士，現在也認識到有必要改變路線並積極捍衛美國利益。然而，這可能是政治制度差異和意識型態分歧，但不應被視為文明衝突論。[14]

雖然中共今日並未具主導地位，但無疑是一個正在崛起的大國，並展現權力轉移的企圖心。中共也許永遠無法達成其「中國夢」，但是其對國際體系的特殊影響、強勢的外交作為及軍事活動，都值得關注和適當規劃避險措施。

如果沒有在適切戰略框架中採行一套全般方法，便無法應對大國競爭和隨之而來的權力轉移。這需要領導階層參與、嚴格律定優先順序、持續供給資源及適當監督。正如美國《國防戰略》所示，大國競爭中的成功不僅限於作戰。當然，嚇阻戰爭發生很重要，但更需要的是採取全面性和制度性手段。美國必須聚焦於在合縱連橫、溝通、創造與創新等方面勝過大國競爭對手。[15] 規劃和實施一致的競爭戰略需要重新思考美國的安全架構，並調整國力工具以迅速因應情勢變化。正如最近一位戰略家所言，「若美國想要競爭，就必須準備打一場長期的影響力戰役，這將測試其戰略優先順序事項與長期計畫作為的能力。」[16]

> 由於與蘇聯間長達45年的角力，美國曾經對長期競爭的挑戰瞭若指掌。大國之間長期戰略競爭帶來豐富的視野，有助於現代國家治理。然而，在冷戰結束後相對有利的全球環境中，美國忽略長期競爭的能力，耽於安逸超過一個世代。
>
> Hal Brands, "The Lost Art of Long-Term Competition," The Washington Quarterly 41, no. 4 (Winter 2018)

本章所述的美國戰略選項強調不同的方法，綜合考量各種程度的成本和風險，讓美國在大國競爭時代戰勝主要戰略對手中共的機會最大化。美國恢復和重建的第一步是承認本身已無全面競爭優勢，某些部分已相對削弱，而現在需要採取競爭的心態。正如第二章所指出，美國仍然擁有許多優勢，在許多國力量化指標上領先主要對手。儘管如此，美國面對中共還是失去一些相對領先的地位，包括經濟輸出的世界占比和經濟競爭力。美國在中學教育和大學教育的相對市場也已流失，儘管品質和語言因素稍微緩解此一趨勢。[17] 美國在相對衰退方面有機會恢復，或者能藉由創造性的戰略抵銷其影響。

美國戰略家應善用華府原本的持久優勢並強化堅實地位。為了取得成功，美國必須提高整體競爭力，不僅是專注於與另一行為者的競爭。[18] 為了在思考與行動上具競爭力，美國須在所有戰略領域審視自身本領，如此才能與他國競爭。

本章為大國競爭提供一套戰略架構和防禦態勢選項。[19] 前幾章的討論及許多國際和美國政府的報告皆顯示，由於對利益、榮譽和恐懼存在不同的認知，導致新興大國競爭的核心──美「中」關係──正發展成白熱化競爭並可能朝向對抗性互動。然而，在一個由共同利益所界定的競爭時代仍有各種可能性，在既定範圍內的政治和經濟互動領域中，合作是可行的，更緊張競爭態勢也會發生。美國決策者面臨的挑戰是擴大合作的可能性，同時謹慎管理競爭關係以避免武裝衝突，全程要在不損害至關重要的國家利益下進行。

表6.1：替代戰略(X 代表主要作為線)

	雙邊談判	管理競爭	強化平衡	壓制	優勢競爭
政治與外交	X	X		X	X
意識型態				X	X
資訊				X	X
軍事		X	X	X	X
經濟	X		X	X	

競爭戰略：框架和基本原則

本章內容著重於評估美「中」競爭可能的五項大戰略，涵蓋導論所述主要國家互動的連續過程。這五大戰略中的每一項都以對風險和成本的不同評估為基礎，並運用不同面向或工具來實現戰略目標。以下內容首先概述這些戰略，然後依照本書定義的五個競爭領域和競爭要素進行評估。表6.1列出該五大戰略，並定義每項戰略中競爭互動最為關鍵的領域(X表示主要作為線)。

雙邊談判戰略

該戰略試圖透過雙邊談判確保未來穩定，是合作程度最密切的可能戰略。其側重於以外交手段解決世界上兩大強核心利益間的重要分歧，同時置重點於經濟合作及互利協作。援引一位該戰略倡議者的話，這需要「與中共妥協」(meeting China halfway)，並創造出中共真正想要的：一種新型態的戰略關係。[20]

這種關係有幾個選項。懷特(Hugh White)提出亞太「和諧」概念，以美「中」協作和「分享優勢」為基礎。這種「大妥協」(grand bargain)的另一個版本是建立中立區：美國以減少或終止對亞洲聯盟夥伴的承諾，換取北京放棄在該地區採取軍事行動。[21]

本章提出的雙邊談判戰略旨在確立公認的勢力範圍，對中共而言，這可能包括控制臺灣的明確假設。[22] 比起分擔全球共同利益關係的責任，美國和中共較願意在特定領域中享有作為主要利益關係者的特權地位。[23] 此一戰略「承認只要中共成為超強，其自然而然就會感覺被賦予超強的地位，然而最大問題是中共對其周邊並未具備相稱的影響力。」[24] 為了達成大妥協，美國將終結與臺灣長期性限制關係，並結束愈益模糊的防衛義務。同時，中共需要與越南、馬來西亞、菲律賓和日本談判，並解決整個印太地區對領海/島礁的泛濫聲索。作為這個妥協的一部分，美國對中共在南海和東海所主張的任何爭議領土，都應該堅持去軍事化；反過來，中共將確保通過該地區的行動自由。

倡導者認為，通過一系列談判與「螺旋式合作」(cooperation spiral)，確保互惠和不斷信心強化，這個大妥協的輪廓將隨著時間逐漸成形。[25] 雙方可能作出重大讓步，這反過來可能又會對國際和國內閱聽眾產生衝擊。雙邊談判戰略尋求在地理勢力範圍內進行持久的議價。

經濟方面的選項則是調整中共在國際貨幣基金和世界貿易組織等國際論壇的長期代表性，賦予其在這些機構中更大的影響力，並取得這些機構的認可。同時，美國也可以投資中共主導的亞洲基礎設施投資銀行，作為協作的一種手段。目前，美國並未加入該銀行。投資和貿易壁壘將透過雙方協議達成互惠目標。

這種雙邊談判選項將需付出外交代價，像是終止《臺灣關係法》正式關係可能是中共會提出的要求之一。美國停止對臺軍售無疑將會是另一項。反過來，作為妥協的一部分，中共將會同意移除瞄準臺灣的脅迫性飛彈，並同意永遠不會武力犯臺。[26] 美國與南韓和菲律賓(包括美軍基地)之間的條約也有待協商，以減輕中共對受到圍堵的恐懼。美國談判代表將會抵制中共在南海的部署。然而，這可能是這個大妥協及在其他地區行動自由要付出的代價。

管理競爭戰略

管理競爭戰略結合了協作和競爭的互動模式。在美國尋求與中共加強協作時，試圖取得合作和競爭間的平衡。這能夠(也應該)成為在國力各面向上的競爭和協作要素。[27] 中共過去曾與美國進行實質的建設性合作。[28] 管理競爭戰略的目標是維持當前的權力平衡，並防止美「中」關係在競爭層面失控為對抗和衝突。可靠的關係對區域和全球穩定至關重要。該戰略力求擴大合作、以談判調解經濟和貿易爭端，以及盡量減少安全領域的敵對競爭。[29]

「中」美兩國不是注定要成為敵人，或是進行悲劇性對抗。[30] 管理雙邊關係的競爭層面，需要太平洋兩岸的明智領導。鑑於這些狀況，某些專家認為「有必要成熟管理變動關係——在努力擴大正面合作領域的同時，約束負面互動是兩國政府的主要挑戰。」[31] 這些狀況皆對戰略領導人有更高的要求，必須要能成熟管理外交和國內閱聽眾，減少負面動態發生並運用合作的利益。這種管理競爭的選項保留美國某些過去持續深入交往的戰略。正如歐巴馬時代的國家安全會議官員所指出，「繼續深入交往絕不會妨礙美國政策的改變，以應對中共在經濟、數位、學術和安全領域的挑戰。事實上，如果讓中共持續維繫和美國的關係，可能會使政策調整更加有效。」[32]

戰略競爭並非在地緣政治真空的情況下展開；中共需要向外部世界開放市場以維持快速經濟成長。中共長期的經濟活力和政治穩定有賴和主要經濟夥伴維繫積極關係的能力。管理競爭就是去利用此一現實。鑑此，美國需要與中共建立有效益的關係，這應包括美「中」在利益相容之處擴大合作，同時積極努力拓展潛在合作領域，以影響中共追求自身利益的方式。

軍事。第一個作為線係減少區域安全困境。由於美國對其盟邦的安全承諾，以及這些聯盟對印太地區穩定的重要，維持堅實軍力仍應是美國戰略的重要組成。然而與此同時，美國不應試圖強化其在該地區的權力地位，無論是藉由任何新締結的聯盟、軍事基地，或是因不再受到《中程飛彈條約》(Intermediate Nuclear Forces Treaty)限制而大量投資戰區級彈道飛彈儲量。[33] 簡言之，美國會放棄《國防戰略》中提及為加強印太地區安全態勢的作為。如果美國試圖成為該地區的主宰，或者中共侵犯日本等美國主要盟邦的安全利益，則很可能加劇戰略競爭。

該戰略的第二個要素是擴大安全合作，包括美軍與共軍的雙邊和多邊合作。安全互動和利益衝突可能會限制直接軍事合作的機會，但促成益於雙方的合作仍非常重要。中共海軍前往亞丁灣執行反海盜行動任務證明，中共亦具備可以合作的能力。[34] 關鍵是尋找適當的場域以擴大在治理、能源和人道主義任務上的合作，許多重要任務包括維和、人道事務與災難救助、傳染病控制、反海盜，以及能源安全，皆使雙方能為全球穩定和共同利益作出貢獻。往該方向進一步努力定義美國和中共不必然是敵人，但是管理雙邊關係的競爭層面，需要太平洋兩岸的明智領導。

Phillip C. Saunders, Managing Strategic Competition with China, INSS Strategic Forum 242(July 2009)

和處理這些議題，有助於平衡更激烈競爭的戰略關係。

管理競爭能提高能力和意圖的透明度，包括大量安排軍事將領的高層互動、教育交流，以及在環太平洋地區等軍演的例行觀察員身分。[35]

另一個加強合作的可能手段是建立新的場域，以促進中共與世界其他地區的對話，包括北約等重要聯盟。隨著經濟的影響力擴及歐洲，中共已經成為北約內部關注的焦點。智庫「大西洋理事會」(Atlantic Council)的報告建議應提供促進對話和加強協作的平臺，建議北約成立「北約—中共理事會」形成機制，以增加透明度和相互理解；提出顧慮；避免誤判；並在可能的情況下促進合作。[36]

政治/外交。管理競爭的第二個作為線係美國應鼓勵和支持中共承擔更多責任，以維繫和支持國際體系。美國必須體認到，這需要為中共提供一條以和平手段追求其正當抱負的路徑。當前國際秩序並未僵化，且過去一直對中共崛起是否符合其真正的影響力與參與度持彈性態度。美國應該承認，若要中共為維護國際體系作出更多貢獻，其就會希望在形塑該體系時取得更多發言權。而為了反映中共的觀點和合理的顧慮，可能需要改變制度以符合其利益，這將包括國際貨幣基金組織或世界銀行，當然還有世貿組織的改革。[37] 但是國際體系的其他成員會期盼北京遵守該體系所建立的爭端解決機制，而不是以大國的身分對小國頤指氣使。同時，管理競爭必須重視國務院的外交資源，目前中共在這方面已超越美國，尤其是在主要市場的領事館數量和編制上。[38]

總言之，美國必須準備好在重要戰略領域與中共競爭，同時試圖限制這種競爭對更廣泛雙邊關係的影響。有些人稱之為「巧競爭」(smart competition)，[39] 即有效和克制地管理戰略競爭。倡導者認為，強勢的戰略即使不會適得其反陷入險境，也必須付出昂貴的代價。管理競爭的擁護者相信，美國應該接受競爭日益嚴峻的現實，但是要將競爭控制於低強度和低風險的範圍。[40]

強化平衡戰略

強化平衡戰略側重於戰略互動的兩個競爭面向：軍事和經濟。該戰略植基於美國為人公認的兩個優勢：卓越的軍事權力和現有軍事聯盟架構。從美國的角度來看，此一戰略選項本質上是具競爭力的，但中共可能會認為有挑釁意味，因為北京眼中的「平衡」就等同於「遏制」中共及其抱負，甚至於更為負面的意涵。[41] 美國與中共不同，其已證明具備發展和維持國家聯盟的能力，可以分擔安全責任及完全發揮嚇阻不穩局勢的作用。[42] 此一戰略之運作係利用中共漸長經濟權力和強勢外交政策所引起許多亞洲和歐洲國家的擔憂。[43] 許多國家認為可以依賴中共來發展自身經濟和繁榮，但除非大家團結一致，否則北京將主宰地區的政治、軍事和經濟事務，並依其所偏好影響該地區各國的主權決策。雖然中共聲稱其並非提供替代模式，或者強迫推銷其價值觀與治理制度，但的確經常侵犯鄰國的主權，並為了其國際地位要求他國作出政治讓步。

軍事。為了執行此一戰略，美國必須增加國防上的安全投資，並支持前進部署軍隊。[44] 中共希望建設世界級的軍隊，在俄羅斯的協助下，毫無疑問能取得一些進展。然而，如果美國聯盟藉由適當的投資來維持競爭優勢，應該能夠在亞洲戰區維持足夠的平衡。優先投資將是部署各種系統，期能削弱中共不斷擴張的「反介入/區域拒止」能力；第二順位優先事項是強化整個印太地區的美軍基地 ，使其在遭受攻擊後具更強大的恢復力；第三個則是針對太空、水下作戰、超高速飛彈和戰區飛彈防禦系統進行重點投資，以加強美國目前在印太地區的嚇阻態勢。中共在人力資本、作戰領導經驗、情報、戰略機動和後勤專業等各方面，都無法與美國聯盟體系匹敵。

根據《國防戰略》，美國還必須加強盟邦和夥伴國的軍事能力。需要針對越南、菲律賓、澳大利亞、印度，以及其他地區的國家提供安全援助，以抵銷印太地區日益惡化的權力平衡。[45] 正如美國前政府官員所指出，「美國必須重新將聯盟視為需投資的資產，而非需削減的成本。」責任分擔有所必要，但是聯盟凝聚力的破壞將有利於中共。[46] 下列內容摘錄於《國防戰略》：

> 互利聯盟和夥伴關係對我們的戰略至關重要，提供持久不對稱的戰略優勢，使競爭者無法匹敵……藉由與盟邦及夥伴們共同合作，我們累積了最大力量以長期推進利益、維持有利權力平衡嚇阻侵犯，以及支持經濟成長所需的穩定環境。[47]

經濟。此一戰略的第二個重點係美國政府重新投入聯盟和多邊制度，以加強國際秩序中的經濟部分。亞洲的影響力之爭與安全無關，而是取決於經濟的興衰起落。就此而言，美國自退出「跨太平洋夥伴協定」(Trans-Pacific Partnership, TPP)以來已失去重要影響力。[48] 若改組後的「跨太平洋夥伴協定」無法成為真正的多邊機構，那麼該地區的潛在合作夥伴仍會傾向接受北京的影響力、指揮、貸款和資本投資。為有效因應該局勢，美國需要執行比原先2018年《善用投資促進開發法案》(Better Utilization of Investments Leading to Development Act, BUILD Act)更大規模的投資方案，該法案對該地區開發融資的幫助有限。[49] 其他多邊制度也應進行改造和強化。美國將增加對世界銀行和國際貨幣基金組織等論壇的貢獻和支持，賡續以集體的方式來管理全球經濟。除非美國在國際發展和地緣經濟上大幅改變作法，否則此一戰略和所有國防投資都將毫無價值。除了《善用投資促進開發法案》的資金有限之外，其減少對「美國國際開發署」和亞洲開發銀行等關鍵機構的投資也進一步損害了美國政府提供強大替代方案的機制。[50] 需要更多鼓勵私部門融資的措施或國際貨幣基金組織的支持，以抑制中共對基礎設施活動的大規模投資。

強化平衡戰略在經濟領域中的主要考驗將是「相互對等」，若中國大陸的企業、產品和服務在美國境內遭受限制，美國在中國大陸境內將會受到同等待遇。

雖然資訊傳播和公共外交並非本戰略的主要作為線，但是美國需要改善這兩個面向才能奏效。該戰略會公開揭露中共在非洲和斯里蘭卡投資所造成的債務外交、內部腐敗與環境破壞等負面影響，並盡可能透過多邊制度傳布這類資訊，包括聯合國和東協。

壓制戰略

壓制戰略所形成的全面壓力是全球導向的，擴大了原來戰略的競爭互動，力求改變中共日益強大的權力之弧，以及在重要領域實現均勢的目標。中共會將該戰略的各個互動面向貼上對抗性的標籤，因為這是要改變北京在印太地區的行為。平衡措施或許能有效確保延緩中共逐漸增長的優勢，但是無法使方興未艾的大國競爭回復以往在國際法體制下的長期穩定狀態。雖然強化平衡戰略能增加安全和經濟的合作，但可能會使北京領導人躊躇不前，卻不會抑制或改變共黨對區域和全球的野心，或是使美國的領導地位恢復。要使中共停止一意孤行並改變其行為以符合現有規範和國際法，可能需要一個更全面的戰略。這種全面的戰略會持續不斷提供多面向的壓力，也就是一種「壓制」。

壓制戰略假設中共作為全球主要參與者，其長期發展軌跡是脆弱的，且權力基礎立足未穩。由於中共面臨明顯的挑戰，包括治理、腐敗、創新、債務和人口結構等，所以可能很容易受到這個戰略帶來的壓力。該戰略係基於對中共經濟的脆弱性及經濟成長易受外部壓力影響的評估。[51] 其假設中共仍然需要西方市場和技術能力來維持任何成長，也假設這種成長是共黨掌握權力的關鍵。

壓制戰略結合多面向的壓力，來抵制北京在亞洲透過違反規範和國際法所獲得的地緣政治與經濟利益。該戰略企圖否認過去中共所獲的利益，並杜絕中共影響力的擴大。這種作法將遠比冷戰「長和平」(Long Peace)期間，華府對對莫斯科採取的圍堵概念更加全面。那時的反蘇聯戰略並沒有直接的經濟成分，因為蘇聯與國際貿易和財政體系間的互賴並沒有像北京一樣。壓制戰略將包括更激烈的意識型態、軍事、外交和經濟措施，旨在轉移中共於印太地區取得優勢的企圖，並破壞其在全球剛萌芽的努力。

政治/外交。該面向的壓制戰略基礎是保障現存的國際秩序，包括在多邊層面的場域內最大化美國的領導地位，並維持自由和開放的社會，同時將直接對抗和衝突降至最低。該戰略需要重新珍視兩個持久的優勢：美國的聯盟架構以及為維持國際穩定而建立的全球制度。[52] 美國應該強化外交勢力以防止影響力減弱，而非退出這些制度；不可讓北京重新制定規範，並擴大其在這些組織內的影響力。[53] 當然，互惠關係和公平的責任分擔是確保該作法長久的條件。美國盟邦應該要有所體認，這場競爭也與他們息息相關。[54]

經濟。中共模式將經濟視為一種用來產生政治效果的權力投射形式。美國必須有所回應，並善用大國強力的經濟工具以抵銷中共的重商主義和不良勢力。[55] 該面向的壓制戰略在經濟上直接反擊中共的貿易模式及其對大量國有企業的補貼，而美國靠的是自由市場和私部門維持其經濟繁榮及國力基礎。

該戰略的預期代價是停止某些經濟往來，有些人稱之「部分脫鉤」(partial disengagement)。[56] 至少，美國會在現有經濟互賴程度威脅美國抵抗中共進展能力的領域上與中共脫鉤，例如停止從中國大陸企業採購美國軍事能力的關鍵組件。[57] 根據該戰略，美國將限制中共獲得先進武器和關鍵軍事技術，並與盟邦「制定協調一致的作法阻止中共取得軍民兩用的所有技術。」[58] 美國經濟的關鍵要素，特別是有利於軍事能力的兩用技術，將不對中國大陸商業輸出。其需要重振在科技方面的國家優勢，投入更多心力確保於全球科技的領導地位，以主導第四次工業革命，[59] 這尤其需要華府致力於維持這些科技優勢，包括量子運算以及人工智慧。[60]

該戰略的另一部分包括對侵犯智慧財產權行為的積極訴訟與制裁，針對銷售美國智慧財產權的軟硬體企業，實施適當的處罰/制裁。

這將使那些竊取研發投資者增加成本，特別是那些在國際法框架下違反智慧財產權法律者。這種作法將針對中共違反貿易法和協定的行為，實施懲罰性報復經濟措施和針對性關稅，或是將中共排除在貿易協定之外。[61] 如果不能強制執行這部分的國際制度，美國就是將未來的經濟繁榮拱手讓人。

正如「美『中』經濟暨安全審查委員會」(U.S.-China Economic and Security Review Commission)所指出，中共國家主導、市場扭曲的經濟體制對美國利益構成了挑戰。[62] 美國需要一個更全面的經濟戰略來對付中共，因為中共能運用其貿易作為造成不當影響。[63] 某些人擔心，中共的「一帶一路倡議」應被視為「推進中共目標的大戰略，企圖成為歐亞大陸的主導國家以及全球第一大國。」[64] 正如第一章所述，這些目標被過份誇大了，而中共已在債務融資和基礎設施方面遭到反彈。而美國不能把印太地區豐富的資源和市場拱手讓人，第一步應是重新加入「跨太平洋夥伴協定」盟邦的行列，並制定適切的國家產業政策，把聯邦資金和激勵措施集中於顛覆性科技，這將在未來數十年內推動經濟產能。[65]

美國應採納近期某些改善相對中共經濟權力的建議。例如成立「關鍵科技與安全辦公室」(Office of Critical Technologies and Security)來強化技術轉移管理，正如華納(Mark Warner，民主黨維吉尼亞州)和魯比奧(Marco Rubio，共和黨佛羅里達州參議員)兩黨參議員的共同提案，就與壓制戰略的方向一致。[66] 為了提升人力資本和維持尖端科技進步，美國將繼續向世界最優秀的人才開放其一流的大學體系，並應考慮設置「國家安全創新基礎簽證」(National Security Innovation Base Visa)以利高科技外國人才流通，使其為美國國家安全創新基礎及美國安全貢獻才智。[67]

意識型態。在范亞倫的觀察中,「中共的統治者顯然視意識型態為至關重要的競爭領域。」[68] 西方和共黨間的分歧很大:自由價值觀和民主原則為基石的自由開放社會,對上非自由價值觀和封閉資訊制度的威權統治。由於北京很容易利用這部分,同時其也在軟實力上相對弱勢,因此競爭中的意識型態要素值得注意。[69] 孔子學院的活動和共黨對中國大陸學生在美國境內的監視將受到限制。這些學院從一開始就存在爭議,現在則因為學生和教職員的學術自由受阻,某些大學系統已完全終止合作夥伴關係。[70]

資訊。資訊在壓制戰略中扮演重要角色。[71] 美國官員必須理解,戰略競爭不僅是進入市場或貿易政策之爭,同時也是對國際體系價值觀和規範的一場思想競爭。[72] 這種戰略將破壞「防火長城」,並煽動中國大陸封閉和壓迫體制中的溫和分子,進而在意識型態和資訊層面不斷施加壓力。[73] 此一作為線包括在意識型態上質疑共黨的合法性和弘揚中華文化的活動。這個戰略的資訊部分將試圖透過一系列行動來挑戰共黨的國內政治控制,將任何經濟下滑和個人自由受限的原因都連結至一黨專政、鎮壓控制與非法行動上。針對侵犯人權、貪汙及鎮壓少數民族和非政府組織的中共決策者也將提出法律上的質疑。

優勢競爭戰略

優勢競爭戰略係採取更具對抗性的作法。為維持現有的國際秩序和美國霸權,此一戰略追求對任何競爭對手的優勢地位。優勢競爭欲以堅實手段回應大國競爭對手,運用一切權力工具來重申和維護美國的主導地位,同時置重點於政治/外交和軍事上的主要作為線。其致力於確保美國《國家安全戰略》所定義的重要利益。[74] 這種作法重新調整了美國必要經濟和投資的順序，以維持美國的優勢並於所有戰略互動中取得偏好的成果。雖然將大幅增加對抗中共影響力的地緣政治和經濟成本，但卻能保證重挫共黨獲得區域優勢和全球勢力的銳氣。

軍事。該面向的優勢競爭戰略將大幅增加五角大廈的預算(可能每年要比2020財政年度的需求高出1,000億美元)，並要求國防部致力於美軍現代化，以期在整個印太地區遂行聯合軍力投射，且兼顧其他美國利益可能受威脅的地區。[75] 此戰略涉及加強現代化作為，並提升目前該地區美國盟邦和夥伴間的作業互通能力，包括軍售和安全合作以確保臺灣不會被迫向中共投降。為執行該戰略，美國必須與該地區潛在夥伴頻繁交往，包括印度、越南和新加坡；加強海上安全；並與澳大利亞、日本和南韓擴大聯盟的作業互通能力。

更高的預算能夠打造和部署一支採用創造性作戰構想的現代化聯合部隊，以及研發對長期重建美國軍力競爭優勢的先進顛覆性科技。如果欲嚇阻和戰勝美國的主要競爭對手，就必須進行重要投資以加強聯合部隊前進部署態勢和能力的不足。

在亞洲，美國必須對中共日益強勢的行動和持續精進的軍事現代化有所防備。[76] 這些行動預示未來需要一支靈活的前進部署部隊，部分任務是確保區域內進出的安全。這必須結合重層防禦態勢，最重要的部分是能夠與美國區域盟邦和夥伴作業互通的聯合部隊。軍力投射能力和戰略機動兵力必須增加，然而創造性的作戰構想對於抵銷中共精心設計的反介入武器系統也不可或缺。這些武器系統將限制美國的機動自由，並削弱美國對該地區派遣部隊和提供後勤補給的能力。水下作戰投資對該戰略而言，可能相當具成本效益和競爭優勢。

> 我們必須依據可用資源調整目標，並專注於國家所面臨最重大長期挑戰：與中共的戰略競爭。
>
> Michèle Flournoy, House Armed Services Committee Statement, January 15, 2020

政治/外交。政治/外交作為線在優勢競爭戰略中扮演支援的角色，試圖在程度和強度上擴大該戰略的作為，包括針對中共已經滲透和加入的全球多邊制度，挑戰中共在其中的地位。反制中共崛起的主要手段將是改良和擴大的聯盟體系，這需要在外交上強調擴張目前的全球聯盟架構，並增加盟邦的數量，以確保有利的權力平衡。聯盟體系在過去是非常寶貴的，但目前已「嚴重受損」，況且大家「各行其是」的立場並沒有任何助益。[77]

此外，美國的外交將與中共統治的合法性正面交鋒，而擴大的自由民主國家社群將可抵制北京在國際論壇上的發展。政治抨擊將會強調中共壓迫統治人民和宣揚良善「人類命運共同體」背後的矛盾。中共積極尋求建立「公平正義、合作共贏」國際秩序的想法，將被證明是其偏好威權統治的幌子。中共長期的野心將被視為對西方民主制度的威脅，因為明顯與西方政治和經濟制度中所蘊含的自由與自由主義價值無法相容。美國將站在追求自由與開放秩序的制高點，該秩序更能反映國際事務和各國國內普遍的自由和正義。

意識型態。優勢競爭戰略將運用強大的意識型態要素，來對抗共黨及其封閉和壓迫性的統治形式。行動包括精心規劃的行動，使共黨對中國大陸內部的資訊控制失去合法性和遭到削弱。這個作為線將強烈譴責北京違反國際法及人權與個人自由的規範與價值觀，並散布中共鎮壓宗教和少數民族的報導，以及發掘與傳播關於共黨領導人及其家屬非法獲利的傳聞。另一方面，新加坡、臺灣和南韓(甚至是從前的香港)等開放社會進步和福祉的故事也將在整個地區散布，強調開放和自由社會的正面和先進。

資訊。大國競爭有一個地理資訊的面向，不應讓中共在其中建立任何控制。[78] 要取得成功將需要一套全新制度性回應手段，以打擊中共和俄羅斯的灰色地帶/政治作戰或影響力行動。[79] 中共正在成為軍事和商業領域的全球網路大國。[80] 要取得優勢地位的戰略就必須保護美國本土的關鍵基礎設施；同時，必須繞過中共的高壓監視系統以突破「防火長城」，才能影響中國大陸及香港和西藏的人民。此外，需要限制中共企圖主導全球5G網路的野心，尤其是在盟邦之中。[81] 另外，美國在長期打擊全球暴力極端主義的鬥爭中採取跨領域團隊作法，此時也需要建立一個「國家打擊影響力行動中心」(National Center for Countering Influence Operations)來對抗中共的政治作戰和統一戰線手段。[82]

強化平衡的分析和建議

美國應該如何展開行動，哪些戰略可提供工具和手段的最佳組合以實現美國期望的未來？本部分將評估五種戰略中最為可行的三種戰略優點，這三種戰略反映了在美國價值觀因素和可用資源範圍內，維持現有秩序及維護美國國家利益的適當選項。

管理競爭是一種比較保守的戰略，但可以找到並建立共同的利益。這是一項複雜的戰略，兩國都難以監督和執行，也很難找到實際可以協作及真正需要激烈競爭的領域。溝通將會非常重要，因為國內閱聽眾可能無法區分合作與競爭的範圍，甚至連外交官也難以分辨。

美國政府係較分權化的結構，能隨時間進行調整以管理和維持此一戰略；中共的中央集權和國家資本主義模式則使其在建立這種關係上具有優勢。但真正的挑戰可能是分別處理經濟和軍事面向。正如孫飛(Phillip Saunders)所言：

> 挑戰在於保持兩個要素間的適當平衡，如此一來，過份強調合作不會使美國處於戰略劣勢，過份強調軍事亦不會刺激中共感到威脅而走向衝突。[83]

強化平衡是為了改善美國的戰略成果並維持有利的權力平衡。其建立在目前的美國經濟權力和現有的聯盟體系基礎上，而中共正試圖破壞這個體系。然而在印太地區，現在的盟邦和夥伴國對於被迫在美「中」衝突中選邊站感到不安。這些國家傾向保留中共提供的所有經濟機會，同時另外接受由華府領導的安全體系。一旦被迫選擇，有些國家可能會覺得與美國合作對於未來的繁榮而言並非明智選擇。但是美國應該持續疾呼，為了短期經濟利益導致長期屈從北京是一個糟糕的選擇。此一戰略在過去兩屆美國政府任期緩慢實施，與壓制戰略相比，風險較低且對資源的需求也較少。

壓制戰略成本較高，並直接面對中共的崛起和弱點。該戰略需在軍事領域的競爭投入更多的資源。由於美國官方承認聯合作戰部隊能力正逐漸下降，因此更有力的軍事回應是必要的。如果盟邦認為，美國「藉由嚇阻大國挑戰者來維持有利區域權力平衡」的能力日益受到質疑，則安全領域就必須實現重大改革。[84] 一些盟邦認為，中共和俄羅斯的軍事發展「無疑破壞美國在印太及其他地區的軍事優勢地位。」[85] 該假設需要加以反駁。[86] 藉由美「中」經濟互動脫鉤與美國的大規模國防現代化，壓制戰略會增加中共挑戰現有國際秩序的成本。該戰略試圖影響北京，迫使其重新考慮掠奪性的經濟活動與削弱美國在印太地區聯盟的作法。該戰略的目標在提醒共黨，對其未來最佳的方式係融入過去50年來已建立與調整的國際秩序。理想情況下共黨會接受這個秩序，並且最終能過渡到管理競爭戰略。

壓制戰略承認共軍所取得的重大進展，以及反制其改革和現代化戰略的必要性。[87] 這種作法的國防支出需比美國政府2021財政年度的預算更高，還須有紀律地強化美軍在印太地區的部署。

無論選擇何種戰略，只質疑中共崛起的實力及其達成野心的方式是不夠的。最合適的戰略必須要重建美國的戰略競爭力，其中包括教育、基礎設施和研發方面的投資，以刺激經濟繁榮發展。[88] 任何戰略都應尋求重振美國的研發基礎，並掌握商業技術快速且有效地轉移至安全領域。一位美國前國防部副部長指出，「美國應該聚焦於負責任地加快自身技術進步，而不僅僅是阻礙潛在對手。」[89] 美國繁榮的創新生態系統以自由市場制度的資本分配和金融管理為後盾，這理應可以發揮美國的優勢。正如試圖改善五角大廈競爭優勢的專家小組所指出，其結果是重要的：

> 然而，這是一場競爭，創新能力強的一方可能會獲勝。結果將決定各國是否在承認其公民人權的情況下，自由、平等與和平地交往，抑或退化為認可威權主義及獎勵權力和壓迫的制度。[90]

無論選擇何種戰略，這場競爭都將涉及重要的經濟因素。為了維護經濟和安全利益，美國必須保護持續發展的先進科技不被中共利用。正如第二章所述，中共可能不是最具創新能力的國家，但其善於獲得現代化能力並在商業世界中建立擁有成本和產能競爭力的國家冠軍企業。中共似乎決心在21世紀經濟的關鍵科技上取得領導地位。保存和保護技術基礎，以及由此而生的智慧財產權，將可減緩中共獲得美國的發展成果，並增加其奮力追趕時的成本。[91]

此外，美國可以透過與更多夥伴國合作擴大其「國家技術和工業基地」(National Technology and Industrial Base)，進一步確保經濟和技術競爭力。以這種方式利用盟邦的知識分子和技術人才將可加速創新、拓展商業機會，以及把協作障礙的高昂成本降至最低。[92]

美國應該採取集體合作的方式獲致成功，而非進行雙邊對抗。方法如下：

> 與盟邦合作加強規則、制定標準，並懲罰中共的產業政策和技術盜竊；投資研究、延攬世界人才，並創造其地緣經濟政策的替代方案。中共打得一手好牌，但是美國及其盟邦卻更具優勢—只要大家齊心努力。[93]

強化平衡戰略不僅遏制或改變中共最終區域優勢和全球地位的軌跡，還能提供遠大於此的機會。過去十年的經驗顯示，採取合作的作法或深入交往只會增強中共權力並加速其崛起，並未造成其明顯的政治和經濟改革。持續依賴這種有限作法，而不進一步反制其侵略性的行為或公然藐視國際法、多邊規範與規則以及人權，將不會產生任何效果。簡言之，在大國競爭時代取得成功需要創造槓桿和承受風險。同時美國也需要把自家顧好，成功競爭以維持美國的繁榮、安全和生活方式才是最終目的。[94] 美國並不是「疲憊的巨人」(weary titan)，充其量只是需要應付不懈競爭者的自滿領袖。[95] 超強的地位或經濟繁榮不是與生俱來的權利，若以為美國的優勢地位永遠無敵便是罔顧歷史。相反的，在變動的時代維持美國的領導地位和推進利益，最好透過重振人力資本與教育、個人自由、基礎設施以及經濟創造力等面向的核心實力來實現。美國的經濟競爭力是未來任何戰略的基礎，而且能夠持續改善。[96]

雖然並非沒有風險，但是強化平衡戰略為創造槓桿打擊中共弱點提供了更多選項。該戰略試圖遏止中共在西方心有旁騖時所取得的地緣政治利益，並提供適當的反應措施來維持可靠的世界秩序，以促進穩定、拓展契機、適應以規則為基礎的體系，並首先在印太地區、後在歐亞大陸杜絕任何敵對勢力所形成的霸權。專制大國的崛起將壓制人權，破壞國際協定和規範，利用其經濟權力獲得政治優勢，並迫使美國盟邦和夥伴國背離初衷。[97]

> 賭上美國制度的韌性和適應力是不明智的。但是，如果認為這些特質是理所當然，或者以為美國能因此無限期、無條件避免經歷相對衰落，那也是錯的。
>
> Aaron L. Friedberg, The Weary Titan(2010)

結論

在許多方面，當今的時代比美蘇冷戰更為複雜，但是其經驗教訓仍能借鑑。當時在軍事方面的競爭險象環生，但在經濟互動上卻是受到忽略的。在西方的耐心施壓之下，蘇聯體制的內部矛盾最終不敵民主政體和自由市場的系統優勢。目前，競爭的某些面向將在一段時間內對美國有利，因此沒有必要恐慌，但是也不應自滿。

顯然，基於目前的優越條件和長期優勢，美國有理由保持樂觀；必要時，其領導階層和自由的國際體系也有能力修復重生。[98] 而現在便是執行的時機。

註釋

1. 有關單極時刻，請參閱Charles Krauthammer, "The Unipolar Moment Revisited," *The National Interest*, December 1, 2002, available at <https://nationalinterest.org/article/the-un-ipolar-moment-revisited-391>; Matthew Kroenig, *The Return of Great Power Rivalry: Democracy Versus Autocracy from the Ancient World to the U.S. and China* (New York: Oxford University Press, 2020). For an argument that sustained U.S. dominance is assured, see Michael Beckley, *Unrivalled: Why America Will Remain the World's Sole Superpower* (Ithaca, NY: Cornell University Press, 2018).
2. 本書其他章節另有詳細討論。
3. Hal Brands, "The Lost Art of Long-Term Competition," *Washington Quarterly* 41, no. 4 (Fall 2019). See also Ronald O'Rourke, *Renewed Great Power Competition: Implications for Defense—Issues for Congress, R43838* (Washington, DC: Congressional Research Service, December 19, 2019), available at <https://crsreports.congress.gov/product/pdf/R/R43838/50>.
4. Evan S. Medeiros, "The Changing Fundamentals of U.S.-China Relations," *Washington Quarterly* 42, no. 3 (Fall 2019), 113.
5. Ashely J. Telis, "Overview," in *China's Expanding Strategic Ambitions: Strategic Asia 2019*, ed. Ashely J. Tellis, Alison Szalwinski, and Michael Wills (Seattle: National Bureau of Asian Research, 2019), 26. 有關中共模糊戰略計算的不同觀點，請參閱本書第二章和第五章的討論。
6. 希爾曼(Jonathan Hillman)是美國「戰略暨國際研究中心」(Center for Strategic and International Studies)學者，也是2019年最佳商業書籍獎「鮑爾獎」(Bracken Bower Prize)得主。他首先以「中國性」(Sinolarity)一詞指涉中共日益嚴峻的商業/經濟挑戰。
7. *The National Security Strategy of the United States* (Washington, DC: The White House, December 2017), 25.
8. *Summary of the National Defense Strategy: Sharpening the U.S. Military's Competitive Edge* (Washington, DC: Department of Defense, December 2018), 1-2, available at <https://dod.defense.gov/Portals/1/Documents/pubs/2018-National-Defense-Strategy-Summary.pdf>. For elaboration, see Elbridge A. Colby and Wess Mitchell, "The Age of Great Power Competition," *Foreign Affairs* (January/February 2020).

9. Oriana Skylar Mastro, "The Stealth Superpower: How China Hid Its Global Ambitions," *Foreign Affairs* (January/February 2019), 31.
10. 有關反對《國家安全戰略》和《國防戰略》結論的觀點，請參閱Michael Swaine, "A Counterproductive Cold War with China," *Foreign Affairs*, March 2, 2018, available at <www.foreignaffairs.com/articles/china/2018-03-02/counterproductive-cold-war-china>; Michael J. Mazarr, "This Is Not a Great-Power Competition: Why the Term Doesn't Capture Today's Reality," *Foreign Affairs*, May 29, 2019, available at <www.foreignaffairs.com/articles/2019-05-29/not-great-power-competition>.
11. Kurt Campbell and Jake Sullivan, "Competition Without Catastrophe: How America Can Both Challenge and Coexist with China," *Foreign Affairs* (September/October 2019), 25.
12. Derek Scissors and Daniel Blumenthal, "China Is a Dangerous Rival, and America Should Treat It Like One," *New York Times*, January 14, 2019, available at <www.nytimes.com/2019/01/14/opinion/us-china-trade.html>.
13. Robert D. Blackwill and Ashley J. Tellis, *Revising U.S. Grand Strategy Toward China*, Council Special Report No. 72 (New York: Council on Foreign Relations, March 2015).
14. Graham Allison, "China vs. America: Managing the Next Clash of Civilizations," *Foreign Affairs* (September/October 2017), 80-89.
15. *Summary of the National Defense Strategy*, 5.
16. Odd Arne Westad, "The Sources of Chinese Conduct: Are Washington and Beijing Fighting a New Cold War?" *Foreign Affairs* (September/October 2019).
17. 請參閱本書第二章的討論。
18. Ely Ratner, *Blunting China's Illiberal Order*, Testimony Before the Senate Armed Services Committee Hearing on China and Russia, Washington, DC, January 29, 2019. Michele Flournoy, former Under Secretary of Defense for Policy, made this same critical point. See Michele Flournoy, *Statement Before the House Armed Services Committee Hearing on the Department of Defense's Role on Competing with China*, January 15, 2020.
19. Hal Brands, *What Good Is Grand Strategy? Power and Purpose in American Statecraft from Harry S. Truman to George W. Bush* (Ithaca, NY: Cornell University Press, 2012), 1-16.
20. Lyle J. Goldstein, *Meeting China Halfway: How to Defuse the Emerging U.S.-China Rivalry* (Washington, DC: Georgetown University Press, 2015). See also Charles L. Glaser,

"A U.S.-China Grand Bargain: The Hard Choice Between Military Competition and Accommodation," International Security 39, no. 4 (Spring 2015), 49-90.

21. Hugh White, *The China Choice: Why America Should Share Power* (Sydney: Black, 2012).
22. 僅以勢力範圍為理由，但是並未充分考慮可能的政治影響，請參閱Graham Allison, "New Spheres of Influence," *Foreign Affairs* (March/April 2020), 30-40.
23. 負責任的利益關係者是過去美國政府希望中共扮演的角色，請參閱Robert B. Zoellick, "Can America and China Be Stakeholders?" speech delivered to the U.S.-China Business Council, Washington, DC, December 4, 2019, available at <https://carnegieendowment.org/2019/12/04/can-america-and-china-be-stakeholders-pub-80510>.
24. Richard K. Betts, "The Lost Logic of Deterrence," *Council on Foreign Relations* (March/April 2013), available at <https://www.cfr.org/world/lost-logic-deterrence/p30092>.
25. 「螺旋式合作」是戈德斯坦(Lyle J. Goldstein)提出的一項創新觀點，隨時間進行對等、互惠調和的長期過程，請參閱Goldstein, *Meeting China Halfway*, 12-14.
26. 如果「與中共妥協」勢在必行，並在本書第五章所述的軍事困境背景下，妥協的結果對臺灣確實難堪卻又無可避免。「與中共妥協」的支持者似乎暗示將臺灣的未來交給中共，儘管有些學者如艾利森(Graham Allison)，實際上已經明確贊同。在本文所呈現的雙邊談判方案中，欲以雙方皆同意的協商條款為優先選項，而非僅是放棄臺灣；當然，中共是否會接受仍是未定之數。
27. David Dollar et al., *Avoiding War: Containment, Competition, and Cooperation in U.S.-China Relations* (Washington, DC: Brookings, 2017); Ryan Hass, *Principles for Managing U.S.-China Competition*, Policy Brief (Washington, DC: Brookings, August 2018).
28. Zoellick, "Can America and China Be Stakeholders?" 4.
29. 本章這部分深受孫飛(Phillip Saunders)影響，*Managing Competition with China*, INSS Strategic Forum No. 242 (Washington, DC: NDU Press, July 2009).
30. 正如某些學者詮釋艾利森的論點，*Destined for War: Can America and China Escape Thucydides's Trap?* (New York: Houghton Mifflin, 2017).
31. David Shambaugh, "Dealing with China: Tough Engagement and Managed Competition," *Asia Policy* 23 (January 2017), 5.
32. Jeffrey A. Bader, *U.S.-China Relations: Is It Time to End the Engagement?* Policy Brief (Washington, DC: Brookings, September 2018), 1.

33. Scott Cuomo, "It's Time to Make a New Deal, Solving the INF Treaty's Strategic Liabilities to Achieve U.S. Security Goals in Asia," *Texas National Security Review* 2, no. 1 (November 2018), 104-128; David Sanger and Eric Wong, "U.S. Ends Cold War Missile Treaty, with Aim of Countering China," *New York Times*, August 1, 2019, 1, available at <www.nytimes.com/2019/08/01/world/asia/inf-missile-treaty.html>.
34. 關於共軍的軍事外交，包括人道主義/維和行動，請參閱Phillip C. Saunders and Jiunwei Shyy, "China's Military Diplomacy," in *China's Global Influence: Perspectives and Recommendations*, ed. Scott D. McDonald and Michael C. Burgoyne (Honolulu: Asia-Pacific Center for Security Studies, 2019).
35. Helene Cooper, "U.S. Disinvites China from Military Exercise Amid Rising Tensions," *New York Times*, May 23, 2018, available at <www.nytimes.com/2018/05/23/world/asia/us-china-rim-pac-military-exercise-tensions.html>.
36. Barry Pavel and Ian Brzezinski, "It's Time for a NATO-China Council," *Defense One*, August 21, 2019, available at <www.defense-one.com/ideas/2019/08/its-time-nato-china-council/159326/>.
37. Ana Swanson, "U.S. Plans to Sap WTO's Influence in Trade Brawls," *New York Times*, December 9, 2019, A1.
38. Bonnie Bley, "The New Geography of Global Diplomacy: China Advances as the United States Retreats," *Foreign Affairs*, November 27, 2019, available at <www.foreignaffairs.com/articles/china/2019-11-27/new-geography-global-diplomacy>.
39. Orville Schell and Susan L. Shirk, *Course Correction: Toward an Effective and Sustainable China Policy*, Asia Society Task Force Report (February 2019), 7.
40. Timothy R. Heath and William R. Thompson, "Avoiding U.S.- China Competition Is Futile: Why the Best Option Is to Manage Strategic Rivalry," *Asia Policy* 13, no. 2 (April 2018), 91-120; David Shambaugh, "U.S.-China Rivalry in Southeast Asia: Power Shift or Competitive Coexistence," *International Security* 42, no. 4 (Spring 2018), 85-127.
41. Lyle J. Goldstein, "How China Sees America's Moves in Asia: Worse than Containment," *The National Interest*, October 29, 2014, available at <https://nationalinterest.org/feature/how-china-sees-americas-moves-asia-worse-containment-11560>. 戈德斯坦(Lyle J. Goldstein)援引中國大陸軍事學者圈的說法，「中共不僅感到被美國『遏制』，甚至是

更帶有好戰意涵的『圍堵』甚至『掣肘』。」

42. 此一戰略部分來自范亞倫，Aaron L. Friedberg, “Competing with China,” *Survival* 60, no. 3 (June-July 2018), 7-64.
43. Walter Russell Mead, “China Is Europe’s Problem, Too,” *Wall Street Journal*, November 25, 2019, available at <www.wsj.com/articles/china-is-europes-problem-too-11574726800>.
44. *The Indo-Pacific Strategy Report: Preparedness, Partnerships, and Promoting a Networked Region* (Washington, DC: Department of Defense, June 1, 2019), available at <https://media.defense.gov/2019/Jul/01/2002152311/-1/-1/1/DEPARTMENT-OF-DEFENSE-INDO-PACIFIC-STRATEGY-REPORT-2019.PDF>.
45. Thomas Mahnken, “A ‘World-Class’ Military: Assessing China’s Global Military Ambitions,” Statement Before the U.S.-China Economic and Security Review Commission, June 20, 2019; *Ratner, Blunting China’s Illiberal Order.*
46. Campbell and Sullivan, “Competition Without Catastrophe,” 110.
47. *Summary of the 2019 National Defense Strategy*, 8.
48. Ely Ratner and Samir Kumar, “The United States Is Losing Asia to China,” *Foreign Policy*, May 12, 2017, available at <https://foreignpoli cy.com/2017/05/12/ the-united-states-is-losing-asia-to-china/>.
49. 有關更多的《善用投資促進開發法案》資訊，請參閱<https://www.opic.gov/build-act/overview>. On U.S. options for enhancing geoeconomics in the region, see Daniel Kliman, *To Compete with China, Get the New U.S. Development Finance Corporation Right* (Washington, DC: Center for a New American Security, February 6, 2019), available at <https://www.cnas.org/publications/commentary/to-compete-with-china-get-the-new-u-s-development-finance-corporation-right>.
50. Joel Wuthnow, “Contested Strategies: China, the United States, and the Indo-Pacific Security Dilemma,” *China International Strategy Review* 1, no. 1 (2019), 6, available at <https://doi.org/10.1007/s42533-019-00006-x>.
51. Based on Thomas Fingar and Jean C. Oi, “China’s Challenges: Now It Gets Harder,” *Washington Quarterly* 43, no. 1 (Spring 2020), 65-82; “China’s Debt Tops 300% of GDP, Now 15% of Global Total: IIF,” Reuters, July 18, 2019, available at <www.reu-ters.com/article/us-china-economy-debt-idUSKCN1UD0KD>; Nicholas Eberstadt, *China’s*

Demographic Outlook to 2040 and Its Implications (Washington, DC: American Enterprise Institute, 2019). 反面觀點認為，如果與中共進行長期的經濟鬥爭，美國反而才更容易受到經濟衰退的影響，請參閱Bloomberg View, "U.S. Needs China More than China Needs the U.S.," *Industry Week*, April 6, 2018, available at <www.industryweek.com/the-economy/article/22025438/us-needs-china-more-than-china-needs-the-us>.

52. Schell and Shirk, *Course Correction*, 10. For an objective evaluation of alliances, see Kathleen J. McInnis, "The Competitive Advantages and Risks of Alliances," in *2020 Index of U.S. Military Strength*, ed. Dakota Wood (Washington, DC: Heritage Foundation, 2019).
53. Campbell and Sullivan, "Competition Without Catastrophe," 110.
54. 最近召開的北約70周年峰會有以下聲明：「我們認識到，中共日益增長的影響力和國際政策帶來了機遇和挑戰，而我們需要以一個聯盟來共同應對。」請參閱London Declaration, press release, NATO Headquarters, Brussels, December 4, 2019, available at <https://www.nato.int/cps/en/natohq/official_texts_171584.htm>.
55. 有關處理經濟關係的建議，請參閱Charles W. Boustany, Jr., and Aaron L. Friedberg, *Answering China's Economic Challenge: Preserving Power, Enhancing Prosperity*, NBR Special Report No. 76 (Seattle: National Bureau of Asian Research, February 2019); Daniel W. Drezner, "Economic Statecraft in the Age of Trump," *Washington Quarterly* 42, no. 3 (Fall 2019), 7-24.
56. Aaron L. Friedberg and Charles W. Boustany, Jr., "Partial Disengagement: A New U.S. Strategy for Economic Competition with China," *Washington Quarterly* 43, no. 1 (Spring 2020), 23-40.
57. 本部分利用兩位傑出戰略分析家的見解，請參閱Hal Brands and Zack Cooper, "After the Responsible Stakeholder, What? Debating America's China Strategy," *Texas National Security Review* 2, no. 2 (February 2019), 68-81.
58. Blackwill and Tellis, *Revising U.S. Grand Strategy Toward China*, 24.
59. Marianne Schneider-Petsinger et al., *U.S.-China Strategic Competition: The Quest for Global Technological Leadership* (London: Royal Institute for International Affairs, November 2019).
60. 例如，這將包括採納「人工智慧國家安全委員會」(National Security Artificial Intelligence Commission, NSAIC)的建議，*First Quarter Recommendations Memo*

(Arlington, VA: NSAIC, March 2020), available at <https://www.nscai.gov/reports>.

61. 在國家治理的經濟工具上，請參閱Robert D. Blackwill and Jennifer M. Harris, *War by Other Means: Geoeconomics and Statecraft* (Cambridge: Harvard University Press, 2016); Elizabeth Rosenberg et al., *The New Tools of Economic Warfare: Effects and Effectiveness of U.S. Financial Sanctions* (Washington, DC: Center for a New American Security, 2016).

62. U.S.-China Economic and Security Review Commission, *2018 Report to Congress* (Washington, DC: U.S.-China Commission, November 2018), 29. See Nadège Rolland, "China's Belt and Road Initiative," in *Winning Without Fighting: Chinese and Russian Political Warfare Campaigns and How the West Can Prevail*, vol. 2, ed. Ross Babbage, *Case Studies* (Washington, DC: Center for Strategic and Budgetary Assessment, 2019), 65-72.

63. Aaron L. Friedberg, "A New U.S. Economic Strategy Toward China?" *Washington Quarterly* 40, no. 4 (Winter 2018), 97-114; Thomas Shattuck, "Fighting the BRI," Orbis 63, no. 4 (Fall 2019), 505-519.

64. Nadège Rolland, *Eurasian Century? Political and Strategic Implications of the Belt and Road Initiative* (Seattle: National Bureau of Asian Research, 2017).

65. Bonnie S. Glaser, *Made in China 2025 and the Future of American Industry*, Testimony Before the Senate Small Business and Entrepreneurship Committee, Washington, DC, February 27, 2019.

66. The bill as drafted is available at <https://www.congress.gov/bill/116th-congress/senate-bill/29>.

67. James Talent and Robert O. Work, *The Contest for Innovation: Strengthening America's National Security Innovation Base in an Era of Great Power Competition* (Washington, DC: Ronald Reagan Institute, 2019), 24. See also James Manyika and William H. McRaven, *Innovation and National Security: Keeping Our Edge*, Independent Task Force Report No. 77 (New York: Council on Foreign Relations, 2019).

68. Friedberg, "Competing with China," 42-43.

69. Stephen Watts et al., *Alternative Worldviews: Understanding Potential Trajectories of Great-Power Ideological Competition* (Santa Monica, CA: RAND, 2020).

70. 有關孔子學院，請參閱James Patterson, "2 Reports Highlight Concerns over Confucius Institutes' Influence," *Education Dive*, March, 1 2019, available at <www.educationdive.

com/news/2-reports-highlight-concerns-over-confucius-insti-tutes-influence/549509/>; *China's Impact on the U.S. Education System*, U.S. Senate Permanent Subcommittee on Investigations, Committee on Homeland Security and Governmental Affairs (Washington, DC: U.S. Government Publishing Office, 2019), available at <https://www.hsgac.senate.gov/imo/media/doc/PSI%20Report%20China%27s%20Impact%20on%20the%20US%20Education%20System.pdf>.

71. Orville Schell and Larry Diamond, "Combating China's Influence Operations," *Project Syndicate*, November 4, 2019, available at <https://www.project-syndicate.org/commentary/china-influence-operations-us-institutions-academia-by-or-ville-schell-and-larry-diamond-2019-11?barrier=accesspaylog>.

72. Michael Mazarr, "U.S./China Competition," in *Chinese Strategic Intentions, A Deep Dive into China's Worldwide Activities*, ed. Nicole Peterson (Washington, DC: The Joint Staff, December 2019), 135.

73. "China's Great Firewall Is Rising," *The Economist*, January 4, 2018, available at <www.economist.com/china/2018/01/04/chinas-great-firewall-is-rising>.

74. Particularly the restoration of the "Peace Through Strength" section of the *National Security Strategy of the United States of America*, 25-32.

75. 這符合「國防戰略委員會」(National Defense Strategy)的建議，*Providing for the Common Defense: The Assessment and Recommendations of the National Defense Strategy Commission* (Washington, DC: U.S. Institute of Peace, 2018), available at <https://www.usip.org/sites/default/files/2018-11/providing-for-the-common-defense.pdf>. 該工作經美國國會授權，針對美國國防戰略提出建設性評估和方案建議。該委員會主管係埃德爾曼(Eric Edelman)大使和美海軍備役上將拉夫黑德(Gary Roughead)。

76. Oriana Skylar Mastro, "China's Military Modernization Program," Statement Before the U.S.-China Economic and Security Review Commission, September 4, 2019, 10. 馬斯特羅(Oriana Skylar Mastro)指出，「問題不在於中共的軍力已經超越美國(實際上並沒有)，而是根據目前的趨勢，中共在區域能力上將於未來五到十年追上或超越美國。」

77. Mira Rapp-Hooper, "Saving America's Alliances," *Foreign Affairs* (March/April 2020), 127-140.

78. Eric Rosenbach and Katherine Mansted, *The Geopolitics of Information* (Cambridge, MA: Belfer Center for Science and International Affairs, May 2019). 有關中共利用社群媒體的討論，請參閱第四章。
79. 有許多學者提供該領域見解，包括Hal Brands and Toshi Yoshihara, "Waging Political Warfare," *The National Interest* (January/February 2019); Linda Robinson et al., *Modern Political Warfare: Current Practices and Possible Responses* (Santa Monica, CA: RAND, 2018). See also Ross Babbage, *Winning Without Fighting: Chinese and Russian Political Warfare Campaigns and How the West Can Prevail* (Washington, DC: Center for Strategic and Budgetary Assessments, July 2019); Ross Babbage, *Stealing a March: Chinese Hybrid Warfare in the Indo-Pacific; Issues and Options for Allied Defense Planners* (Washington, DC: Center for Strategic and Budgetary Assessments, July 2019); Clint Watts, "Disinformation: A Primer in Russian Active Measures and Influence Campaigns," Statement Prepared for the Senate Select Committee on Intelligence, March 30, 2017, available at <https://www.intelligence.senate.gov/sites/default/files/documents/os-cwatts-033017.pdf>.
80. Nigel Inkster, *China's Cyber Power*, Adelphi Paper No. 456 (Abingdon, UK: Routledge, 2016).
81. Henry Farrell and Abraham Newman, "Weaponized Globalization: Huawei and the Emerging Battle of 5G Networks," *Global Asia* 14, no. 3 (September 2019), 7-12.
82. Bates Gill and Benjamin Schreer, "Countering China's 'United Front,'" *Washington Quarterly* 41, no. 2 (Summer 2018), 155-170; Toshi Yoshihara, "Evaluating the Logic and Methods of China's United Front Work," *Orbis* 64, no. 2 (Spring 2020), 230-248.
83. Saunders, *Managing Competition with China*, 3.
84. Ashely Townshend, Brenda Thomas-Noone, and Matilda Steward, *Averting Crisis: American Strategy, Military Spending and Collective Defence in the Indo-Pacific* (Sydney: U.S. Studies Centre, August 2019), 10.
85. Ibid., 15.
86. In particular, see the claims of the National Defense Strategy Commission, *Providing for the Common Defense*. See also Robert O. Work and Greg Grant, *Offset Strategy with Chinese Characteristics* (Washington, DC: Center for a New American Security, 2019).

87. 關於中共軍事改革的深入研究，請參閱Phillip C. Saunders et al., eds., *Chairman Xi Remakes the PLA: Assessing Chinese Military Reforms* (Washington, DC: NDU Press, 2019).
88. Ely Ratner et al., *Rising to the China Challenge: Renewing American Competitiveness in the Indo-Pacific* (Washington, DC: Center for a New American Security, December 2019), 21-33, 48-52, available at <https://s3.amazonaws.com/files.cnas.org/documents/CNAS-Report-NDAA-final-6.pdf?mtime=20200116130752>.
89. John Hamre, "Foreword," in *Twin Pillars: Upholding National Security and National Innovation in Emerging Technologies Governance*, ed. Sam Brannen et al. (Washington, DC: Center for Strategic and International Studies, January 2020), vii.
90. Talent and Work, *The Contest for Innovation*, 9.
91. Tai Ming Cheung and Thomas G. Mahnken, eds., *The Gathering Pacific Storm* (Amherst, NY: Cambria, 2018), 248.
92. Talent and Work, *The Contest for Innovation*, 25-26. See also William Greenwalt, *Leveraging the National Technology Industrial Base to Address Great-Power Competition: The Imperative to Integrate Industrial Capabilities of Close Allies* (Washington, DC: Atlantic Council, April 2019).
93. Markus Brunnermeier, Rush Doshi, and Harold James, "Beijing's Bismarckian Ghosts: How Great Powers Compete Economically," *Washington Quarterly* 41, no. 3 (Fall 2018), 161-176.
94. Ely Ratner, *Blunting China's Illiberal Order*, 3.
95. 「疲憊的巨人」一詞取自一本關於20世紀初英國轉型的書名，請參閱Aaron L. Friedberg, *The Weary Titan: Britain and the Experience of Relative Decline, 1895-1905* (Princeton: Princeton University Press, 1988).
96. 有關如何執行的建議，請參閱Alice Rivkin et al., *A Recovery Squandered: The State of U.S. Competitiveness 2019* (Cambridge, MA: Belfer Center for Science and International Affairs, December 2019), available at <https://www.hbs.edu/competitiveness/Documents/a-recovery-squandered.pdf>.
97. Adam P. Liff and G. John Ikenberry, "Racing Toward Tragedy?" *International Security* 39, no. 2 (Fall 2014), 51-90.

98. Hal Brands and Eric Edelman, "America and the Geopolitics of Upheaval," *The National Interest*, July 21, 2017, available at <https://nationalinterest.org/feature/america-the-geopolitics-upheaval-21258?page=0%2C3>.

第七章

結論

邁向新時代的大國競爭

林奇(Thomas F. Lynch III)

本章總結大國競爭新時代的主要特徵，並針對2019至2020年新冠疫情大流行的影響進行評估，結論為該病毒衝擊可能會加速正在進行的地緣政治趨勢，而不會產生新的。本章分析美國在大國競爭中致勝的三大要務，指出「中」美相爭不是一場新的冷戰，美國必須明智選擇盟邦才能贏得與中共的競爭，且惟有巧妙介入經濟以鞏固競爭優勢方能成功。本章以史為鑑提供分析，顯示有四項競爭原則對美國取得與中共長期競爭的成功至關重要：一、具彈性的堅定態度；二、持久的夥伴關係和聯盟；三、相互詆毀社會的危險；四、拖延時間。

百年僅見的全球公共衛生風暴一致命的新冠病毒疫情一揭開2020年的序幕。這種早就預期會發生但仍造成人心惶惶的全球性創傷，影響目前廣泛而深刻的歷史性國際經濟和地緣政治變化。[1] 長達數十年的經濟全球化在2010年代末開始急劇下滑，並遭世界兩大經濟體美「中」的戲劇性貿易戰打斷。地緣政治同時也發生了巨大變動。美國的兩個全球競爭對手(中共和俄羅斯)在2010年代後期崛起，挑戰美國長達25年的全球優勢地位(或稱單極體系)。這個大國競爭時代所引起的國際互動模式，對抗與衝突遠比1990至2015年要來得多，其特徵為世界最大國間的合作與協作行為。

一個世紀前，1918至1919年流感大流行剛好落在延長的大國競爭時期(1895至1945年)之致命轉折點。1914至1918年，主要國家展開多國對抗，進行長期可怕的破壞性直接軍事衝突，最後演變為第一次世界大戰(下稱一戰)。該「大戰」並未結束多邊競爭。當時沒有明確的權力轉移，也沒有長期措施避免國家競爭進入直接軍事衝突。因此，多極大國鬥爭持續混亂，且多數是同一批戰前國家，導致20年後的第二次世界大戰成為更全球性和毀滅性的軍事衝突。[2] 2020年，新冠病毒的因素使三大國競爭更加複雜，美、「中」、俄公開爭奪國際地位和權力，而從長期制霸的美國手中流失相對權力的軌跡仍不甚明確。

本書各章已經說明了諸多議題和不確定性，主要探究由美國全球權力主宰的單極世界，正轉移至對俄、「中」的公開競爭及兩國與美國的競爭。就普丁的俄羅斯而言，其當代權力主要是重新詮釋和利用軍事能力，並重新運用宣傳手段，並無新意。就中共而言，真正歷史性的經濟成長正在催化新的財富和想像力，產生各種強大的能力，使其能與美國進行廣泛的競爭，並增加對其他國家的影響。

本章延續前幾章中所提諸多見解(但並未逐一列舉)，[3] 提供大國競爭新時代的觀察，並評估三大競爭對手間當代大國競爭的主要元素。本文將當代大國競爭主要動態置於過去多邊大國對抗的背景，並評估新冠疫情對主要大國競爭趨勢的影響，接續討論進行中的大國權力轉移是否必然導致直接軍事衝突，以及哪些因素可能會增加風險等關鍵問題；同時亦分析大國競爭展望，以就本書所提的五大國家互動領域(政治與外交、意識型態、資訊、軍事、經濟)，來發展可行和持久的協作與合作夥伴關係。

本章明確涵蓋當代大國競爭者欲影響的對象：其他國家及它們的觀點，提供關於美國競爭優勢與潛在合作夥伴需求間對等動態互動的三大要務，並於結論提出對美國在與中共的大國競爭中致勝的四項原則：一、具彈性的堅定態度；二、持久的夥伴關係和聯盟；三、相互詆毀社會的危險；四、拖延時間。

當代大國競爭概要

當代大國競爭是獨特的，但並非史無前例。多極大國競爭在現代史上隨處可見，皆為當代世界動態提供重要影響。同時，當代動態本身也對現代大國面對的選擇和風險產生影響，因素包括(但不限於)現代經濟發展的衝擊、新科技作為競爭手段的重要性，以及戰爭風險對當代社會的影響。最後，現代大國競爭已正在改變地緣戰略互動的模式。

基本元素

2020年有三個當代大國。美國實力位居三國之首，中共是正在崛起的競爭對手，而俄羅斯雖有意競逐，但面臨明顯的衰落跡象。「中」俄兩國暴露的戰略目標，不容於美國在二戰後的權力所建立的戰略目標，這將導致歷史重返大國競爭的主要格局。中共是最有可能取代美國長期霸權地位的大國，其以實證主義觀點看待新全球秩序，鬆散地體現在其「命運共同體」概念之中。雖然美國和中共間的淨權力比較顯示，其權力轉移的時間比預期的還要久，「中」美兩強競爭很可能成

> 華府的官方觀點顯然已經轉向，即在今日及可預見的未來，中共係美國在國際體系中全面霸權的主要挑戰者，其他國家望塵莫及，因為綜合國力水準無法與中共相提並論，而美國還須面對俄羅斯、北韓和伊朗在局部或重要特定議題持反對意見。
>
> Ashley J. Tellis, Alison Szalwinski, Michael Wills, eds., Strategic Asia 2020 (2020)

為未來主要大國對抗的形式。[4] 俄羅斯對美國和中共而言是迫切但短暫的安全風險，如果因為誤判導致軍事衝突，可能會對世界造成巨大的軍事損害。然而，俄羅斯採取的是回應性、破壞性的戰略，除了對緊臨的邊境地區(一個鬆散形成的「歐亞重點區域」)採綏靖方式外，還質疑其視之為威脅的當代制度和進程。不同於中共，俄羅斯是一個未提出世界新秩序可行願景、也沒有所需實力的競爭者。中共和俄羅斯可能達成戰術性協議，來削弱美國權力、阻撓美國行動和偏好的制度，並質疑兩者認為具威脅性的規範和規則。然而，「中」俄的長期利益分歧太大，無法建立持久的夥伴關係。因此，華府必須保持謹慎，勿將戰術上的合作誤認為某種深層的反美戰略聯盟。

基本背景

自美國單極優勢時代重新調整為美「中」俄的多極競爭，大國關係以緩慢速度發展，合作關係惡化始於2008年，到了2014至2015年，三國實質上已進入大國競爭，並在2017年底和2018年初的美國戰略文件中正式確立。大國競爭是在經濟重大變化的背景下出現。20多年來，快速發展的經濟全球化因為其脆弱性及未竟其功的紀錄受到日益關注。全球化(主因但不全然是)在反覆的興衰週期下失去威望，並導致富者愈富、貧者愈貧的結果。[5] 今日，第四次工業革命正在加速去全球化，並破壞全球市場和供應鏈。一方面，隨著收入不均擴大和低技術工人失業率增加，數位時代社會經濟混亂正在加劇；另一方面，精密和先進製造的成本正在降低，有利於創造新一代更輕巧、聰明和廉價的武器。產品製造向國內市場靠攏勢不可擋，將是持續影響大國競爭的一個重要因素。

現代大國的財富和競爭優勢基礎，在根本上已由工業時代技術轉為資訊科技主導，並成為地緣政治權力的來源。中共是此一變化的早期受益者，運用盜用(和濫用)全球智慧財產權的能力加速技術成長，同時控制具威脅性的全球資訊流。俄羅斯和中共已經認定，資訊權力比工業權力更有可能決定長期性地緣政治競爭的結果。[6] 因此，俄羅斯和中共愈來愈頻繁在社群媒體平臺，以及其他具國際影響力的線上管道展開對外國的宣傳活動。為了迎頭趕上，美國必須重新考慮其競爭態勢、與其他已開發國家合作，並透過公私夥伴關係，重新調整資源投入關鍵資訊科技和能力，以便採取廣泛靈活的手段來減少外國宣傳的威脅。

在第四次工業革命開始重新塑造世界之際，美國比中共和俄羅斯都更有明顯優勢。藉由加強與夥伴和盟邦的合作(同時調整美國的法律與規則以適應新的經濟力量)，美國完全有能力利用其在高等教育、創新天性、創業家精神，以及全球市占率上的優勢。中共透過政府對高科技製造領域的優先投資，也可能在第四次工業革命中獲益。然而，其必須努力解決日益嚴峻的經濟挑戰，包括失業率上升、勞動力老化、生產力下降，以及潛在的社會動蕩。與此同時，俄羅斯因為缺乏充分參與現代經濟所需的公私部門基礎，也沒做好應對未來經濟競爭的準備。

地緣戰略互動

俄羅斯和中共在全球各地對美國構成不同競爭威脅，在許多區域，俄羅斯往往造成更直接的挑戰，而中共經濟投資的影響則表現的較微妙，並可能逐漸侵蝕美國的戰略利益。

美國和中共在印太地區有著相互矛盾的主要利益，這些利益對兩國的重要性使該地區成為大國競爭的中心。美國的「自由開放印太」願景和中共的企圖無法相容，中共希望在第一島鏈內加強控制，並追求更大、被奉為「命運共同體」的區域目標。在該地區若不採取謹慎的外交手段，「中」美競爭可能會轉向對抗或軍事衝突。中共在該地區多數的市場和投資皆具經濟優勢，且也削弱美國在接近中國大陸沿岸和第一島鏈範圍內潛在對抗地點的軍事優勢。美國的軍事科技和權力投射能力則在更廣泛的印太地區內保持整體優勢，另在商業金融領域占據主導地位，於意識型態和傳播能力上獲得共鳴，同時兼具中共難望其項背的區域政治和軍事聯盟組織。

俄羅斯的主要利益在歐洲，對於近鄰地區的主權特別敏感──包括前蘇聯省分。美國和歐洲的外交仍將面臨挑戰，要防止俄羅斯的衝動行為，同時避免引發公然對抗或衝突。雖然歐洲人普遍不信任俄羅斯，但是對俄羅斯安全威脅的認知卻大相逕庭。歐洲無法獨自保衛成員國免受俄羅斯的傷害，因而擔心美國(特別是北約)可能會脫離歐洲。今日(和可預見的未來)，歐洲仍然無法建立一個自主的安全防禦體系。一旦美國退出北約，歐洲可能會加速迎合俄羅斯，甚至是中共。

莫斯科和北京只是表面上團結一致，希望與美國在拉丁美洲、中東地區、非洲和北極競爭並取代美國的影響力。美國在西半球仍然保有歷史性戰略利益，而且該地區在短期內似乎對「中」俄來說較不重要，因此若不發生誤判，競爭就會相對緩和。反之，中東地區可能在未來十年內成為激烈競爭和偶發的非軍事對抗區域，獲取資源是主要的焦點。

然而，隨著美國和俄羅斯在外部能源的利益減少，在中東地區的競爭焦點可能會轉向威望和意識型態敘事的共鳴。拉丁美洲、中東地區、非洲和北極的國家渴望得到俄羅斯和中共的關注和資源，通常是因為實際利益而非出自意識型態的承諾。因此，美國所採取的區域戰略，應避免將俄羅斯或中共的活動均視為危及美國利益。若華府置重點於美國作為經濟夥伴的優勢、軍事援助的質與量，以及軍事前進部署正面與良善的性質，就應能在這些當代大國競爭較和緩的地區，最適切地維護美國利益。

大規模毀滅性武器仍然是大國競爭的關鍵特徵和潛在動態因素。數十年來，限制美俄核武的軍備控制條約體系承受著巨大的壓力，並有可能崩潰。2000年代，俄羅斯開始緩慢進行老舊核武的現代化，普丁於2018年3月宣布正在研發新型核武系統，包括多彈頭洲際彈道飛彈，以及極音速、自主化、核動力的投射系統。目前還不清楚莫斯科是否已更加依賴核武，還是運用其作為在區域衝突的威脅工具。

美國正在針對其核武進行昂貴的汰換更新和性能提升，並規劃於2020年代後期開始運用新系統。中共則正在加大對核武能力的投資，以進行戰略體系的現代化和擴張，並開發雙功能戰區平臺，這將加劇印太地區衝突中的核風險。目前，「中」美兩國的核武活動似乎不太可能導致冷戰形式的核武軍備競賽；然而隨著大國關係變得更具競爭性、甚至對抗性，在核武、投射系統和飛彈防禦方面出現新一波多國軍備競賽的風險正在增加。今日三大國均表示，不樂見傳統衝突升溫而動用核武，但是誤判的風險依然存在。同時，由於化學或生物攻擊難以咎責，因此可能在未達公開武裝衝突門檻的情況下成為俄「中」達成目的之手段。

儘管人們關注大國競爭，但是來自流氓國家與恐怖主義對和平、穩定和美國利益的威脅遠未根絕。伊朗和北韓等流氓國家缺乏軍事與長期經濟權力和/或跨國文化吸引力，無法與美國在全球的權力匹敵，也難以提供替代性穩定的國際政治秩序。這些國家的動機有政權存續、區域主導企圖、有時甚至是全球連結，以及對抗美國的傾向，因為它們一致認為美國是實現抱負的主要障礙，容易在未達直接武裝衝突的門檻下跨越多領域與美國對抗。在美國對此一威脅的控管下，齊心抗美的流氓國家軸心前景渺茫。此外，中共和俄羅斯必須擔心自身經濟和戰略利益受到影響，因此北京和莫斯科不太可能完全加入破壞性的流氓冒險主義，而是依實際情況採取合作和阻撓的混合手段。

美國的反恐工作將面臨各種新的現實。最近美國在敘利亞的反恐行動很可能成為未來的模式，而俄羅斯預期會直接或間接地破壞美國的反恐目標。像在敘利亞一樣，俄羅斯將結合外交手段、代理人戰爭和電子戰，以挫敗美國的軍事優勢。區域國家將持續追求自身的反恐目標(有些與美國一致，有些則不然)。為了在這種新環境下發揮效能，美國將需要新的反恐權責單位、新科技和其他工具，來協助管控小規模部署的風險，並且必須在美國反恐部隊遭到代理人攻擊時，追究贊助者的責任。

最後，兩個非傳統競爭場域(太空和網路空間)是三大國皆已投入並愈益重視的主要利益。太空競爭加劇極有可能導致更大的對抗風險。就太空協作運用及合作行動達成可行規則和規範協定，可以減少對抗與導致衝突的誤判風險；同樣地，在網路空間中缺乏合作的規則和規範已經造成不良的對抗性態勢。

相關歷史與當代動態

當代特徵係兩個以上大國之間的激烈競爭，亦即多極競爭。這和最近期的大國競爭不同，當時是美國和蘇聯在45年的冷戰中所形成的兩極對抗。以往多極大國競爭中，敵對雙方力量此消彼長，通常涉及一個正在崛起的大國和一個既有的主導大國，這引發的戰略問題是，主導大國相對實力衰落的必然性，以及兩國間的權力轉移。大國權力轉移是崛起國家要面對的挑戰，困境為如何在不挑起與主導國全面衝突的情況下，主張其相對權力的增長。權力轉移對(實力相對衰落中的)主導國也是棘手的問題，即能否在避免毀滅性軍事衝突、勉為其難改變現狀的情況下，接納正在崛起的挑戰者。這些轉移並非僅花數年即可完成，而是耗時幾十年甚至數世紀。

儘管自1500年以來，四分之三的大國權力轉移時期皆出現毀滅性戰爭，但是此結果並非注定。大國競爭者加入相對權力轉移，可以促成妥協或默許的互動以避免戰爭，但這些和平的結果需要投入心力以及精明的領導。當相對權力轉移中的一方(或雙方)發現經濟和軍事權力消長確實對其不利，會比感到權力穩定現狀的時期更傾向於冒險先發制人。大國的領導人常常誤解相對權力，迴避詳細、以經驗為依據的權力評估，導致決策資訊偏差，並誤導戰略規劃方向。即使是準確評估相對劣勢或弱點，國內或官僚利益也可能阻礙必要的快速調整，以致於無法減輕大國戰爭的風險。因此，大國競爭的成功需要卓越的政治領導，不僅要在國際上縱橫捭闔，也要在國內建立恢復與適應的能力。

「中」美兩強競爭很可能在未來成為大國對抗的主軸，[7] 該競爭充斥大國權力轉移最危險的動態，儘管任何導致與俄羅斯意外戰爭的失策也具有極度破壞性和嚴重後果，特別當俄羅斯升高事端，威脅使用核武器以結束傳統衝突時。雖然一些西方專家認為情況對中共有利，增添即將發生災難性權力轉移的恐懼，但是就美「中」間的淨權力比較來看，該時程比目前預期的更長。正確理解，此一延長轉移時程使「中」美有更多時間體會失控對抗的風險，進而探索一條以對抗和協作為主的緩和競爭途徑，以支持尋求雙方都能接受的戰略成果。

地緣政治衝擊和大國競爭：新冠病毒

2020年最大的地緣戰略問題即新冠疫情將如何影響當代大國競爭。新冠病毒作為罕見而貨真價實的全球衛生危機，必須被理解為評估大國競爭及相對權力轉移軌跡的因素。根據疫情可能影響大國競爭的深入評估顯示，雖然每個競爭對手都絕對會遭受該嚴重的衝擊，但似乎沒有一個國家會承受致命打擊，或是立即改變相對權力平衡或相對權力轉移的軌跡。這可以透過全面檢視史上流行病對地緣戰略的影響，輔以評估新冠病毒對三大國可能的衝擊來證實。

1918至1919年發生的流感大流行(又稱西班牙流感)係現代最相似的全球衛生衝擊，其對世界秩序和當時大國的影響仍具爭議。流感大流行加劇一戰間的大量死亡人數，其與大戰相同是結束戰前經濟全球化的因素之一，但是也很可能對戰後秩序產生重要影響，尤其是總統威爾遜(Woodrow Wilson)的健康因此受損的美國。

威爾遜於1919年4月戰後巴黎和談時感染，並產生「嚴重的症狀。」[8] 在生病之前，威爾遜在巴黎持續疾呼要求英國、特別是法國領導人，須向德國要求有限的戰爭賠償、實現友好的和平、癒合戰爭的創傷、讓受壓迫的人民發聲，並擴大和平與全球整合的空間。據稱在生病之後，威爾遜因嚴重流感和發燒症狀變得神智不清與錯亂，精疲力竭的他竟放棄一向反對賠償和強行占領德國的要求。雖然現在很難得知若威爾遜健康如昔，能否成功反對法國尋求懲罰性和平的堅定立場，但是他身體衰弱是明顯的事實。[9]《凡爾賽條約》最終版本要求的「勝利者和平」造成德國的屈辱，導致法西斯主義在隨後戰間期趁勢崛起。

六個月後威爾遜回到美國，為爭取批准《凡爾賽條約》及加入國際聯盟而在與參議院激烈政治鬥爭時，因嚴重中風而退出公職。同樣地，吾人無法得知其中風是否源於感染流感，但是醫生隨後發現器官衰竭跟嚴重感染者長期缺氧與發炎有關。久病不起的威爾遜眼睜睜於1920年3月見證參議院否決批准《凡爾賽條約》與加入國際聯盟。[10] 該結果造成美國退出世界政治領導地位超過20年(包含整個戰間期)，美國的財富和權力也因此缺席而未能制衡加劇的全球分裂、激進化和戰爭。[11]

流感大流行期間導致5,000萬人喪生，但並沒有改變全球政治、國內政治框架或人類基本行為的方向。[12] 關於流感大流行的經驗教訓是，雖然創傷性的全球疫情可能不會改變廣泛的全球模式或重要國家的走向，但若病毒嚴重折磨一位重要的政治領導人，就很可能對地緣政治的未來產生重大的間接影響。

但是，在新冠疫情之後的整體地緣政治變化呢？季辛吉(Henry

Kissinger)2020年4月寫道，新冠病毒將永遠改變世界秩序，並主張肆虐全球的疫情衝擊證實單純國家解決方案對重大全球議題無效。季辛吉認為，必須將持續邁向民族主義的行動理解為一種危險，而因為疫情促成的「協作」可擴大為「合作」以維護「自由世界秩序。」[13] 懷疑論者則認為，季辛吉更早的論述比較準確，他當時寫道世界秩序會持續至其基礎被重大事件澈底摧毀，而全球疫情大流行還稱不上是那種事件。[14] 2020年夏初的主要趨勢似乎較符合季辛吉早先的論述。這場危機削弱了對全球化的支持，但是該趨勢早隨全球民粹主義興起就已存在。該情況暴露了一個眾所周知的鴻溝，就是沒有任何一個國家有能力應對當代重大安全、氣候和衛生挑戰。[15] 因此，該疫情證明現代需要更多全球治理(而不是更少)；而缺乏對體制足夠的衝擊，不足以促成重大改變。[16]

下一個問題是新冠病毒是否預示主要大國間權力平衡的變化。一些美國政治觀察家擔心，若美國堅持「美國優先」作法，而不追求二戰後歷史性的角色來領導集體應對全球挑戰，就可能會輸掉與中共的全球領導權之爭。[17] 這對美國於印太地區的關係影響最為劇烈，專家擔心在該區域的美國合法性將受到威脅，因為華府因應疫情的措施相較於夥伴南韓和臺灣相對不足，且中共顯然有意重振東亞經濟以鞏固自身作為樞紐的地位。如果華府繼續無所作為，對協調區域應處作法與復甦漠不關心，美國的國際信譽將會受損。[18] 然而，中共和俄羅斯從新冠疫情恢復之際也面臨自身挑戰。病毒對美國經濟的影響可能比對中共嚴重，一旦發生這種情況，權力將加速轉移至亞洲，而這已在進行當中。[19]

中共利用當前危機得利的能力確實有限。在美國和歐盟經濟復甦前，中國大陸經濟將難以回到年增5%至6%的成長軌跡。由於中共整體債務水準居高不下，而且存在引發金融體系崩潰的實際風險，使其無法採取如2008至2009年的信貸刺激融資方案。[20]

截至2020年夏季，當前危機的獨有特徵係美國明顯在全球領導地位上缺席，且未能團結全世界共同努力對抗病毒及其經濟影響，其於國內因應疫情的方式亦讓全球失望。[21] 如果華府重新站穩腳步，領導20國集團(G20)努力擴大與區域盟邦的金融合作，並與中共和歐洲建立關係，就有可能在區域和全球建立良好信譽。然而，當時川普政府的政策重點似乎與此背道而馳。

考慮到這些當代因素，後新冠疫情時代可能與之前的世界差異不大。而疫情及其因應措施正在強化基本的地緣政治特徵，[22] 包括去全球化、反移民情緒上升和大國競爭都是疫情前就已有的現象，而該疫情似乎不太可能將大趨勢轉回全球合作和多邊主義。全球合作不足的情況可能還會延續，導致對衛生危機協調不力與全球經濟復甦緩慢。[23]

然而威爾遜的例子證明了個別領導人的重要性，且須將應變措施納入考量。其感染發生於1918至1919年冬季「第二波」的流感大流行之際，而若2020至2021年冬/春季的第二波新冠疫情導致大國國家領導人失能或致命，是否會引發重大地緣政治轉變？就俄羅斯而言，普丁擁有巨大權力且企圖一路掌權至2036年，但其過世或失能不太可能改變俄羅斯的戰略軌跡或相對權力。某些西方外交政策專家擔心，普丁的俄羅斯由於新冠病毒和世界油價崩跌而衰弱，可能會公然表現得更加強勢，並容易引發軍事衝突。但是其他人則認為，衰弱的俄羅斯可能會變得較不積極且更依賴中共。[24] 總而言之，俄羅斯的趨勢似乎較可能加速發展而非改變，此外多數專家一致認為，普丁所掌管的體制(政治、經濟、軍事和資訊)皆根植於俄羅斯的歷史，在他之後仍很可能延續。[25]

另外在中國大陸，習近平是手握實權和頭腦清醒的共黨領導高層，但中共的戰略願景和發展軌跡根深蒂固，並為其他共黨高層領導人所擁護。習近平在追求共黨對全球(尤對整個印太地區)的目標上，比某些前任領導者承擔了更大的風險。儘管如此，即使其下臺也不會改變中共基本戰略框架或計畫的方向，特別是在印太地區。正如美國政策分析家哈斯(Richard Haass)所言，「目前的危機不會改變中共的觀點，即美國在亞洲的存在是歷史上的反常；亦不會減少其對美國在一系列議題上政策的不滿，包括貿易、人權，以及臺灣。」[26]

在美國，新冠病毒對個別領導人影響可能不大，因為2020年是總統大選年。截至2020年秋季，當時的主要政黨候選人川普和拜登的競選策略都各自鼓吹政見，爭論美國在全球疫情中的適當角色。當時川普政府吹噓「美國優先」政策之成功紀錄，放棄肩負更廣泛的全球領導地位來對抗危機，並攻擊世界衛生組織和中共造成疫情肆虐；拜登的競選活動則承諾一個更友善的美國，而且更加專注於領導國際社會採取集體因應措施。

假設川普因為病毒而失能或死亡，拜登未必能夠勝選。當時川普的副總統彭斯(Mike Pence)似乎能在2020年傳承類似政策，而其當選則有可能將「美國優先」的戰略目標再延續下個四年。反之，川普在2020年11月的敗選(至少在一定程度上)源於選民不滿他對新冠疫情的處理方式，而這將為更廣泛的國際協作和美國領導作為打開大門，但是空間很有限。川普之後的民主黨總統仍將面對約30%至35%的美國選民，他們厭倦國際承諾，不願美國運用資源帶領其他「富國」因應重大國際問題。[27] 新政府可能會為美國主導的最新全球倡議取得某些支持，找到疫苗並進行大規模分配，但是再次要求美國人民接受外交政策方針係解決所有全球問題，仍將難以令人接受。[28] 美國及其盟邦與中共經濟脫鉤的動力似乎是因疫情而增強，只有部分原因是來自對中共的畏懼。供應鏈中斷的可能性及刺激國內製造業的期盼將再次受到關注。全球貿易將部分復甦，但更多是由政府管控而非由市場決定。[29]

因此，從另一角度看新冠病毒危機可視為與過去一樣：大國戰略和相對權力地位大同小異；新的科技和挑戰將持續超越集體應對的能力。沒有任何國家享有美國在1945年或1990年的地位，也沒有哪個國家(無論是中共還是他國)擁有填補美國所創造國際領導真空的企圖和能力。[30]

因此，應對新時代大國競爭的可行辦法，必須從明確瞭解國家間競爭五大領域(政治與外交、意識型態、資訊、軍事及經濟)著手，主要從對手的強項與弱點開始。作為大國競爭的主要兩強，中共和美國是相提並論的關鍵國家。藉兩強在五大領域中的相對優勢，可以得知可行範圍並建立不可行範圍的界線。一份嚴謹的分析顯示，美國在缺乏優勢之處必須避免採取高度對抗性政策，並在可行的狀況下尋求協作，同時在擁有優勢的領域中堅持競爭。美國需要重新審視並清楚認知，現在其投射權力和運用影響力的主要來源和二戰以來相同──其全球盟邦和夥伴網絡。

如何明智競爭：聯盟和夥伴關係的重要角色

美國要以聰明的方法與中共競爭就必須瞭解時間價值，以及在何處善用自身主要優勢。儘管不及20年前的水準，美國在軍事權力上仍保持領先優勢，但是若中共(或俄羅斯)能夠選擇有利的實體與政治領域進行短暫、決定性的軍事衝突，就能抵銷其全球軍事優勢。華府必須承認這一點並設法彌補。美國的意識型態在全球，特別是在印太地區都獲得良好共鳴，同樣地其散布資訊的能力和支持度仍然優於中共，儘管北京非常努力闡述與加強清楚的訊息，但可信度往往被共黨國內外言行不一的事實所破壞。中共正在加大力道利用政治和外交工具削弱美國在國際上的聯盟與夥伴關係，尤其是在印太地區，但是華府(儘管最近有些明顯破壞自己的外交優勢)仍維繫著數十年來建立的堅實關係。同時，中共比美國更具顯著的經濟優勢，特別是在印太地區，北京可以動員直接貿易和投資資源，為各國提供珍貴的成長機會，美國則無法以一國之力相抗衡。

美國在思想、資訊傳播、政治與軍事聯盟，以及傳統軍力(應用於遠離中共[或俄羅斯]區域或局部地區時)上的相對優勢，可以作為其強化實力的指導方針。與此同時，美國相對於中共經濟實力的弱點，或是傳統軍事能力不足以在中國大陸(或俄羅斯)附近保衛盟邦和夥伴，都是在告誡華府必須確保競爭的成功。美國藉由與友邦和夥伴合作，並避免強迫準夥伴和盟邦選邊站的戰略錯誤，可逐步於競爭中取得成功。

以上可歸納為美「中」競爭的三大要務。首先，冷戰曾是一場大國競爭，但與當代的大國競爭不同。理解冷戰的相異之處很重要，如此一來參考冷戰經驗作出大國競爭決策時才不會出錯。其次，大國競爭者在與有能力的盟邦建立持久夥伴關係時最能發揮實力。這些夥伴關係並非沒有風險，大國有可能作出錯誤選擇。然而，若作出明智抉擇，大國聯盟網絡可以擴展安全的選項、產生外交影響力和有用的溝通管道，以及加強政治上的合法性。[31] 最後，大國競爭者沒有「放手不管」

經濟和科技政策的本錢。事實上，美國資本主義作為自由放任、私人市場機制的神話也與事實不符，即使是在廣泛的地緣政治和經濟合作的時期也一樣。在大國對抗期間，美國政府必須擺脫限制競爭性決策的神話，並理解政府審慎發展關鍵安全和創造財富相關科技與流程的重要性。

儘管有些相反評論，但是世界實正處於新興大國競爭時代。[32] 美國和蘇聯間的冷戰曾是一場大國競爭，雖然這在現代歷史上獨一無二，但與當代大國競爭動態並不相同。[33] 懷舊的美國呼籲廣泛應用冷戰的競爭戰略(如圍堵)，但卻未能考量冷戰的特徵而成為今日的負面戰略範本。[34] 然而，當時的競爭心態在某些面向上仍值得今日借鏡。[35]

首先，冷戰一直是兩極而非多極的。從1945至1991年，世界上沒有其他任何國家擁有如華府和莫斯科般的全球戰略野心或權力。在2020年，大國競爭是多極的，從一開始就是如此。[36] 其次，冷戰的兩極競爭並無明確的崛起大國挑戰既有主導大國，反之美蘇各自稱霸且在國家互動各方面平起平坐，期間沒有大國權力轉移的進程。當代大國競爭的特徵係存在轉移框架：一個歷史性占主導地位的既有大國美國、一個崛起大國中共，以及另一大國俄羅斯(不斷爭奪地緣政治優勢，但實力有限且令人存疑)。正在進行的大國權力轉移引發不確定性和風險計算，這在冷戰期間不曾出現。

第三，冷戰始於大國地理勢力範圍的嚴重分裂，陣營之間幾乎沒有互動。蘇聯集團和美國領導的西方國家集團在1945年後迅速形成，除了基本的外交和有限的旅遊和文化交流機制外，幾無經濟、社會、傳播或政治上的互動。美「中」兩強之爭在外交、社會和政治活動上進行30多年的廣泛合作互動和交往後，以截然不同方式發展大國對抗。

除了軍事之外的所有領域(包含競爭激烈的傳播領域),美「中」兩國的競爭張力隨高度互動和互賴演變而成。因此在冷戰時期,美國的戰略要務是提高透明度、開放性和引起蘇聯集團國家人民的共鳴,要在某種程度上繞過蘇聯共黨領導人,直接為群眾提供更多無形與有形的機會。[37] 然在當代大國競爭中,美國及其盟邦面臨著不同的競爭挑戰:如何選擇性在戰略弱點上與中共脫鉤,同時不浪費目前存在且欲保有的有益連結、透明度和進入管道。

冷戰分裂造成貿易集團壁壘,這超出多極大國競爭的歷史規則。過去大國競爭和權力轉移的特徵為經濟對抗和協作並存。英國和德意志帝國在一戰前25年中,貿易額(雖然出口特性不斷演變)穩定成長。[38] 拿破崙掌權的法國於1803年宣戰後仍與大不列顛維持廣泛經濟聯繫,而當1806年拿破崙欲強制結束英國在歐陸所有貿易時,大量商業活動透過西班牙和俄羅斯持續供往法國和歐洲。[39] 在冷戰高峰,蘇聯對美國的出口總額僅為10億美元(1990年)。[40] 2017年中國大陸對美出口額為5,000億美元,同年美國企業在中國大陸賺了5,440億美元。[41] 要切斷大國競爭對手間根深蒂固的經濟聯繫是很難做到的,因此欲將美「中」經濟完全脫鉤困難重重,而且代價高得無法接受,這並不令人意外。[42] 然而,美國和中共已逐步於多個經濟領域上脫鉤,五年來互相直接投資一直在下降。隨著「防火長城」擴大,一些美國科技公司放棄中國大陸,而中共自2015年宣布以資訊科技和人工智慧為目標的「中國製造2025」以來,愈來愈多公司對拓展當地業務持戒慎態度。最後,美國大學內的中國大陸學生人數於2018年開始下降,同時「中」美兩國在貿易、資本市場和貨幣市場的互賴加深,直到美國於2018年對中共發動貿易戰之前,上述領域均未脫鉤,由此可證雙方將難分難解。[43]

由過去大國的挑戰可以瞭解今日競爭的關鍵動態。大國藉由與較弱國建立長久聯盟和珍貴夥伴關係以贏得影響力的能力，對於在競爭中致勝至關重要。[44] 主導大國最好透過強化共同戰略重點及減少摩擦，來贏得對他國的影響力。今日，美國在世界各地(包括整個印太地區)擁有意識型態和政治目標一致的堅實盟邦，在建立該實力的區域協定和條約之中，有兩個主要的互補性雙邊願景文件：2015年1月的《美印共同戰略願景》(U.S.-India Joint Strategic Vision)，和2015年12月簽署的《印日願景 2025》(India-Japan Vision 2025)戰略文件。[45] 除了自由民主國家的互相認同感之外，多數國家也更偏好與美國進行軍事合作，而不是中共所提供的有限交易合作。

同時，多數國家並不認為斷絕與中共的經濟聯繫符合自身最佳利益。[46] 雖然美國在商業金融領域的地位無可匹敵，但是中共在貿易供應鏈、基礎設施直接投資和消費市場實力太過強大，對於小國來說非常重要，無法立即放棄。[47] 華府的經濟能力不足以迫使其最重要的夥伴國與中共在經濟上全面脫鉤。[48] 因此，美國與中共競爭的最佳方式，便是針對意識型態和政治目標一致的國家，取得並維持其影響力，不需讓他國以切斷中共的經濟聯繫作為參與代價。在呼籲合作夥伴不要從事有助中共發展權力和損害美國盟邦主權的特定貿易、金融或科技形式時，亦必須謹慎選擇理由。

美國與中共競爭的最佳選擇是將夥伴/聯盟架構建立在共同意識型態和政治哲學的基礎上，同時引導此一架構進入部分經濟脫鉤的時期。[49] 美國將不得不與合作夥伴協商一個框架共識，限制西方市場、實驗室和創新機構的暴露風險，避免遭共黨控制的中方經濟單位所利用，同時繼續在中共和美國及其盟邦之間從事互利的貿易和金融活動。這種作法需要有精心規劃的措施，來限制中共進入美國及其夥伴國經濟和社會的某些形式。起點可從美國及其夥伴國同意減少對「中」貿易的三大防禦性經濟目標開始：減低受共黨監視和破壞的脆弱性；消除對中共供應鏈的依賴(這會使共黨能有效脅迫或實際破壞關鍵的西方經濟功能)；必須緩慢傳布西方商業和軍事競爭優勢中的關鍵創新和技術至中國大陸。[50] 一個相互合作的先進工業民主國家網絡(每國都致力於共同核心價值和利益)能利用美國在意識型態共鳴、聯盟建立和夥伴關係可靠性上的競爭優勢，同時無須切斷與中共的所有經濟互動。

該網絡將繼續與中共進行真實互惠的貿易，但亦採取集體措施監控，以及限制意圖從商業公司竊取先進技術的中國大陸貿易投資活動；同時在統合各方的公私營合資企業後，以可行的價格為中共關鍵資訊科技提供實用的替代方案，並形成保護機敏和專利數據的可靠網絡。這將團結一致挑戰北京最為人詬病的貿易和產業政策，增加中共重新考慮長年低競爭力和不合法慣用作法的可能性。最後，該網絡能優先對國際制度進行有意義的改革，建構真正自由的全球經濟，克服非關稅壁壘興起和國家保護主義，同時為擴大自由貿易、投資和成長制定新的標準，以因應第四次工業革命的尖端科技。[51]

這種與中共部分經濟脫鉤的美國夥伴關係倡議有一重要的催化劑，即為連接北美、歐洲和亞洲關鍵地區的高標準貿易協定。美國不必從零開始著手這項工作，只需重新審視原來已有的機會，例如《跨太平洋夥伴全面進步協定》(Comprehensive Progressive Agreement for Trans-Pacific Partnership, CPTPP)的11個成員國已敞開大門歡迎美國加入。[52] 透過美國為《跨太平洋夥伴全面進步協定》與墨西哥牽線可能是重要的下一步。另外，儘管印度在建立自由與全面多邊貿易和金融夥伴關係上仍存在障礙，但該協定與印度間的真誠對話可以為未來的加入預作準備。此一途徑將包括有系統的關注並投資該龐大的自由民主國家經濟體，其擁有西方的意識型態信仰與巨大的經濟潛力。[53] 合理的下一步將是重要的跨大西洋協定。

利用美國在意識型態、政治和聯盟架構領域的相對優勢(同時發展一個致力於部分脫鉤[非完全脫鉤]中國大陸經濟的夥伴聯盟)，最能發揮美國的競爭實力並最小化經濟突然停滯或意外戰爭的風險。但是，這種作法需要美國國內政治勉力達成共識。由於美國對中共在經濟上的相對劣勢，因此今天不能執迷於自由放任經濟就妄想擁有足夠競爭力。某些美國政府部門堅守一個教條，即不受約束的自由市場和私營企業是確保該國經濟在全球成功的全部。這是對地緣政治競爭和美國經濟史的錯誤理解。

美國為了支持關鍵經濟活動，留有明確的政府干預紀錄。[54] 華府一貫對農業實施補貼，讓農民以補貼及先天的比較利益優勢因應外國競爭者的挑戰。華府也贊成採取保護性關稅和配額來對抗外國競爭，但在其歷史上只有短暫的時間。在與大國競爭對手進行激烈競爭之際，美國從政者非常樂意補貼對戰勝國際競爭者至關重要的經濟計畫和相關領域。在美國加入二戰之前，這種補貼是由美國政府對大不列顛和後來的俄羅斯提供貸款，擔保對方建造所需船舶、飛機、戰車和工業產品。在冷戰期間，對美國的投資和互補性關稅壁壘「刻意」支持先進科技、國防設備，甚至大規模農業生產，以確保美國對蘇聯的競爭優勢。[55] 當時華府還縱容反蘇夥伴小國(諸如日本、南韓、臺灣和歐洲國家)享有差別性關稅和配額，以確保長期地緣政治優勢，儘管必須付出短期經濟成本。

營造國內經濟復興的政治支持需要教育民眾，因為必須利用美國政府投資獲得有競爭力的科技和程序──包括資訊科技、5G、人工智慧、量子科技以及太空領域。在此，國內公眾皆贊成競爭和創新科技，這在冷戰期間亦是如此。[56] 與冷戰時期一樣，美國決策者將需要補貼重點項目，以期在經濟領域獲得競爭優勢。公共投資將需要投資資本。美國的需求顯而易見：2018年聯邦層級對國內研發活動的投資處於1955年以來最低水準。[57] 為了增加投資，國家政治領導人需要正視權力和財富極端集中在現代跨國科技巨頭手中的問題。由於一半的美國財富集中在1%人口中，美國的從政者需要考慮解散壟斷企業，對過高的財富徵稅作為發展公共投資和補貼的手段以振興關鍵科技、新創企業和教育來刺激創新。[58] 因此，這需要提升領導能力和承擔政治風險，然美國國家領導人能夠打破美國政府係經濟競爭主力的神話，然後再一步步結合友邦和夥伴國家，推動循序漸進執行脫鉤中國大陸的計畫並加強與之競爭。

以史為鑑，美國在當代大國競爭中取得成功的三大要務(區分現代大國競爭與冷戰；與夥伴國家共同建立美國競爭優勢；承認政府在大國競爭中管理關鍵經濟計畫的角色)，至少在未來十年內還需配合四項競爭原則來完成。

四項競爭原則

研究兩強相爭的文獻提出了許多原則，能促進有效競爭並同時最小化大國權力轉移陷入大國戰爭的可能。這其中有四項值得注意：

一、具彈性的堅定態度；二、持久的夥伴關係和聯盟；三、相互詆毀社會的危險；四、拖延時間。

具彈性的堅定態度

主導大國必須展現具彈性的堅決態度，也必須明確指出不惜一切代價捍衛的戰略目標，並就可能願意談判的事務進行未來對話。在堅持不願談判目標的同時，也應該靈活地尋找可能實現雙贏的議題和場域。例如，英國接受美國在西大西洋的霸權，以維持其通往中東和亞洲殖民地重要公海航線的優先權，並認為承認美國權力增長比採取海軍對抗更為合理；同時，崛起的美國以承認大量英國公民政治權利的方式，開始接受一度令人憎惡的英國君主政體。今日，美國和中共是否存在這種交易空間，可以就太空和網路空間的協作規則達成共識，同時就中共國內經濟和人權限制進行談判？

彈性必須配合堅定的決心。以美國強大軍力為後盾的堅實安全協議，可能會加深敵意和猜忌，但是對於維護與中共之間的和平是不可或缺的。[59] 如果共黨預期會遭到美國和幾個中型安全夥伴國的抵制，就應該不太可能在短期內爭奪區域霸權。[60] 中共的行為明顯謹慎，惟恐展現實力，並刻意示弱。[61] 美國及其印太地區夥伴必須堅決反對中共的非法海上主張，以自由航行行動和其他聯合活動來展現維護國際海空域開放的意志。這些國家也必須在爭議島嶼的立場上與日本為伍。同時，美國必須在第一島鏈內的防禦活動中表現彈性和適應力，並應開始為美軍打造機動且無法預測的基地。特別重要的是，華府也應該與臺灣合作發展武器和自衛戰術，強調更小、智能且更便宜的特性。這種彈性並不代表要將第一島鏈或太平洋其他地方的實際勢力範圍拱手讓給中共。[62] 相反地,這表示即使戰術和技術切合實用,堅持與盟邦和夥伴合作的基本前提也不會改變。

美國也可以對其盟邦及其與中共的互動中,展現堅定支持民主制度、個人自由和人權的態度,同時在促使中共進行政治改革上展現彈性。在先保護了盟邦和夥伴國家免於中共威權傾向的侵蝕後,美國才能以彈性和耐心為中國大陸人民在個人自由、資訊自由及政治參與上樹立典範。冷戰期間,美國致力於在蘇聯集團內推廣非共產主義觀念,在短期內經常遭遇挫折:西方的無線電廣播遭封鎖和審查、人道主義援助被拒絕、大量的交通和旅遊機會受剝奪,人與人交流的計畫遭謝絕;但從長遠來看(特別在1975年簽署「赫爾辛基協議」後),這些活動為那些在莫斯科鐵幕後努力爭取自由未來的人們帶來希望。美國於1970和1980年代在世界各地爭取民主和自由,導致全球意識型態氛圍漸次背離蘇聯的專制政權。[63] 這種冷戰時期的競爭心態適用於今日與中共的競爭,且必須結合現代集體的應對方法,因為中共展現的政治和意識型態並不合時宜。今日和當時一樣,美國巨大的吸引力在自由的世界是一種力量。[64]

持久的夥伴關係和聯盟

這個原則強化了先前討論的聯盟必要性,這對於大國競爭的成功既是要務也是重要原則,值得鞏固並擴大。歷史證明,主導大國必須建立和維繫持久、互惠的國家間聯盟,為準夥伴在面對強勢對手要求選邊站時提供替代方案。[65] 大不列顛在與拿破崙統治的法國對抗時,尋求戰略夥伴關係和盟邦是正確的作法,先是充分利用這些聯盟遏制威脅,然後將其擊潰。拿破崙主要則是依靠開疆拓土及任用親族鞏固政治權力，來擴大法國國力和法國大革命後的基礎。[66]

今日，美國在建立經濟和軍事夥伴關係方面，比現代歷史上其他任何大國都擁有更堅實的基礎，且其所面對的崛起大國中共，在這方面幾乎沒有經驗或方向。美國多年來費心建構關鍵的全球聯盟和夥伴關係為的正是這種時機。日本是一個重要的例證。美國在企圖力保中共加入世界貿易組織前(1990年代末)，先在1995年正式重申美日同盟關係，這是美國押注中共崛起成為世界秩序中「負責任利益關係者」的防備措施，也是今天阻擋中共超越第一島鏈主宰印太地區的伏筆——因為日本就在這裡。[67] 美日同盟是美國與中共競爭所握有的大牌——聯盟和國際制度，應加以珍惜並妥善利用。

華府有絕佳的機會與眾多夥伴一起構建替代的經濟、外交和政治架構，使這些國家在面對中共的威脅利誘時有其他選擇。然而，如今許多美國忠實的夥伴對美外交政策作為的不可預測性感到擔憂，它們需要並重視美國的夥伴關係(當時狀況與二戰後的前任政府不同)，但是擔心現任美國政府對基於規則的國際秩序和制度的承諾，更像是一種自我約束，而非競爭優勢。[68] 作為美國戰略夥伴國，會希望未來美外交政策在使用制裁、關稅及限制使用美元作為主要工具等，不會受到自家盟邦反對和各種規範的束縛。[69] 為了竭盡全力與中共競爭，美國的政策必須克服這種擔憂，並採取一種具競爭力的外交政策，將聯盟視為需要投資的資產而非削減的成本。[70]

相互詆毀社會的危險

如果對手間陷入對彼此人民惡意、公然的相互詆毀，大國競爭就極難避免直接的軍事衝突。選擇抨擊敵對國的政府，同時區分對其民眾的態度可以降低風險，然而必須小心翼翼保持其中的差異。一旦英國和德意志帝國的媒體對彼此社會特徵窮追猛打時，就導致一戰加速發生。同理可證，當美國和東條英機(Tojo Hideki)掌權的日本相互社會指責，就隱約出現太平洋地區欲發生二戰的惡兆；然而當美國政府有意識地在冷戰時期努力將蘇聯共黨與其國內人民區隔，大肆批評共黨的同時廣泛接觸其人民，造成的結果卻大相逕庭。美國領導人與中共展開競爭的最佳方法，很可能是明確區分對共黨的批評與對中國大陸人民的感情。

2018至2020年「中」美之間愈演愈烈的惡言和謾罵令人擔憂。2018年，據報導川普政府曾考慮限制中國大陸公民取得任何學生簽證，作為施加經濟壓力的眾多手段之一，但是後來退縮了。[71] 2020年3月，美國國務卿迫使主要工業國將新冠病毒稱為「武漢病毒」，但這在七國集團(G7)外長會議期間又被收回後，打亂美國因應全球疫情的領導地位，並給中共大力煽動反西方中國民族主義的宣傳機會。[72] 另外川普總統在2020年5月某次採訪中威脅要「切斷與中共的所有關係」。[73] 這種全面批評的言辭將強化中共慣用的戰術：不斷利用中國民族主義來鞏固其合法性。[74]

與中共針鋒相對的危險是真實存在。雖然中共外交部長和其他政府高官常以華府為目標並提出批評，但是其國內外活動卻往往越界，大規模詆毀美國人或其他西方人。[75] 自2019年底以來，以往默不作聲的中共外交官不僅公開批評西方政策，還抨擊歐洲人、澳洲人和美國人的社會和文化，這種行為被冠以「戰狼外交」。[76] 在中國大陸境內，共黨利用中國民族主義為工具灌輸公民和僑民，並指陳美國及其盟邦曾經殖民中國，直至今日仍繼續戕害中共，阻其崛起成為超強，而共黨才是中國的唯一救星。雖然這種肆無忌憚和日益加深的相互詆毀，現在似乎不會有直接軍事衝突的風險，但是歷史證明若人與人之間難解的敵意有增無減，未來走向戰爭的風險將會升高。

為降低風險(和適時引導競爭)，美國應該集中火力對共黨及其政策提出合理批評，在某種程度上反駁中共助長民族主義仇外情緒的言論。對於批評共黨和中國大陸社會之間的界線必須謹慎拿捏。2020年5月初，川普政府負責亞洲事務的副國家安全顧問以中文發表演講，批評中共壓制言論自由的作法，同時讚揚英勇的中國大陸醫生和前線工作人員對新冠疫情的應處。[78] 美國的傳播計畫應該專注於打擊共黨發動的假訊息，[79] 還應努力反駁共黨在國內的論述，進而防止當局混亂民眾視聽。[80] 同時，美國應該嘗試盡量增加與中國大陸人民的積極互動和經驗，美國及其自由開放夥伴國的社會應考慮發放更多簽證、接納更多的中國大陸人民成為公民，並提供足夠的保障措施。與自由國家公民接觸過的中國大陸人民最有可能質疑中共的政策，無論是身處外國或是返國時。透過這種方式，美國可以像冷戰期間對待俄國僑民社群那樣：將中國大陸僑民社群視為有價值的公民，而這和遭驅逐的中共國家安全部間諜不可一視同仁。[81]

拖延時間

有些人認為在兩強相爭中崛起大國會較占優勢，若主導大國在相對權力較強時不迅速採取對抗行動，就會面臨可怕的風險。但是該論點至少基於兩個可疑假設：崛起大國的權力可能持續直線上升，而且一路不會遭遇困難或挑戰。今日的有力例證顯示，中共所面對的國內外關鍵因素讓時間站在美國這邊。[82]

> 美國必須否認與中共的競爭是無可避免「文明的衝突」的觀念；該擔心的是中共，而不是中國大陸人民。美國可以在可能的情況下進行協作，但同時採取積極的競爭以保護國家利益，還有自1945年以來一直保護吾人安全的國際秩序。
>
> Michael Brown, Eric Chewning, Pavneet Singh, Preparing the United States for the Superpower Marathon with China (Brookings Institution, April 2020)

首先，美國有其自身的國內矛盾和挑戰，但是這與未來幾十年中共在國內必然面臨的問題相比顯得微不足道。共黨在保障政治地位和經濟崛起上面臨多方挑戰，這似乎對共黨的合法性至關重要。各式各樣的挑戰如失控的環境惡化；日益嚴重的收入不均；快速人口老化和生產力人口下降；長期濫用政治權力；普遍性腐敗；西藏、新疆和蒙古等國內地區動蕩不安；人權上的不良紀錄。[83] 隨著中國大陸經濟更加依賴國內經濟消費、經濟成長放緩以及國債持續增加，許多國內挑戰皆在眼前。[84] 其次，中共在邊境面對懸而未決的嚴重挑戰，使其在短期內制霸印太地區的能力受到質疑，遑論北京推動重塑全球國際規範和制度的長期主張。中共的鄰國不乏強大經濟和軍事大國，如日本、南韓、澳大利亞和印度。各國都愈益擔心中共的戰略野心，並正以深化彼此及與美國的安全關係作為因應。北京為鎮壓香港民主抗爭和臺灣運動的拙劣手段，更加劇中共對外宣傳的區域阻力。[85]

美國若認為中共將屈服於這些挑戰是不明智的。這種自滿可能會在面對一個真正的大國對手時分心。同時，美國若認為中共注定要占據全球主導地位(特別是在短期內)，則是無稽之談且可能引起戰略上的過度反應。[86] 中共經濟的崛起對美國是長期性挑戰，應該妥善管控而非去征服或改變。[87] 美國和中共注定要各持立場、長期共存，無法脫鉤或相安無事。[88] 因此，隨著中共的矛盾加劇，以及美國的韌性、再生力和荒廢20多年的競爭心態重現，以拖待變似乎是最適合美國在當代大國競爭中致勝的戰略。[89]

未來展望

瞭解美國在大國競爭新時代致勝的要務和原則，並不等同於找出執行的方法。以往在激發美國決心要與蘇聯進入冷戰競爭，是一個具挑戰性的過程。前國務卿艾奇遜(Dean Acheson)有句名言，美國政府必須提出「比真相更清晰」的論述，才能讓美國人民和國會接受圍堵蘇聯的作法。艾奇遜在美國〈國家安全會議68號文件〉中明確闡述圍堵的必要性，但是後來被批評為誇大其辭。[90]

時至2020年，美國2017年《國家安全戰略》與2002年版本形成鮮明對比，兩者僅僅相隔15年。2002年版《國家安全戰略》序言如下：

> 20世紀自由主義和極權主義間的大決戰，終於以自由之師的決定性勝利劃下句點。實現國家富強唯一永續模式是：自由、民主和不受約束的私人企業。在21世紀，只有共同承諾保護基本人權及保障政治和經濟自由的國家，才能釋放其人民的潛力並確保未來的繁榮。[91]

隨後2017年版《國家安全戰略》則表達完全不同的看法：

> 中共和俄羅斯挑戰美國的權力、影響力和利益，試圖削弱美國的安全與繁榮。它們下定決心從事較不自由和非公平的經濟活動、強化

與其他國家一樣,北京也認知建造先進裝備是成為主要軍事大國相對低成本的部分。對於國際環境的理解、來自其軍工複合體的壓力以及所引發的軍備競賽,會在是否需增加經費、有多少錢可以花在他國等優先事項上引發辯論。這同時也會形成中共在國際體系中的挑戰,因為各國將透過採購軍備來因應中共的發展,並努力利用聯盟、團結和其他地緣政治手段來制衡中共權力。

Thomas Fingar, Jean C. Oi, "China's Challenges: Now It Gets Much Harder," The Washington Quarterly 43, no. 1 (Spring 2020)

其軍力,並控制資訊和數據以壓制社會並擴大影響力……因應這些競爭需要美國重新思考過去20年的政策;過去的政策是基於以下假設:與競爭對手交往並使之融入國際制度和全球商業,就會讓對方轉變為良善的行為者和值得信賴的夥伴。但在大多數情況下,該假設前提已證實是錯的。[92]

在當今大國競爭的新時代,「中」美兩強對抗具重要意義。此一競爭的特徵是持續的權力轉移──現代歷史上國際政治不變的危險動態。中共的經濟權力顯然在增長,但美國仍是拿了一手好牌的主導國家,能夠發展其優勢。[93] 聯盟的維護和培養是最關鍵的一張牌;第二張則是在必要時採取堅定和靈活的對抗,並在可能的領域與中共協作;第三張是避免相互詆毀社會的開倒車行為;第四張則是打一場持久戰。

2017年《國家安全戰略》正確認知中共的挑戰(並實質定調為大國競爭新時代),但若這種遲來的認知導致美國無根據的歇斯底里和對北京的反應過度,就可能會引發災難。華府的過度反應可能會打壞一手好牌。

《國家安全戰略》以高度有價值的回應為其地緣政治評估作結:

> 我們汲取一個艱難的教訓，即當美國不承擔領導責任時，邪惡的行為者就會趁隙填補空白，使美國處於不利的地位。然而，當美國挺身而出，根據自身利益和價值觀從實力和信心出發來領導全球，則所有國家都能受惠。儘管無人會懷疑美方捍衛自身利益的承諾，競爭並不總是代表敵意，也並非不可避免走向衝突。美國在競爭中致勝是防止衝突的最佳途徑。正如美國的弱點將招致挑戰一樣，美國的實力和信心能阻止戰爭並促進和平。[94]

以上這些文字是經過深思熟慮、以史為鑑並充滿智慧的。若是運用得當(不會過度反應或耽於自滿)，這些文字可以激發美國踏上大國競爭新時代道路的自信，同時也能讓盟邦和潛在夥伴國家對美國的領導地位和決心產生信任。中共的行為激起了那些不想淪為附庸國家的反對。[95] 一個振興的美國，致力於重新確認國內優先事項，並重新聚焦於長期關係良好盟邦和夥伴，將在曠日持久的大國競爭時代中取得對中共之明顯優勢。

作者感謝霍夫曼(Frank G. Hoffman)和孫飛(Phillip C. Saunders)對本章初期版本提供深入見解與批評。

註釋

1. 許多公開證詞、詳細研究以及非小說和小說類出版品，皆已預言類似這種新型致命的病毒很可能出現，且美國易受其影響，請參閱Daniel Coats, *Statement for the Record: Worldwide Threat Assessment of the U.S. Intelligence Community to the Senate Select Committee on Intelligence* (Washington, DC: Office of the Director of National Intelligence, 2019), 21; Katie Pearce, "Pandemic Simulation Exercise Spotlights Massive Preparedness Gap," *Johns Hopkins University Hub*, November 6, 2019, available at <https://hub.jhu.edu/2019/11/06/event-201-health-security/>; *Crimson Contagion 2019 Functional Exercise Key Findings—Coordinating Draft* (Washington, DC: Department of Health and Human Services, December 3, 2019), available at <https://int.nyt.com/data/documenthelper/6824-2019-10-key-findings-and-after/05bd797500ea55be0724/ optimized/full.pdf>; Sonia Shah, *Pandemic: Tracking Contagions, from Cholera to Ebola and Beyond* (New York: Sarah Crichton Books, 2016); Lawrence Wright, *The End of October: A Novel* (New York: Knopf, 2020).
2. 鄂圖曼帝國(土耳其)和奧匈帝國在一戰中受到重創，因此在戰間期無力參與大國競爭。
3. 有關本書主要見解的詳細清單，請參閱原書開頭the Major Findings section部分。
4. See this described in detail at Aaron L. Friedberg, "Competing with China," *Survival* 60, no. 3 (2018), 7-64.
5. 塔雷伯(Nassim Nicholas Taleb)是「黑天鵝」和「肥尾效應」等詞彙的發明者，他詳細批評了現代全球化最明顯的失敗，以及供應鏈和金融鏈的過度互賴，請參閱Bernard Avishai, "The Pandemic Isn't a Black Swan but a Portent of a More Fragile Global System," *The New Yorker*, April 21, 2020, available at <www.newyorker.com/news/daily-comment/the-pandemic-isnt-a-black-swan-but-a-portent-of-a-more-fragile-global-system>; Nassim Nicholas Taleb, Antifragile: *Things That Gain from Disorder* (New York: Random House, 2012).
6. 有關詳細比較資訊權力與工業權力，請參閱第三章。
7. 如本書第二章所示，目前中共不擁有、也不太可能在未來十年內獲得足夠權力資產，使其能在國內風險導致共黨政權崩潰前，實現重塑其所欲國際秩序的戰略(即使這是其真正的戰略)。反方觀點主張中共抱持全球大戰略，企圖領導一個新的朝貢體制，欲透過三個部分重疊的政策(「中國製造2025」、「一帶一路倡議」與「軍民融合」)組織大規模行動取得資源，請參閱H.R. McMaster, "How China Sees the World: And How We Should See China," *The Atlantic*, May 2020, available at <www.theatlantic.com/magazine/archive/2020/05/mcmaster-china-strategy/609088/>.

8. Steve Coll, "Woodrow Wilson's Case of the Flu, and How Pandemics Change History," *The New Yorker*, April 17, 2020, available at <www.newyorker.com/news/daily-comment/woodrow-wilsons-case-of-the-flu-and-how-pandemics-change- history>.
9. Jon M. Barry, *The Great Influenza: The Story of the Deadliest Pandemic in History* (New York: Penguin, 2004), 383-388.
10. Lloyd E. Ambrosius, "Woodrow Wilson's Health and the Treaty Fight, 1919-1920," *The International History Review* 9, no. 1 (February 1987), 73-84.
11. Charles P. Kindleberger, *The World in Depression*, 1929-1939 (Berkley: University of California Press, 1973).
12. Barry, *The Great Influenza*, 449-455; Shah, *Pandemic*, 5-6, 97-119, 201-217; James Traub, "After the Coronavirus, the Era of Small Government Will Be Over," *Foreign Policy*, April 15, 2020, available at <https://foreignpolicy.com/2020/04/15/coronavirus-pandemic-small-government-aftermath-nationalism/>.
13. Henry A. Kissinger, "The Coronavirus Pandemic Will Forever Alter the World Order," *Wall Street Journal*, April 3, 2020, available at <www.wsj.com/articles/the-coronavirus-pandemic-will-forever-alter-the-world-order-11585953005>.
14. Traub, "After the Coronavirus, the Era of Small Government Will Be Over"; Henry Kissinger, *World Order* (New York: Penguin, 2014), 361-374.
15. Richard Haass, "The Pandemic Will Accelerate History Rather Than Reshape It," *Foreign Affairs*, April 7, 2020, available at <www.foreignaffairs.com/articles/united-states/2020-04-07/pandemic-will-accelerate-history-rather-reshape-it>.
16. Traub, "After the Coronavirus, the Era of Small Government Will Be Over."
17. See Kurt M. Campbell and Rushi Doshi, "The Coronavirus Could Reshape Global Order," *Foreign Affairs*, March 18, 2020. This is also implied in Kissinger, "The Coronavirus Pandemic Will Forever Alter the World Order."
18. Matt Burrows and Peter Engelke, *What World Post COVID-19? Three Scenarios*, Atlantic

Council Strategy Paper (Washington, DC: Atlantic Council, April 2020), 3-4, available at <www.atlanticcouncil.org/wp-content/uploads/2020/04/What-World-Post-COVID-19.pdf>.

19. Amitav Acharya, "How Coronavirus May Reshape the World Order," *National Interest*, April 18, 2020, available at <https://nationalinterest.org/feature/how-coronavirus-may-reshape-world-order-145972>.
20. Michal Green and Evan S. Medeiros, "The Pandemic Won't Make China the World's Leader," *Foreign Affairs*, April 15, 2020, available at <www.foreignaffairs.com/articles/united-states/2020-04-15/pandemic-wont-make-china-worlds-leader>.
21. Haass, "The Pandemic Will Accelerate History Rather Than Reshape It."
22. Ibid.
23. Burrows and Engelke, *What World Post COVID-19*, 3-4.
24. 有關對俄羅斯未來的不同意見，請參閱Tom McTague, "The Pandemic's Coming Geopolitical Second Wave," *The Atlantic*, May 18, 2020, available at <www.theatlantic.com/international/archive/2020/05/coronavirus-pandemic-second-wave-geopolitics-instability/611668/>.
25. See for example, Tony Wood, *Russia Without Putin: Money, Power, and the Myths of the New Cold War* (London: Verso Books, 2018), 1-9; Fiona Hill and Clifford G. Gaddy, *Mr. Putin: Operative in the Kremlin* (Washington DC: Brookings, 2015), especially 190-226, 312-341.
26. Haass, "The Pandemic Will Accelerate History Rather Than Reshape It."
27. 在2019年，芝加哥全球事務委員會(Chicago Council on Global Affairs)調查發現，30%的美國民眾希望該國在世界上不要扮演任何積極角色。同年蓋洛普民意調查顯示，高達35%的美國民眾認為美國在國際上扮演的角色應該要比川普政府執政前小得多，請參閱Dina Smeltz et al., *Rejecting Retreat: Americans Support U.S. Engagement in Global Affairs* (Chicago: The Chicago Council on Global Affairs, 2019), available at <https://www.thechicagocouncil.org/sites/default/files/report_ccs19_rejecting-retreat_20190909.pdf>; V. Lance Tarrance, "Public Opinion and U.S. Engagement with the World," *Gallup*, April 11, 2019, available at <https://news.gallup.com/opinion/polling-matters/248588/public-opinion-engagement-world.aspx>.

28. Haass, "The Pandemic Will Accelerate History Rather Than Reshape It."
29. John Lee, *Decoupling the U.S. Economy from China After COVID-19* (Washington, DC: Hudson Institute, May 7, 2020), available at <https://www.hudson.org/research/16009-decoupling-the-us-economy-from-china-after-covid-19>; Haass, "The Pandemic Will Accelerate History Rather Than Reshape It."
30. Green and Medeiros, "The Pandemic Won't Make China the World's Leader"; Haass, "The Pandemic Will Accelerate History Rather Than Reshape It"; Kissinger, "The Coronavirus Pandemic Will Forever Alter the World Order."
31. Hal Brands and Peter D. Fever, "Reevaluating Diplomatic and Military Power: What Are America's Alliances Good For?" *Parameters* 4, no. 2 (Summer 2017), 25-30.
32. 反對將此稱為「大國競爭」的主要倡議者為蘭德公司馬扎爾(Michael Mazarr)，他著眼於「經典大國競爭」(classic great power)的狹窄定義，認為該競爭必須以一群潛在敵人為特徵，不斷的改組聯盟和對抗，而這通常係表現在軍事形式的競爭上。正如本書其他章節所述，馬扎爾的啟發性觀點並不符合對現代大國競爭的檢視，因為該競爭在歷史上包括兩極競爭、多極競爭，且在經濟、思想、資訊交流、外交和軍事領域上，不停涉及各種互相重疊的協作和對抗模式，請參閱Michael J. Mazarr, "This Is Not a Great-Power Competition: Why the Term Doesn't Capture Today's Reality," *Foreign Affairs*, May 29, 2019, available at <www.foreignaffairs.com/articles/2019-05-29/not-great-power-competition>.
33. Kurt M. Campbell and Jake Sullivan, "Competition Without Catastrophe," *Foreign Affairs* 98, no. 5 (September/October 2019), 98-101.
34. 例如，有些反應過頭的倡議呼籲華府對中共發動冷戰，請參閱Newt Gingrich, *Trump vs. China: Facing America's Greatest Threat* (New York: Hachette Book Group, 2019); Giselle Donnelly, "What America Needs Is a 'Good,' Long Cold War," American Enterprise Institute, February 10, 2020. 有關「中」美戰略競爭並非新冷戰的五大原因摘述，請參閱Michael Brown et al., *Preparing the United States for the Superpower Marathon with China* (Washington, DC: Brookings Institution, April 2020), 3-5.
35. 冷戰時期的競爭心態與冷戰戰略不同，該珍貴的經驗詳述如下，請參閱Stephen M. Walt, "Yesterday's Cold War Shows How to Beat China Today," *Foreign Policy*, July 29, 2019, available at <https://foreignpolicy.com/2019/07/29/yesterdays-cold-war-shows-

how-to-beat-china-today/>. Also see Campbell and Sullivan, "Competition Without Catastrophe," 101-107.

36. 本書第一章提及當今「中」美兩強競爭與冷戰間的其他主要差異。中共以擴張的姿態成為崛起大國,擁有實證主義意識型態及取代美國所偏好國際秩序的潛力。然而在2020年,中共並未積極或向全球輸出意識型態。今日的中共並沒有要摧毀美國,只是希望世界容忍共黨的意識型態,這與蘇聯強勢企圖摧毀美國、心心念念打造更多共產國家不同,請參閱Evan Osnos, "The Future of America's Contest with China," *The New Yorker*, January 6, 2020, available at <https://www.newyorker.com/magazine/2020/01/13/the-future-of-americas-contest-with-china>; Odd Arne Westad, "The Sources of Chinese Conduct: Are Washington and Beijing Fighting a New Cold War?" Foreign Affairs 98, no. 5 (September/October 2019), 86-95.

37. See Walt, "Yesterday's Cold War Shows How to Beat China Today."

38. Edgar Crammond, "The Economic Relations of the British and German Empires," *Journal of the Royal Statistical Society* 77, no. 8 (July 1914), 777-824.

39. Alexander Grab, *Napoleon and the Transformation of Europe* (New York: Palgrave, 2003), 28-33.

40. See "1991: Trade in Goods with USSR," United States Census Bureau, available at <https://www.census.gov/foreign-trade/balance/c4610.html#1991>.

41. Osnos, "The Future of America's Contest with China."

42. 美國若要完全與緊密連結的中國大陸供應鏈脫鉤,除要付出極高經濟成本,還可能面對中共所採取的懲罰性措施,對當今美國認為理所當然的各種活動強加成本,包括(但不限於)對商業旅行採取大規模限制或高額稅金、加強使用非美元貨幣進行國際交易、破壞性操縱本國貨幣和國際商業金融市場,以及抵制在其他各種共同議題和利益上合作,請參閱Keith Johnson and Robbie Gramer, "The Great Decoupling," *Foreign Policy*, May 14, 2020, available at <https://foreignpolicy.com/2020/05/14/china-us-pandemic-economy-tensions-trump-coronavirus-covid-new-cold-war-economics-the-great-decoupling/>; Henry M. Paulson, Jr., "Delusions of Decoupling," remarks at the New Economy Forum, Beijing, November 2019, available at <https://www.paulsoninstitute.org/wp-content/uploads/2019/11/Delusions-of-Decoupling.pdf>; Osnos, "The Future of America's Contest with China"; Campbell and Sullivan, "Competition Without

Catastrophe," 99.

43. Kevin Rudd, "To Decouple or Not to Decouple?" Robert F. Ellsworth Memorial Lecture, University of San Diego, November 4, 2019.

44. 這並不表示聯盟和夥伴關係就沒有成本和挫折，實際上有，但美國聯盟的成本實比表面上少，也比一般認知的更多樣化且具意義，請參閱Brands and Fever, "Reevaluating Diplomatic and Military Power," 25-30. 有關類似的觀點，請參閱Walt, "Yesterday's Cold War Shows How to Beat China Today"; Mira Rapp-Hooper, "Saving America's Alliances: The United States Still Needs the System that Put It on Top," *Foreign Affairs* 99, no. 2 (March/April 2020), 127-140.

45. See *U.S.-India Joint Strategic Vision for the Asia-Pacific and Indian Ocean Region* (Washington, DC: The White House, January 25, 2015), available at <https://obamawhitehouse.archives.gov/the-press-office/2015/01/25/us-india-joint-strategic-vision-asia-pacific-and-indian-ocean-region>; *Japan and India Vision 2025 Special Strategic and Global Partnership* (Tokyo: Ministry of Foreign Affairs of Japan, December 12, 2015), available at <https://www.mofa.go.jp/s_sa/sw/in/page3e_000432.html>.

46. See Ashley Tellis, Alison Szalwinski, and Michael Wills, *Strategic Asia 2020: U.S.-China Competition for Global Influence* (Seattle: National Bureau of Asian Research, 2019), 41-42; Joseph S. Nye, Jr., "Power and Interdependence with China," *The Washington Quarterly* 43, no. 1 (Spring 2020), 15, 19.

47. 截至2018年，70%的國家與中共的貿易額高於美國。1980年則有80%國家與美國的貿易額高於中共，請參閱Alyssa Leng and Roland Rajah, "Chart of the Week: Global Trade Through a U.S.-China Lens," *The Interpreter*, December 18, 2019, available at <https://www.lowyinstitute.org/the-interpreter/chart-week-global-trade-through-us-china-lens>. 同時，美國持續享有其大型商業金融機構無可匹敵的實力，以及美元作為全球儲備貨幣的霸主地位，這兩樣都是短期內中共難以挑戰的現況，請參閱Nye, "Power and Interdependence with China," 15; see also appendix B of this volume, available at <https://ndupress.ndu.edu/Contemporary-GPC-Dynamics-Matrix/>.

48. Ali Wyne, "How to Think About Potentially Decoupling from China," *Washington Quarterly* 43, no. 1 (Spring 2020), 47.

49. 「部分脫鉤」的概念源於Charles W. Boustany, Jr., and Aaron L. Friedberg, *Partial*

Disengagement: A New U.S. Strategy for Economic Competition with China, NBR Special Report No. 82 (Seattle: National Bureau of Asian Research, November 2019); Aaron L. Friedberg and Charles W. Boustany, Jr., "Partial Disengagement: A New U.S. Strategy for Economic Competition with China," *Washington Quarterly* 43, no. 1 (Spring 2020), 23-40. A similar construct that focuses beyond economics and on the military, political, and diplomatic domains of Sino-American competition is found in Campbell and Sullivan, "Competition Without Catastrophe," 101-110.

50. Boustany and Friedberg, *Partial Disengagement*, 26-35.

51. 這些想法多闡述於布斯塔尼(Boustany)及范亞倫所著之《部分脫鉤》(*Partial Disengagement*, p.22-25)。該作法需美國及其盟邦合作改革和推進現有國際組織，而非棄之不顧。忽略的危險顯而易見，因為中共已展現填補美國留下的權力真空，以及推動自身利益和議程的能力，請參閱Colum Lynch and Elias Groll, "As U.S. Retreats from World Organizations, China Steps in to Fill the Void," *Foreign Policy*, October 6, 2017, available at <https://foreignpolicy.com/2017/10/06/as-u-s-retreats-from-world-organizations-china-steps-in-the-fill-the-void/>; Alex Pascal, "Against Washington's 'Great Power' Obsession," *The Atlantic*, September 23, 2019, available at <www.theatlantic.com/politics/archive/2019/09/multilateralism-nearly-dead-s-terrible-news/598615/>.

52. 有關呼籲美國重新考慮加入《跨太平洋夥伴全面進步協定》的眾多建議，請參閱Boustany and Friedberg, *Partial Disengagement*, 24.

53. 全面在經濟上與印度交往的挑戰很大，而該國現持續認真研究減少經濟保護主義及使土地、勞工和環境法規現代化的初步進程，請參閱Bill Spindle and Rajesh Roy, "India's Coronavirus Crisis Spurs a New Look at Self-Reliance," *Wall Street Journal*, May 17, 2020, available at <www.wsj.com/articles/indias-coronavirus-crisis-spurs-a-new-look-at-self-reliance-11589724001?mod=itp_wsj&ru=yahoo>.

54. 哈佛經濟學家和亞洲中心(Asia Center)高級研究員奧富霍特(William Overholt)在許多場合都大力提出該觀點，包括William H. Overholt, *China and America: The Age of Realist Geoeconomics* (Atlanta: The Carter Center, January 2018); William H. Overholt, "The Enemy Is Us," *The International Economy* (Summer 2015), 46-53.

55. 關於美國政府在冷戰期間對農業的補貼和發展所發揮的重要角色，請參閱Shane Hamilton, *Supermarket USA: Food and Power in the Cold War Farms Race* (New Haven:

Yale University Press, 2018).

56. For detail, see Walt, “Yesterday’s Cold War Shows How to Beat China Today.”

57. Osnos, “The Future of America’s Contest with China.”

58. These ideas are from Taleb in Avishai, “The Pandemic Isn’t a Black Swan.”

59. Charles Edel and Hal Brands, “The Real Origins of the U.S.-China Cold War,” *Foreign Policy*, June 2, 2019, available at <https://foreignpolicy.com/2019/06/02/the-real-origins-of-the-u-s-china-cold-war-big-think-communism/>.

60. 許多中共領導人很難相信，歐巴馬政府對中共2010年占領和2014年武裝黃岩島的反應並不強烈，更何況習近平當年曾向歐巴馬承諾不會這麼做。這些官員表示，美國和盟邦的堅定反應能緩和中共對印太地區過度的侵略，請參閱Osnos, “The Future of America’s Contest with China.”

61. Denny Roy, “China Won’t Achieve Regional Hegemony,” *Washington Quarterly* 43, no. 1 (Spring 2020), 105-106.

62. 有關該錯誤概念的不同說法，請參閱Graham Allison, “The New Spheres of Influence: Sharing the Globe with Other Great Powers,” *Foreign Affairs* 99, no. 2 (March/April 2020), 30-40; Fareed Zakaria, “The New China Scare: Why America Shouldn’t Panic About Its Latest Challenger,” *Foreign Affairs* 99, no. 1 (January/February 2020), 52-69.

63. Edel and Brands, “The Real Origins of the U.S.-China Cold War.”

64. Osnos, “The Future of America’s Contest with China.”

65. 選擇適合盟邦也是冷戰時美國在競爭心態上的成功，請參閱Walt, “Yesterday’s Cold War Shows How to Beat China Today.”

66. Michael Broers, “Pride and Prejudice: The Napoleonic Empire Through the Eyes of Its Rulers,” in *Napoleon’s Empire: European Politics in Global Perspective*, ed. Ute Planert (Houndmills, Basingstoke: Palgrave Macmillan, 2016), 307-317; Michael V. Leggiere, “Enduring Strategic Rivalries: Great Britain vs. France During the French Wars (1792-1815),” in *Great Strategic Rivalries: From the Classical World to the Cold War*, ed. James Lacey (New York: Oxford University Press, 2016), 289-390, available at <https://global.oup.com/academic/product/great-strategic-rivalries-9780190620462?cc=us&lang=en&#>.

67. Nye, “Power and Interdependence with China,” 16.

68. “Don’t Be Fooled by the Trade Deal Between America and China,” *The Economist*, January

2, 2020, available at <www.economist.com/leaders/2020/01/02/dont-be-fooled-by-the-trade-deal-between-america-and-china>.

69. Nye, "Power and Interdependence with China," 15-17.

70. Campbell and Sullivan, "Competition Without Catastrophe," 110.

71. See Stuart Anderson, "What Will Trump Do Next with Chinese Student Visas," *Forbes*, October 18, 2018, available at <www.forbes.com/sites/stuartanderson/2018/10/18/what-will-trump-do-next-with-chinese-student-visas/#453fb89757a4>.

72. See John Hudson and Souad Mekhennet, "G-7 Failed to Agree on Statement After U.S. Insisted on Calling Coronavirus Outbreak 'Wuhan Virus,'" *Washington Post*, March 25, 2020, available at <www.washingtonpost.com/national-security/g-7-failed-to-agree-on-statement-after-us-insisted-on-calling-coronavirus-outbreak-wuhan-virus/2020/03/25/f2bc7a02-6ed3-11ea-96a0-df4c5d9284af_story.html>; Jo Kim, "The Chinese People Step Up to Enforce China's Nationalist Propaganda," *The Diplomat*, May 5, 2020, available at <https://thediplomat.com/2020/05/the-chinese-people-step-up-to-enforce-chinas-nationalist-propaganda/>.

73. Demetri Sevastopulo, "Trump Threatens to Cut Off Relations with China," *Financial Times*, May 15, 2020, available at <www.ft.com/content/cfbba6bf-3de5-458d-92d1-a62fb958a354>.

74. Minxin Pei, "China's Coming Upheaval: Competition, the Coronavirus, and the Weakness of Xi Jinping," *Foreign Affairs* 99, no. 3 (May/June 2020), 82-106.

75. See Eva Dou, "In China-U.S. Showdown, B eijing's Steely Propagandist Sharpens Her Attack," *Washington Post*, May 21, 2020, available at <www.washingtonpost.com/world/asia_pacific/in-china-us-showdown-beijings-steely-propagandist-sharpens-her-attack/2020/05/21/f71133e4-94bd-11ea-87a3-22d324235636_story.html>.

76. Chun Han Wong and Chao Deng, "China's 'Wolf Warrior' Diplomats Are Ready to Fight," *Wall Street Journal*, May 19, 2020, available at <www.wsj.com/articles/chinas-wolf-warrior-diplomats-are-ready-to-fight-11589896722>; Jamie Dettmer, "China's 'Wolf Warrior' Diplomacy Prompts International Backlash," Voice of America, May 6, 2020, available at <www.voanews.com/covid-19-pandemic/chinas-wolf-warrior-diplomacy-prompts-international-backlash>; Lily Ko, "Australia Called 'Gum Stuck to China's Shoe'

by State Media in Coronavirus Investigation Stoush," *The Guardian*, April 28, 2020, available at <www.theguardian.com/world/2020/apr/28/australia-called-gum-stuck-to-chinas-shoe-by-state-media-in-coronavirus-investigation-stoush>; John Ross, "China Warns of Student Boycott of Australia," *Inside Higher Education*, May 1, 2020, available at <www.insidehighered.com/news/2020/05/01/china-warns-australia-student-boycott>.

77. Kim, "The Chinese People Step Up to Enforce China's Nationalist Propaganda"; Vicky Xiuxhong Xu, "China's Youth Are Trapped in the Cult of Nationalism," *Foreign Policy*, October 1, 2019, available at <https://foreignpolicy.com/2019/10/01/chinas-angry-young-nationalists/>.

78. *Remarks by Deputy National Security Advisor Matt Pottinger to the Miller Center at the University of Virginia* (Washington, DC: The White House, May 4, 2020), available at <https://www.whitehouse.gov/briefings-statements/remarks-deputy-national-security-advisor-matt-pottinger- miller-center-university-virginia/>.

79. 有關執行國際宣傳和影響力行動的組織詳情，請參閱appendix 1 in Larry Diamond and Orville Schell, eds., *China's Influence & American Interests: Promoting Constructive Vigilance* (Stanford: Hoover Institution Press, 2019), 133-141. 某些過去的決策者特別關注中共「國家安全部」、「統一戰線工作部」和「中國學生學者聯合會」作為打擊共黨宣傳的目標，請參閱McMaster, "How China Sees the World."

80. Osnos, "The Future of America's Contest with China."

81. 適當「保障」中國大陸學生、教師和研究者簽證的同時，也應該嚴格限制在美國的孔子學院，以杜絕其堂而皇之為共黨從事間諜、監視和思想警察工作。美國的政策重視中國大陸人民，同時也要共黨負起責任，請參閱McMaster, "How China Sees the World."

82. 冷戰期間的戰略耐心也是美國競爭心態的優點，請參閱Walt, "Yesterday's Cold War Shows How to Beat China Today."

83. See Pei, "China's Coming Upheaval"; "Revised Demographic Forecasts for China: Key Takeaways," The Economist, July 2, 2019; William H. Overholt, *China's Crisis of Success* (Cambridge: Cambridge University Press, 2018).

84. See William H. Overholt, "The West Is Getting China Wrong," *East Asia Forum*, August 11, 2018, available at <https://www.eastasiaforum.org/2018/08/11/the-west-is-getting-china-

wrong/>; Yasheng Huang, “China Has a Big Economic Problem and It Isn’t the Trade War,” *New York Times*, January 17, 2020.

85. Wyne, “How to Think About Potentially Decoupling from China,” 41-64.
86. 類似的結論，請參閱Nye, “Power and Interdependence with China,” 13; Wyne, “How to Think About Potentially Dccoupling from China,” 50-52.
87. Osnos, “The Future of America’s Contest with China”; Martin Wolf, “The Looming 100-Year U.S.-China Conflict,” *Financial Times*, June 4, 2019.
88. Osnos, “The Future of America’s Contest with China.”
89. 有關美國在與中共競爭的戰略心態選項詳細評估，請參閱本書第六章。
90. On Acheson, see Robert Kagan, “How Dean Acheson Won the Cold War: Statesmanship, Morality, and Foreign Policy,” Carnegie Endowment for International Peace, September 14, 1998, available at <https://carnegieendowment.org/1998/09/14/how-dean-acheson-won-cold-war-statesmanship-morality-and- foreign-policy-pub-260>.
91. *The National Security Strategy of the United States of America* (Washington, DC: The White House, September 2002), available at <http://nssarchive.us/national-security-strategy-2002/>.
92. *The National Security Strategy of the United States of America* (Washington, DC: The White House, December 2017), available at <http://nssarchive.us/wp-content/uploads/2020/04/2017.pdf>.
93. See Nye, “Power and Interdependence with China,” 16.
94. *The National Security Strategy of the United States of America* (2017).
95. McMaster, “How China Sees the World.”

作者簡介

林奇(Thomas F. Lynch III)係美國國防大學國家戰略研究所(Institute of National Strategic Studies, INSS，位於華府)戰略研究中心(CSR)代理主任，亦為該所有關南亞、近東和打擊激進伊斯蘭等議題的特聘研究員，其目前主要研究包括印度的戰略崛起及其對大國對抗和印太安全與穩定的影響。公開資源著作包括 “The Growing Entente Between India and Japan,” *The National Interest* (March/April2019)，以及 “The Decades-Long ‘Double-Double Game’: Pakistan, the United States, and the Taliban,” *Military Revie*w (July/August 2018)。他擁有西點軍校工程學士、普林斯頓大學威爾遜學院(Woodrow Wilson School)公共行政碩士與國際關係碩、博士學位。

安德烈斯(Richard Andres)博士係美國國家戰爭學院(National War College)國家安全戰略教授，負責指導該院戰略研究課程。他曾於多個政策單位擔任顧問，諮詢對象包括美國空軍部長、陸戰隊司令，以及美國網路司令部司令/國家安全局局長。他目前在約翰霍普金斯大學高級國際研究學院、喬治城大學安全研究計畫、西北太平洋國家實驗室，以及美國企業研究院等單位擔任教職或董事會成員；研究重點為資訊科技對國家安全的影響，擁有弗雷斯諾太平洋大學(Fresno Pacific University)國際金融學士和加州大學戴維斯分校政治學博士學位。

赫爾穆斯(Todd C. Helmus)博士係蘭德公司資深行為科學家，並於蘭德帕迪研究院(Pardee RAND Graduate School)任教。他專精於研究假訊息、恐怖主義和戰略傳播學，最近的研究重點為打擊俄羅斯在美國和歐洲的假訊息行動，並透過分析推特網絡來反制暴力極端主義。他曾任美軍駐伊拉克和阿富汗指揮官前線顧問，並曾主持有關美國訓練阿富汗特種部隊的研究，擁有韋恩州立大學(Wayne State University)臨床心理學博士學位。

霍夫曼(Frank G. Hoffman)博士係美國國家戰略研究所戰略研究中心特聘研究員。主要研究重點為國家安全和國防戰略、國防經濟學及聯合部隊發展。除了研究工作之外，他也在美國國家戰爭學院教授戰略學，並在國防大學艾森豪國家安全暨資源戰略學院教授未來戰。新近發表的文章有 “The Missing Element in Crafting National Strategy: A Theory of Success,” *Joint Force Quarterly* 97 (2nd Quarter 2020)；並於2021年出版 *Mars Adapting: Military Change during War* (Naval Institute Press)專書。他擁有賓州大學華頓商學院經濟學士、喬治梅森大學教育碩士、美國海軍戰爭學院國家戰略研究碩士，以及倫敦國王學院戰爭研究博士學位。

普利斯特(James Przystup)博士係美國國家戰略研究所戰略研究中心資深研究員，過去30年來一直專注於美國與印太地區關係的研究。他曾任職於美國眾議院亞太事務小組委員會、美日關係總統諮詢委員會副主任、國務院政策規劃幕僚、國防部副部長政策辦公室區域安全戰略主任，以及傳統基金會(Heritage Foundation)亞洲研究中心主任。他以優異成績畢業於底特律大學並取得歷史學士，擁有芝加哥大學國際關係碩士和外交史博士學位。

孫飛(Phillip C. Saunders)博士係美國國家戰略研究所中共軍事研究中心主任。他曾於1999至2003年在蒙特瑞國際研究學院(Monterey Institute of International Studies)擔任「東亞反核武擴散計畫」主任，並於1989至1993年在美國空軍擔任亞洲政策議題官員。他與龔培德(David Gompert)合著*The Paradox of Power: Sino-American Strategic Restraint in an Era of Vulnerability* (NDU Press, 2011)一書，並參與編撰如 *Chairman Xi Remakes the PLA: Assessing Chinese Military Reforms* (NDU Press, 2019) ，以及 *PLA Influence on China's National Security Policymaking* (Stanford University Press, 2015)等七本專書。

國家圖書館出版品預行編目資料

新時代的大國競爭 / 林奇(Thomas F. Lynch III)編 ; 周敦彥翻譯. -- 初版. -- 臺北市 : 國防部政務辦公室, 民110.11
面 ; 公分. -- (軍官團教育參考叢書 ; 669)
譯自 : Strategic assessment 2020 : into a new era of great power competition.
ISBN 978-626-7080-04-7(精裝)

1.地緣政治 2.地緣戰略 3.國際競爭 4.國際安全

571.15 110019042

軍官團教育參考叢書 669

新時代的大國競爭

STRATEGIC ASSESSMENT 2020:

Into a New Era of Great Power Competition

著作權人／中華民國國防部

發 行 人／王紹華

編　　者／林奇 (Thomas F. Lynch III)

審　　訂／吳貞正

複　　審／孫弘鑫

翻　　譯／周敦彥

編　　輯／黃依歆

美術編輯／張進龍

校　　對／劉宗翰

展 售 處／五南文化廣場　地址：400 臺中市中山路6號
電話／(04)22260330　網址：www.wunanbooks.com.tw
國家書店松江門市　地址：104 臺北市松江路209號1樓
電話／(02)25180207　網址：www.govbooks.com.tw

出 版 者／國防部政務辦公室　網址：bit.ly/2ZnTLMA
地址：104 臺北市中山區北安路409號 電話：(02)85099545

印 製 者／國防部軍備局生產製造中心第四〇一廠

定　　價／新臺幣300元

中華民國110年11月出版

初版一刷2,600冊

ISBN：978-626-7080-04-7

GPN：1011001894